KISCHEL · MASING (Hrsg.)

Unionsgrundrechte und Diskriminierungsverbote im Verfassungsrecht

Deutsch-Polnisches Verwaltungskolloquium

Unionsgrundrechte und Diskriminierungsverbote im Verfassungsrecht

Referate und Diskussionsbeiträge des
XVII. Deutsch-Polnischen Verwaltungskolloquiums
vom 18.–21. September 2011 in Greifswald

Herausgegeben von
Prof. Dr. Uwe Kischel
Universität Greifswald

Prof. Dr. Johannes Masing
Universität Freiburg i. Br.

BOORBERG

Die Veröffentlichung dieses Buches wurde großzügig von der Stiftung Mercator gefördert.

Stiftung Mercator

Bibliografische Information der Deutschen Nationalbibliothek | Die Deutsche Nationalbibliothek verzeichnet diese Publikation in der Deutschen Nationalbibliografie; detaillierte bibliografische Daten sind im Internet über www.dnb.de abrufbar.

ISBN 978-3-415-04837-9

Satz: Thomas Schäfer, www.schaefer-buchsatz.de | Druck und Bindung: gulde druck, Hechinger Straße 264, 72072 Tübingen

Richard Boorberg Verlag GmbH & Co KG | Scharrstraße 2 | 70563 Stuttgart
Stuttgart | München | Hannover | Berlin | Weimar | Dresden
www.boorberg.de

Vorwort

Der vorliegende Tagungsband dokumentiert die Vorträge, die im Rahmen des XVII. Deutsch-Polnischen Verwaltungskolloquiums vom 18. bis 21. September 2011 in Greifswald gehalten wurden. Mit dem Thema „Unionsgrundrechte und Diskriminierungsverbote im Verfassungs- und Verwaltungsrecht – deutsche und polnische Perspektiven" widmete sich das Kolloquium einem aktuellen Problemkreis, der gerade durch die am 1. Dezember 2009 in Verbindlichkeit erwachsene Europäische Grundrechtecharta noch an Komplexität und Brisanz hinzugewonnen hat.

So befaßt sich einleitend *Wolfgang Cremer* mit dem Anwendungsbereich der Unionsgrundrechte unter dem Einfluß der Grundrechtecharta, zum einen in bezug auf die Europäische Union, zum anderen im Hinblick auf einzelne Mitgliedstaaten, und erörtert hierbei die Rolle ihrer einzelnen Verbürgungen als Leistungs- oder Abwehrrechte. *Mirosław Wyrzykowski* erläutert die polnische Besonderheit des 30. Protokolls zum EU-Vertrag (sog. „britisch-polnisches" Protokoll), geht kritisch auf die politischen und gesellschaftlichen Hintergründe dieser Regelung ein und bezieht dezidiert Stellung zu den einschlägigen Fragen. Im Hinblick auf die Durchsetzung der Unionsgrundrechte durch europäisches Sekundärrecht betont *Friedrich Schoch*, daß erst die sekundärrechtliche Ausgestaltung einzelner Grundrechte diese in vielen Fällen handhabbar und durchsetzbar mache und daß diese Ausgestaltung auch zu einer Entfaltung der Unionsgrundrechte im nationalen Zivilrecht führe.

Der zweite Teil des Tagungsbandes umfaßt sodann Beiträge, die sich zwei der politisch wie rechtlich umstrittensten Aspekte des Diskriminierungsverbots widmen – der Altersdiskriminierung im öffentlichen Dienst (*Irena Lipowicz* beschreibt dieses Problem aus polnischer, *Jens Kersten* aus deutscher Sicht) sowie der Benachteiligung aufgrund der sexuellen Ausrichtung (*Agnieszka Malicka* für Polen, *Heinrich Wolff* für Deutschland). Die Struktur von Referat und Koreferat macht es hierbei in besonderem Maße möglich, Gemeinsamkeiten und Besonderheiten zweier großer Mitgliedstaaten der EU herauszustellen und so einen unmittelbaren Rechtsvergleich zu ermöglichen sowie die immer wieder beklagte Verengung europarechtlicher Debatten auf die Perspektive des jeweiligen eigenen nationalen Rechts aufzubrechen.

Für die Durchführung des Kolloquiums wesentlich war die Förderung durch die Fritz Thyssen Stiftung für Wirtschaftsförderung, die Stiftung für Deutsch-Polnische Zusammenarbeit, die Stiftung Mercator und insbesondere die Alfried Krupp von Bohlen und Halbach-Stiftung, in deren Räumlichkeiten die Tagung unter bestmöglichen Voraussetzungen stattfinden konnte. Die Veröffentlichung dieses Tagungsbandes wurde durch die großzügige Unterstützung der Stiftung Mercator ermöglicht.

Uwe Kischel *Johannes Masing*

Inhaltsverzeichnis

Entstehung und Entwicklung des Deutsch-Polnischen Verwaltungskolloquiums

Ein Überblick

Eugeniusz Ochendowski

I. Gründung und Regensburger Gründungstagung

In der weiter zurückliegenden Vergangenheit bestanden nur vereinzelt Kontakte zwischen Rechtswissenschaftlern des deutschen und des polnischen Verwaltungsrechts. Dies änderte sich Ende der 1970er-Jahre mit dem ersten Deutsch-Polnischen Verwaltungskolloquium, an dem eine ganz Reihe von Verwaltungsrechtswissenschaftlern aus Polen und (West-)Deutschland teilnahmen. Die Initiative zu der Tagung, die vom 26. bis 28. September 1978 in Regensburg stattfand, war von dem Regensburger Professor Dr. *Franz Mayer* ausgegangen. Dieser Pionier der deutsch-polnischen Zusammenarbeit auf dem Gebiet der Verwaltungsforschung hatte auch die entscheidende Vorarbeit geleistet, durfte aber wegen seines viel zu frühen Todes die Veranstaltung selbst nicht mehr erleben. Nach dem Tod von Professor *Mayer* im Dezember 1977 wurde dessen Idee von dem ursprünglich als Mitveranstalter fungierenden Tübinger Professor Dr. *Roman Schnur* aufgegriffen und in Zusammenarbeit mit den polnischen Kollegen realisiert. Auf polnischer Seite agierten als Gründungsväter des Deutsch-Polnischen Verwaltungskolloquiums federführend Professor Dr. *Jerzy Starościak* aus Warschau und daneben Professor Dr. *Jan Jendrośka* aus Breslau. Im Rückblick sind es also vor allem zwei Professoren, die das Fundament für das Verwaltungskolloquium gelegt und sich herausragend um diese deutsch-polnische Kooperation verdient gemacht haben: Professor *Mayer* und Professor *Starościak*. Ihrer sollte bei den Tagungen besonders gedacht werden. Bei dem ersten Kolloquium ehrte die polnische Delegation den Menschen *Franz Mayer* mit einem Besuch von dessen Grab.

Inhaltlich beschäftigte sich das erste Deutsch-Polnische Verwaltungskolloquium mit Problemen der in beiden Ländern durchgeführten oder anstehenden Verwaltungsreformen. Die Themen des Kolloquiums waren so abgestimmt, dass zu demselben oder zumindest vergleichbaren Problemkreis jeweils Vertreter beider Länder referierten. Im Einzelnen wurden so Territorial- und Funktionalreformen, Stadt-Umland-Probleme, die Verwaltungskontrolle und das Verwaltungsverfahren behandelt. Berichte über die Verwaltungspraxis nach der Gebietsreform in Bayern und über die dazu ergangene Rechtsprechung ergänzten das Programm. Die polnischen Referate betrafen die bevorstehende Reform des Verwaltungsverfahrensrechts und die Koordinationsbefugnisse der örtlichen, staatlichen und kommunalen Verwaltungsbehörden im Wirtschaftsbereich.

Das erste Deutsch-Polnische Verwaltungskolloquium, an dem dreizehn polnische Professoren und Dozenten teilnahmen, blieb auch von der Presse und den Fachzeitschriften nicht unbemerkt. Die Zeitschrift „Die Öffentliche Verwaltung" veröffentlichte einen Bericht von Professor Dr. *Heinrich Siedentopf* aus Speyer (Deutsch-polnisches Kolloquium in Regensburg, DÖV 1978, S. 878–879), das „Deutsche Verwaltungsblatt" publizierte einen Bericht von *Claus-Peter Clostermeyer* aus Tübingen (Erstes deutsch-polnisches Kolloquium über neueste Entwicklungen in der öffentlichen Verwaltung in der Bundesrepublik Deutschland und in der Volksrepublik Polen, DVBl. 1979, S. 268–270), und in den „Bayerischen Verwaltungsblättern" erschien der Bericht „Deutsch-polnisches Kolloquium über Fragen der öffentlichen Verwaltung vom 26. bis 28. September 1978 in Regensburg" von Regierungsrat *Günter Schmidt* (BayVBl. 1979, S. 142–143). Weiterhin ist der Beitrag von Dr. *Hartmut Krüger* aus Regensburg „Neueste Entwicklung der öffentlichen Verwaltung in der Bundesrepublik Deutschland und in der Volksrepublik Polen" zu nennen (Der Städtetag 1978, S. 660–661). Über das Verwaltungskolloquium haben außerdem folgende Zeitungen berichtet: die „Chamer Zeitung" am 28. September 1978 („Polnische Minister bestaunten Further Drachen – Deutsche und polnische Juristen auf Landkreisfahrt"), die „Kötztinger Zeitung" am 29. September 1978 („Polnische und deutsche Verwaltungswissenschaftler besichtigten VG Grafenwiesen: „Gute Infrastruktur") und die „Mittelbayerische Zeitung" am 30. September bzw. 1. Oktober 1978 („Die deutsch-polnischen Kontakte vertieft").

In Regensburg wurde beschlossen, die hier geknüpften wissenschaftlichen und persönlichen Kontakte zwei Jahre später auf einem weiteren Kolloquium in Polen zu vertiefen und den geplanten Zwei-Jahres-Rhythmus auch auf längere Sicht fortzusetzen. *Heinrich Siedentopf* beendete seinen Bericht über das erste deutsch-polnische Verwaltungskolloquium in Regensburg mit folgenden Worten: „Es ist sehr zu wünschen, daß mit der Tagung in Regensburg eine Reihe von Kolloquien der Verwaltungsrechtler und Verwaltungswissenschaftler eröffnet worden ist, die nicht nur zu einem anregenden wissenschaftlichen Austausch, sondern auch zu intensiven Kontakten führen werden. Eine von *Franz Mayer* vorgezeichnete Entwicklung würde sich damit verwirklichen". Dieser Wunsch hat sich bis heute erfüllt: 2011 fand nun das bereits siebzehnte Deutsch-Polnische Verwaltungskolloquium in Greifswald statt.

II. Frühe Tagungsgeschichte

Wegen der politischen Ereignisse in Polen wurde das zweite Verwaltungskolloquium nicht im Jahre 1980, sondern erst im Jahre 1981 während des sogenannten „Festivals der Solidarität“ an der Universität in Warschau durchgeführt. Die deutsche Delegation gedachte hier ihrerseits der Verdienste des polnischen Pioniers eines verwaltungsrechtswissenschaftlichen Gedankenaustausches zwischen Polen und Deutschland, *Jerzy Starościak*, durch einen Besuch von dessen Grab. Die Referate und Berichte von diesem Kolloquium wurden nicht veröffentlicht.

Das dritte Deutsch-Polnische Verwaltungskolloquium fand schon ein Jahr später vom 6. bis 10. September 1982 in Konstanz statt. Der Veranstalter dieser Konferenz, Professor Dr. *Winfried Brohm*, schrieb damals: „Die Offenheit, die die deutsch-polnischen Verwaltungssymposien von Anfang an kennzeichnete, wurde zur Grundlage für einen fruchtbaren Gedankenaustausch, aus dem beide Seiten großen Gewinn für das Verständnis des anderen und die Entwicklung des eigenen Rechts zu ziehen vermochten. Infolgedessen wurde [...] beschlossen, die Veranstaltung zu institutionalisieren. Gleichzeitig sollten erstmals die Referate und Diskussionsbeiträge dieser Tagung einem breiten Kreis zugänglich gemacht werden“. Letzteres geschah 1983 mit der Publikation „Drittes deutsch-polnisches Verwaltungssymposium: Das Innenrecht der Verwaltung. Hochschulverfassung und Hochschulverwaltung“. Der Band enthält neben einer Einführung des Herausgebers (*Winfried Brohm*) fünf Referate und zwanzig weitere Beiträge.

Das vierte Verwaltungskolloquium wurde vom 23. bis 29. September 1984 mit den Themen „Beratung in der Verwaltung“ und „Verwaltung der großen Städte“ an der Universität Warschau abgehalten. Ein Tagungsband erschien nicht.

Vom 22. bis 26. September 1986 traf man sich zum fünften Deutsch-Polnischen Verwaltungskolloquium in Trier. Die Themen dieser Tagung waren: „Rechtliche und politische Instrumente des Umweltschutzes“ und „Rechtschutz für kollektive Interessen – Vom Individualrechtsschutz zum Rechtsschutz für nicht-individuelle Interessen“. Mit der Tagung war eine ganztätige Exkursion nach Kruft bei Mayen verbunden, bei der die Probleme des Umweltschutzes im Zusammenhang mit dem Bimsabbau veranschaulicht wurden. Zu einer Veröffentlichung der Referate und Berichte dieser Tagung kam es nicht.

Das sechste Verwaltungskolloquium fand vom 12. bis 17. September 1988 in Jadwisin in der Nähe von Warschau statt. Es beschäftigte sich mit dem Thema „Probleme der Leistungsverwaltung besonders im Bereich von Wissenschaft und Technologie“. Die deutschen Referate dieser Tagung wurden erst 1994, also sechs Jahre nach der Tagung veröffentlicht, und zwar in dem gemeinsam von den Professoren *Karol Sobczak* und *Ulrich Karpen* herausgegebenen Band „Probleme der Leistungsverwaltung, besonders im Bereich von Wissenschaft und Technologie. Polnisch-Deutsches Verwaltungskolloquium". Da sich in Polen in der Zwischenzeit gewaltige politische Umwälzungen sowie Änderungen im Verfassungs- und Verwaltungsrecht ereignet hatten, verzichtete man auf die Veröffentlichung der polnischen Referate.

III. Entwicklungsgeschichte nach dem politisch-rechtlichen Umbruch

Das erste Kolloquium nach dem Umbruch der politisch-rechtlichen Grundordnung Polens fand vom 10. bis 15. September 1990 in der Hochschule für Verwaltungswissenschaften in Speyer statt. Damals trafen sich dreiundzwanzig polnische und zwanzig deutsche Verwaltungsrechtswissenschaftler zum länderübergreifenden Erfahrungsaustausch. *Heinrich Siedentopf* schrieb dazu: „Die deutsch-polnischen Verwaltungskolloquien haben ungeachtet oft politisch schwieriger Zeiten regelmäßig stattgefunden. Der dabei gezeigte und stets aufrechterhaltene Wille zum Gespräch über Länder- und Systemgrenzen hinweg, sieht sich heute bestätigt. Besondere Verdienste in diesem Gespräch hat sich Univ.-Prof. Dr. *Roman Schnur*, Tübingen, erworben – Verdienste, die der Präsident der Republik Polen in einer hohen Auszeichnung und die Universität Warschau durch die Verleihung der Ehrendoktorwürde an ihn anerkannt haben". Die Themen des siebten Verwaltungskolloquiums waren: Verwaltungsgerichtsbarkeit (vorläufiger Rechtschutz und Ermessensprüfung), Beziehungen zwischen Staat und Wirtschaft am Beispiel des Umweltschutzes und Kommunale Selbstverwaltung (Kompetenzen, Organisationsstruktur und Finanzausstattung). Die Referate und Berichte dieser Tagung wurden als Band 94 der Speyerer Forschungsberichte im Jahre 1991 durch *Heinrich Siedentopf* herausgegeben.

In der Zeit vom 7. bis 11. September 1993 wurde in Krakau das achte Deutsch-Polnische Verwaltungskolloquium durchgeführt. Die zwei großen Themen dieser Tagung waren: „Die Rechtsnormen und Rechtsgrundlagen im Verwaltungsrecht" und „Die Privatisierung des Staates bzw. der Gemeinden". Die Tagung ist dokumentiert in dem von den Professoren Dres. *Stanisław Biernat* (Krakau), *Reinhard Hendler* (Marburg), *Friedrich Schoch* (Freiburg) und *Andrzej Wasilewski* (Krakau) herausgegebenen Sammelband „Grundfragen des Verwaltungsrechts und der Privatisierung" (1994), der einschließlich der teilweise abgedruckten Statements in der Diskussion insgesamt 36 Einzelbeiträge enthält und ein straffes Arbeitsprogramm belegt.

Das neunte Deutsch-Polnische Verwaltungskolloquium fand vom 5. bis 10. September 1994 in Tübingen statt. Wie zwei Jahre zuvor in Krakau wurden in Tübingen zwei große Themen behandelt. Das erste bezog das Europarecht ausdrücklich ein und fragte nach den Auswirkungen der europäischen Integration auf die öffentlich-rechtlichen Rechtsordnungen, das zweite Generalthema befasste sich mit den neuen Herausforderungen, vor denen das Wirtschaftsverwaltungsrecht seinerzeit stand. Die mehr als zwanzig Referate und Diskussionsbeiträge dieses Kolloquiums sind in dem von Professor Dr. *Friedrich Schoch* (Freiburg) 1995 herausgegebenen Tagungsband „Das Verwaltungsrecht als Element der europäischen Integration“ veröffentlicht.

Weit über zwanzig Einzelbeiträge enthält auch der von den Professoren Dres. *Hartmut Bauer* (Dresden), *Reinhard Hendler* (Regensburg), *Peter M. Huber* (Jena), *Bożena Popowska* (Poznań), *Teresa Rabska* (Poznań) und *Marek Szewczyk* (Poznań) herausgegebene Tagungsband „Entwicklungstendenzen des Allgemeinen Verwaltungsrechts und des Städtebaurechts“ (1999) zum zehnten Deutsch-Polnischen Verwaltungskolloquium, das vom 8. bis 12. September 1997 in Posen stattfand. Die Jubiläumstagung beschäftigte sich mit den Themen „Die Stellung der Verwaltung im Verfassungsrecht“ und „Grundfragen und Entwicklungstendenzen des Städtebaurechts“. Erstmals wurden die Hauptreferate, Korreferate und weitere Diskussionsbeiträge nicht nur in deutscher, sondern in einem eigenen Band auch in polnischer Sprachen publiziert. Die polnische Ausgabe trägt den Titel „Kierunki rozwoju prawa administracyjnego. Podstawowe zagadnienia prawa budowlanego i planowania przestrzennego“ (Wydawnictwo Poznańskie, Poznań 1999) und enthält ein Schlusswort vom Professor Dr. *Hartmut Maurer* (Konstanz).

Ausweislich des Tagungsbandes haben an dem Kolloquium in Poznań 35 Personen teilgenommen, davon vierzehn aus Deutschland. Die Teilnehmer haben sich am Rande der Tagung darauf verständigt, dass nach den politischen Umbrüchen Anfang der 1990er-Jahre die juristische Beschäftigung mit der Verwaltung nicht mehr ohne den Blick auf die Verfassung und das Verfassungsrecht auskommt und zudem europarechtliche Implikationen einbeziehen muss. Auch sollten die einzelnen Referate künftig stärker als bisher auf ein gemeinsames Rahmenthema fokussiert und unter diesem thematischen Dach zwei dazu passenden Generalthemen zugeordnet werden. Davon versprachen sich die Teilnehmer intensivere Anstöße für die Fortentwicklung des Europa-, Verfassungs- und Verwaltungsrechts einschließlich der dazugehörigen Dogmatik.

Die vereinbarten institutionellen und konzeptionellen Änderungen haben die Veranstalter des elften Deutsch-Polnischen Verwaltungskolloquiums vollzogen. Die vom 22. bis 25. September 1999 veranstaltete Tagung befasste sich mit dem Thema „Ius Publicum im Umbruch“ aus verfassungs- und verwaltungsrechtlicher Sicht. Das erste Generalthema lautete „Die europäische Integration als Herausforderung für das Verfassungsrecht“ und bot Gelegenheit zum Gedankenaustausch über das „Europäische Verfassungsrecht im Werden“ und die „Europäisierung des nationalen Verfassungsrechts“. Das zweite Generalthema behandelte die „Reform von Verwaltung und Verwaltungsrecht“ mit den beiden Schwerpunkten „Reformbedarf – Reformanstöße – Reformansätze“ und sowie der Entwicklung von „Verwaltung und Verwaltungsrecht im kooperativen Verwaltungsstaat“. Die Referate sind mit zusammenfassenden Diskussionsberichten 2000 in deutscher Sprache in dem Band „Ius Publicum im Umbruch“ und 2001 in polnischer Sprache in dem Band „Prawo publiczne na przełomie“ erschienen. Beide Bände wurden von den Professoren Dres. *Hartmut Bauer* (Dresden), *Peter M. Huber* (Jena), *Bożena Popowska* (Posen), *Teresa Rabska* (Posen) und *Marek Szewczyk* (Posen) herausgegeben.

Der konzeptionellen Neuorientierung führte das zwölfte Deutsch-Polnische Verwaltungskolloquium vom 20. bis 22. September 2001 an der Kardinal-Stefan-Wyszyński-Universität in Warschau fort. Auch diesmal wurden unter einem gemeinsamen Rahmenthema, nämlich „Ius Publicum Europaeum“, zwei Generalthemen behandelt. Das erste Generalthema „Grundrechtsentwicklung in Europa“ befasste sich zum einen mit „Grundrechtsgeltung und Grundrechtswirklichkeit in der Europäischen Union“, zum anderen mit den „Entwicklungstendenzen des Grundrechtsschutzes im nationalen Verwaltungsrecht“. Das zweite große Thema war „Das öffentliche Recht vor den Herausforderungen des Gewährleistungsstaates“, das den Rahmen für die Erörterung von „Stand und Entwicklungstendenzen eines Regierungsverwaltungsrechts“ sowie von „Gewährleistung öffentlicher und privater Aufgabenerfüllung durch Staatsaufsicht“ bildete. Das Teilnehmerverzeichnis führt 49 Personen auf, von denen 26 aus Deutschland anreisten. Der von den Professoren Dres. *Hartmut Bauer* (Dresden), *Peter M. Huber* (Bayreuth) und *Zygmunt Niewiadomski* (Warschau) herausgegebenen Tagungsband ist 2002 in deutscher Sprache mit dem Titel „Ius Publicum Europaeum“ und 2003 im Polnischen unter dem Titel „Ius Publicum Europaeum“ erschienen.

Mit dem dreizehnten Deutsch-Polnischen Verwaltungskolloquium vom 17. bis zum 20. September 2003 an der Universität Rostock feierte der sich unter diesem Titel zusammenfindende Kreis sein 25-jähriges Bestehen. Das Oberthema dieser Tagung war „Die Bedeutung der Rechtsprechung im System der Rechtsquellen: Europarecht und nationales Recht“. Das Oberthema untergliedert sich in vier Unterthemen. Das Unterthema „Rechtsprechung und Rechtssetzung: Entwicklungslinien“ behandelte das Verhältnis von Rechtsprechung und Gesetzgebung in seinen Grundlagen. Die anderen Unterthemen waren: „Rechtsprechung und Verwaltungsrecht“, „Rechtsprechung und Verfassungsrecht“ und „Rechtsprechung und Europarecht“. Die Referate und Diskussionsberichte wurden 2005 im Sammelband unter dem Titel des Verwaltungssymposiums veröffentlicht. Herausgeber sind Professoren Dres. *Wilfried Erbguth* (Rostock) und *Johannes Masing* (Augsburg); im Polnischen: „Znaczenie orzecznictwa w systemie źródeł prawa. Prawo europejskie a prawo krajowe“ pod redakcją Prof. Dr. *Bogdana Dolnickiego* (2005).

Mit dem Generalthema „Die Verwaltung unter dem Einfluss des Europarechts“ beschäftigte sich das vierzehnte Deutsch-Polnische Verwaltungskolloquium vom 14. bis 17. September 2005 an der Universität Kattowitz. Einzelthemen waren: „Verfassungsrechtliche Grundlagen (Souveränität, Integration, Autonomie)“ und „Europarechtliche Einwirkungen auf das Verwaltungsrecht der Mitgliedstaaten (Organisation der Verwaltung und Gestaltung des Verwaltungsverfahrens in den Mitgliedstaaten)“. Die Referate finden sich in polnischer Sprache in dem Band „Administracja pod wpływem prawa europejskiego“ pod redakcją Prof. Dr. *Bogdana Dolnickiego* i Dr. *Joanny Jagody* (2006) und in deutscher Sprache in dem Band „Verwaltung unter dem Einfluss des Europarechts“, den die Professoren Dres. *Wilfried Erbguth* und *Johannes Masing* herausgegeben haben.

Das fünfzehnte Deutsch-Polnische Verwaltungskolloquium fand vom 9. bis 12. September 2007 an der Universität Freiburg i. Br. statt. Die Themen dieser Tagung waren: „Verfassungsgerichtsbarkeit und Rechtsprechung der europäischen Gerichte“ und „Verwaltungsgerichtsbarkeit und Normebenen“. Das erste Thema gliederte sich in die beiden Unterthemen „Verfassungsgerichtsbarkeit und Europäischer Gerichtshof“ sowie „Verfassungsgerichtsbarkeit und der Europäische Gerichtshof für Menschenrechte“, das zweite Thema in die beiden Unterthemen „Verwaltungsgerichtsbarkeit und höherrangiges Recht“ und „Verwaltungsgerichtsbarkeit und effektiver Rechtschutz“.

Zum sechzehnten Deutsch-Polnischen Verwaltungskolloquium trafen sich die Teilnehmer vom 14. bis 16. September 2009 in Breslau an der dortigen Universität Wrocław. Hauptthema dieses Kolloquiums war „Die Kontrolle des Verwaltungshandels“. Das erste Unterthema „Rechtsschutz durch Verwaltungsverfahren“ wurde durch die Referate „Das Spannungsverhältnis von Rechtspositionen und öffentlichen Interessen im Verwaltungsverfahren“ und „Die verwaltungsgerichtliche Kontrolle des Verwaltungsverfahrens“ behandelt. Das zweite Unterthema lautete „Fehlerhaftes Verwaltungshandeln zwischen gerichtlicher Aufhebung und staatlicher Entschädigungspflicht. Die Entwicklung im nationalen Verwaltungs- und Verfassungsrecht sowie im Gemeinschaftsrecht“. Das polnische Referat behandelte die„Schadenersatzhaftung wegen fehlerhafter Verwaltungsentscheidungen“. Die Referate und Diskussionsbeiträge dieses Kolloquiums sind bis jetzt nicht veröffentlicht worden.

IV. Ausblick

Während der nunmehr dreiunddreißigjährigen Geschichte der Deutsch-Polnischen Verwaltungskolloquien hat sich viel verändert, nicht nur das politisch-rechtliche Umfeld, sondern auch die konzeptionelle Ausrichtung des Kolloquiums als Institution. Aus dem grenzüberschreitenden Gedankenaustausch ergeben sich heute sowohl aus polnischer als auch aus deutscher Sicht wichtige Anstöße für die Fortentwicklung des Europa-, Verfassungs- und Verwaltungsrechts. Hinzu kommen weiterführende Anregungen aus dem unmittelbaren Rechtsvergleich, die vor allem deshalb besondere Aufmerksamkeit verdienen, weil sich beide Länder in einem Transformationsprozess befinden. Für Polen ist dies wegen des zurückliegenden radikalen politischen Umbruchs offensichtlich. Doch ist der weltpolitische Umbruch der Jahre 1989 bis 1991 auch an Deutschland alles andere als spurlos vorbeigegangen. Er hat dort einen, wenn auch weniger einschneidenden Umgestaltungsprozess eingeleitet, der in seinen Fernwirkungen bis heute anhält und zudem durch die immer weiter voranschreitende europäische Integration fortwährend herausfordert. Der wechselseitige grenzüberschreitende Erfahrungs- und Gedankenaustausch hat dadurch eine neue Qualität erlangt. Er ermöglicht es heute mehr denn je, Problemlösungen des nationalen Rechts rechtsvergleichend kritisch zu hinterfragen, gegebenenfalls fortzuentwickeln und zu korrigieren. Zugleich leistet der Transfer rechtswissenschaftlicher Erkenntnisse einen gewichtigen Beitrag zur Innovation in Recht und Rechtsdogmatik.

Obschon nach den politischen Veränderungen Polen nun zwar wie Deutschland Mitglied der NATO und der EU ist und beide gleichsam im selben Boot sitzen, besteht kein Grund, die Kooperation zurückzufahren. Ganz im Gegenteil ist Professor Dr. Dr. h. c. *Günter Püttner* zuzustimmen, wenn er sagt: „Die Arbeit des Deutsch-Polnischen Verwaltungskolloquiums wird also weitergehen und sie bleibt weiter notwendig für ein gedeihliches Zusammenleben beider Nationen. Es war und ist den Mitgliedern des Deutsch-Polnischen Verwaltungskolloquiums ein wichtiges Anliegen, aber auch eine Freude, an diesem großen Werk mitzuwirken" (25 Jahre Deutsch-Polnisches Verwaltungskolloquium, Die Bedeutung der Rechtsprechung im System der Rechtsquellen: Europarecht und nationales Recht, 2005, S. 8).

Der Anwendungsbereich der Unionsgrundrechte unter dem Einfluss von Grundrechtecharta und ihren Vorbehalten

Prof. Dr. Wolfram Cremer, Bochum

I. Einleitung

Als mich die wissenschaftliche Leitung dieser Tagung vor geraumer Zeit fragte, ob ich bereit wäre, einen Vortrag über den Anwendungsbereich der Unionsgrundrechte und namentlich der EU-Grundrechtecharta unter Berücksichtigung ihrer Vorbehalte, insbesondere des Protokolls über die Anwendung der EU-Grundrechtecharta auf Polen und das Vereinigte Königreich, zu halten, habe ich mit einer Zusage nicht gezögert. Hintergrund der spontanen Zusage war die damit verbundene Selbstverpflichtung, mich endlich der Mühsal zu unterwerfen, grundsätzlich und vertieft über die Komplexität unionalen Grundrechtsschutzes im Hinblick auf die verschiedenen Grundrechtsquellen, -verpflichteten und -dimensionen nachzudenken. Zudem reizte es mich angesichts des genannten Protokolls – nicht zuletzt vor dem Hintergrund meiner nun auch schon ein Jahrzehnt andauernden Teilnahme am Polnisch-Deutschen bzw. Deutsch-Polnischen Verwaltungskolloquium –[1] mich gleichzeitig mit dem polnischen Kollegen Czaplinski mit der (etwaigen) grundrechtlichen Sonderrolle Polens (und des Vereinigten Königreichs) zu befassen. Aber genug der Vorrede. Freilich bedarf es in dieser Einleitung noch der näheren Beschreibung und Erläuterung dessen, was genau ich im Folgenden behandeln werde und schon aus Zeitgründen nicht behandeln kann.

1. Unionsgrundrechte: Ein Überblick

Die Frage nach dem Anwendungsbereich der Unionsgrundrechte wirft zunächst die Frage auf, was eigentlich *die* Unionsgrundrechte sind. Die verbreitete Antwort lautet in Anlehnung an Art. 6 EUV in der Fassung von Lissabon, dass insoweit Grundrechte dreierlei Provenienz zu unterscheiden sind: Erstens die gem. Art. 6 Abs. 1 EUV nunmehr rechtsverbindliche und mit Primärrechtsrang ausgestattete Grundrechtecharta vom 7. Dezember 2000 in der am 12. Dezember 2007 angepassten Fassung. Zweitens gem. Art. 6 Abs. 2 EUV die Europäische Menschenrechtskonvention, welcher die EU nach dem Wortlaut der Norm „beitritt". Aus dieser indikativen Form wird allgemein eine Verpflichtung zum Beitritt resp. eine Verpflich-

1 Die Bezeichnung wechselt ständig und in Abhängigkeit vom jeweiligen Gastgeberland.

tung, sich um einen Beitritt zu bemühen, abgeleitet;[2] die (teils schwierigen) Verhandlungen sind freilich noch nicht abgeschlossen.[3] Fehlt es also aktuell noch an einer (unmittelbaren) Bindung der Union an die EMRK, kennt das Unionsrecht doch drittens Grundrechte nach Maßgabe von Art. 6 Abs. 3 EUV. Danach sind die Grundrechte, wie sie in der EMRK gewährleistet sind und wie sie sich aus den gemeinsamen Verfassungsüberlieferungen der Mitgliedstaaten ergeben, als „allgemeine Grundsätze" Teil des Unionsrechts. Der neue Art. 6 Abs. 3 EUV ist in (leicht) modifizierter Gestalt an die Stelle des alten Art. 6 Abs. 2 EUV getreten, der seinerseits durch den Vertrag von Maastricht in das Unionsrecht aufgenommen wurde. Auch für diese Unionsgrundrechte, die zumindest subsidiär zu den Chartagrundrechten zur Anwendung kommen,[4] stellt sich die Frage nach ihrem Anwendungsbereich. Vorliegend konzentriere ich mich freilich, um den Beitrag nicht zu überfrachten und in Übereinstimmung mit der wissenschaftlichen Leitung, auf den Anwendungsbereich der Grundrechte der EU-Grundrechtecharta.

2. Präzisierung des Vortragsgegenstands

Was aber soll hier unter „Anwendungsbereich" – ein vieldeutig verwandter resp. konturenschwacher Begriff der Grundrechtsdogmatik – der mithin auf die Chartagrundrechte verengten Unionsgrundrechte verstanden werden? Ich behandele hier und heute unter dem „Stichwort" Anwendungsbereich ausschließlich die Frage der durch die Charta Grundrechtsverpflichteten. Dabei wird im Anschluss an eine im Kern bereits überzeugend begründete h. M. angenommen, dass Private nicht resp. nur in besonders gelagerten Einzelfällen durch die Chartagrundrechte – und insgesamt durch die Unionsgrundrechte – gebunden werden.[5] Untersucht wird also eine Grund-

---

2 *T. Kingreen*, in: C. Calliess/M. Ruffert (Hrsg.), EUV/AEUV, 4. Aufl. 2011, Art. 6 EUV, Rn. 25; *E. Pache/F. Rösch*, Die Grundrechte der EU nach Lissabon, EWS 2009, S. 393 (398); *E. Pache/F. Rösch*, Europäischer Grundrechtsschutz nach Lissabon – die Rolle der EMRK und der Grundrechtecharta in der EU, EuZW 2008, S. 519 (520).

3 Vgl. zu den Schwierigkeiten http://register.consilium.europa.eu/pdf/en/10/st10/st10568.en10.pdf; Council of the EU, 17. 02. 2010, Doc. 6583/10, http://www.europarl.europa.eu/meetdocs/2009_2014/documents/libe/dv/csl06582_10/csl06582_10en.pdf; Council of the EU, 02; EuGRZ 2010, S. 362 ff.; Europäisches Parlament, Entschließung vom 19. 05. 2010, Institutionelle Aspekte des Beitritts der Europäischen Union zur EMRK, abgedruckt in EuGRZ 2010, S. 362 ff.

4 Vgl. dazu nur *T. Ludwig*, Zum Verhältnis zwischen Grundrechtecharta und allgemeinen Grundsätzen – die Binnenstruktur des Art. 6 EUV n. F., EuR 2011, S. 715 ff.; *E. Schulte-Herbrüggen*, Der Grundrechtsschutz in der EU nach dem Vertrag von Lissabon, ZEUS 2009, S. 343 (353 ff.) sowie den Vorlagebeschluss des VGH Baden-Württemberg nach Art. 267 AEUV vom 20. 01. 2011, EuGRZ 2011, S. 96 (insbesondere 103 f.).

5 *R. Winkler*, Die Grundrechte der Europäischen Union, 2006, S. 162 ff.; *P. M. Huber*, Auslegung und Anwendung der Charta der Grundrechte, NJW 2011, S. 2385 (2388 ff.); *T. Kingreen* (Fn. 2),

rechtsverpflichtung der Union und der Mitgliedstaaten. Dabei wird – wie bereits eingangs angedeutet – einer Grundrechtsbindung Polens im Anschluss an das mit dem Vertrag von Lissabon in Kraft getretene „Protokoll über die Anwendung der Charta der Grundrechte der Europäischen Union auf Polen und das Vereinigte Königreich" besondere Beachtung geschenkt. Es wird sich freilich zeigen, dass die Beschäftigung mit diesem Protokoll auch jenseits der Bestimmung einer etwaigen grundrechtlichen „Sonderrolle" Polens und des Vereinigten Königreichs und eben im Hinblick auf die Bindung aller Mitgliedstaaten an die Chartagrundrechte angezeigt ist. Schließlich wird nicht zuletzt die Befassung mit diesem Protokoll[6] – wie die nachfolgende Analyse insgesamt – verdeutlichen, dass die Frage der durch die Charta Grundrechtsverpflichteten deutlich komplexerer Natur ist, als dies auf den ersten Blick erscheinen mag und in der Literatur zumeist diskutiert wird: Zeigen wird sich vielmehr, dass Grundrechtsverpflichtungen nach der EU-Grundrechtecharta angesichts verschiedener Grundrechtstypen (insbesondere Freiheitsgrundrechte, Leistungsgrundrechte und sog. Grundsätze) sowie Grundrechtsfunktionen (vor allem Abwehr- und Schutzfunktion) ein durchaus vieldimensionales und anspruchsvolles Thema sind.

II. Die Europäische Union als Grundrechtsverpflichtete der Chartagrundrechte

Zunächst komme ich zur Grundrechtsbindung der EU durch die Chartagrundrechte. Dass zumindest primär die Union durch die Charta gebunden wird, folgt zwanglos aus Art. 51 Abs. 1 Satz 1 GRCh, wo es heißt: „Diese Charta gilt für die Organe, Einrichtungen und sonstigen Stellen der Union". Obwohl diese umfassende Bindung der Union an keiner Stelle der Verträge, einschließlich der Charta, irgendeine Einschränkung erfährt, ist keineswegs selbstverständlich, dass sämtliche Grundrechte und Grundsätze der EU-Grundrechtecharta de constitutione lata Verpflichtungen für die Union begründen. Das gilt namentlich für die Grundrechte resp. Grundsätze mit leistungsrechtlichem Charakter sowie die leistungsrechtliche und namentlich schutzrechtliche Dimension der Freiheitsgrundrechte. Viele dieser leistungsrechtlichen Grundrechtsgehalte, soweit sie überhaupt Rechtspflichten begründen, stehen in einem rechtlich verzahnten Mehrebenensystem in einem potenziellen und de constitutione lata in weiten Bereichen auch aktuellen Spannungsverhältnis zur unionalen Kompetenzordnung.

Art. 51 GRCh, Rn. 18; a. A. vgl. nur *B. Beutler*, in: H. von der Groeben/J. Schwarze (Hrsg.), Kommentar zum EU-/EG-Vertrag, 6. Aufl. 2003 Art. 6 EUV, Rn. 66; *K. Lenaerts/E. Smijter*, A „Bill of Rights" for the European Union, CMLR 2001 (38), S. 273 (278).

6 Unten III. 1. b) cc).

Nicht zuletzt vor diesem Hintergrund heißt es in Art. 6 Abs. 1 UAbs. 2 EUV, dass die in den Verträgen festgelegten Zuständigkeiten der Union durch die Charta „in keiner Weise erweitert“ werden. Und dies wird in Art. 51 Abs. 1 Satz 2 GRCh bestätigt, wonach die Grundrechtsbindung nach Maßgabe der Charta unter „Achtung der Zuständigkeiten, die der Union in den Verträgen übertragen werden“, erfolgt.

Aber was folgt daraus nun im Einzelnen für die Grundrechtsbindung der Union und – wie später gezeigt wird damit aufs Engste verwoben –, die Grundrechtsbindung der Mitgliedstaaten? Vor allem und zunächst folgt daraus, dass die nachfolgende Analyse einer Grundrechtsbindung der Union (und der Mitgliedstaaten) eben zwischen Grundrechtstypen (Freiheits- und Leistungsgrundrechten), verschiedenen Gewährleistungsdimensionen sowie zwischen Grundrechten und „Grundsätzen“ der Charta differenziert und entsprechend schrittweise vorgeht.

1. Abwehrrechtliche Funktion der Freiheitsgrundrechte

Soweit die Charta Freiheitsgrundrechte in ihrer sog. klassischen abwehrrechtlichen Funktion verbürgt,[7] ist die Union entsprechend Art. 51 Abs. 1 Satz 1 GRCh umfassend gebunden. Dem steht nicht entgegen, dass verschiedene freiheitsrechtliche Verbürgungen die Union mangels entsprechender (Handlungs-)Kompetenzen nicht oder zumindest eher theoretisch treffen können. Das gilt bspw. für das Folter- und Hinrichtungsverbot gem. Art. 2 Abs. 2 GRCh und die Ausweisungsverbote gem. Art. 19 Abs. 2 GRCh. Auch wenn der Union schon die Kompetenz zur Durchführung von Strafverfahren und zum Erlass ausländerrechtlicher Maßnahmen fehlt, schadet es nämlich nicht, wenn die genannten Garantien, die nach dem unionsrechtlichen Kompetenzgefüge um ihrer praktischen Wirksamkeit willen an die Mitgliedstaaten gerichtet sein müssten, die Union binden. Handelt die Union doch einmal kompetenzwidrig, liegt in dem gleichzeitigen Grundrechtsverstoß nämlich lediglich ein zweiter Unwirksamkeitsgrund. Und mehr noch: Die genannten Normen mögen gegenüber der Union insofern auch derzeit schon eine gewisse praktische Wirkung entfalten, als sie der Union jede (möglicherweise nicht ohne Weiteres kompetenzwidrige) Mitwirkung (Beihilfe oder auch Duldung) an der Verhängung und Vollstreckung einer Todesstrafe[8] oder einer gem. Art. 19 GRCh verbotenen Ausweisung untersagen.

---

7 Zu nennen sind insbesondere die Grundrechte nach dem Titel II der Charta, welcher die Überschrift „Freiheiten“ trägt, aber auch die Art. 1–5 GRCh in Titel I der Charta („Würde des Menschen“).

8 Dazu *C. Calliess*, in: ders./M. Ruffert (Hrsg.), EUV/AEUV, 4. Aufl. 2011, Art. 2 GRCh, Rn. 27; *W. Höfling*, in: P. Tettinger/K. Stern (Hrsg.), Europäische Grundrechtecharta, 1. Aufl. 2006, Art. 2, Rn. 38.

2. Leistungsdimensionen der Freiheitsgrundrechte

Anders verhält es sich im Hinblick auf Verpflichtungen der Union aus einer etwaigen leistungs-[9] und insbesondere schutzrechtlichen Funktion der Freiheitsgrundrechte der Charta. Während eine leistungsrechtliche Dimension i. e. S. und namentlich eine sozialleistungsrechtliche Dimension ganz überwiegend abgelehnt wird,[10] wird den Freiheitsgrundrechten der Charta entsprechend der Rechtsprechung des EGMR zur EMRK verbreitet eine schutzrechtliche Seite zugeordnet.[11] In der Literatur wird daran anknüpfend teils die Befürchtung geäußert, die Ableitung schutzrechtlich fundierter Leistungspflichten der Union – als zumindest primärem Adressaten der Chartagrundrechte – führe zu einer vertragswidrigen Ausweitung der Unionskompetenzen.[12] Dem wird wiederum entgegengehalten, dass eine solche Annahme den Unterschied zwischen Grundrechtsbindung und Kompetenz verkenne. Jedenfalls in leistungsrechtlicher Perspektive setze die Grundrechtsbindung die Kompetenz voraus.[13] Grundrechte könnten keine Kompetenzen begründen.[14] Ob die mit dieser Position verbundene Konsequenz des Leerlaufens – eine leistungsrechtliche Verpflichtung der Mitgliedstaaten wird ganz verbreitet, und wie noch gezeigt wird, zu Recht abgelehnt – einer einmal festgestellten (!) leistungsrechtlich ausgerichteten Grundrechtsbindung im Falle fehlender Verbandskompetenz (zum Erlass geeigneter Maßnahmen) in dieser Allgemeinheit und ohne weitere Begründung überzeugt, mag man bei einer normenhierarchischen Gleichrangigkeit von Kompetenz- und Grundrechtsordnung mit einem Fragezeichen versehen; einfordern können und müssen wird man wohl zumindest – soweit irgend möglich – eine grundrechtskonforme oder besser geltungserhal-

---

9 Die Terminologie ist unterschiedlich, vgl. etwa *H. Jarass*, EU-Grundrechte, 1. Aufl. 2005, § 5 Rn. 10; *Kingreen* (Fn. 2), Art. 51 GRCh, Rn. 22. Hier wird Leistungsdimension (im weiteren Sinne) als Oberbegriff für die unterschiedlichen Verpflichtungen der Union bzw. der Mitgliedstaaten auf positives Tun verstanden.

10 *T. Kingreen*, in: D. Ehlers (Hrsg.), EuGR, 3. Aufl. 2009, § 18 Rn. 15; *ders.* (Fn. 2), Art. 51 GRCh, Rn. 24, der originäre Leistungsrechte nur ausnahmsweise anerkennen will.

11 Siehe nur *Calliess* (Fn. 8), Art. 1 GRCh, Rn. 5. Der EuGH hat sich in dieser Frage, anders als bei den Grundfreiheiten, noch nicht eindeutig positioniert, vgl. dazu *F. Ekardt*, Schutzpflichten, Abwägungsregeln, Mindeststandards und Drittschutz, Die Verwaltung 2010, Beiheft 11, S. 27 (32); ferner *P. Szczekalla*, Die sogenannten grundrechtlichen Schutzpflichten im deutschen und europäischen Recht, 2002, S. 549 ff.; *L. Jaeckel*, Schutzpflichten im deutschen und europäischen Recht, 2001, S. 212 ff.

12 *J. F. Lindner*, EG-Grundrechtscharta und gemeinschaftsrechtlicher Kompetenzvorbehalt – Probleme und Thesen, DÖV 2000, S. 543 (545.).

13 *Kingreen* (Fn. 2), Art. 51 GRCh, Rn. 22; *H.-W. Rengeling*, Die Europäische Charta der Grundrechte, in: J. Ipsen/E. Schmidt-Jortzig (Hrsg.), Recht – Staat – Gemeinwohl, Festschrift für Dietrich Rauschning, 2011, S. 225 (245 f.).

14 *Kingreen* (Fn. 2), Art. 51 GRCh, Rn. 22.

tende[15] Auslegung der Kompetenznormen. Obwohl aber die Grundrechtecharta und die die Kompetenzordnung regelnden Verträge gem. Art. 6 Abs. 1 UAbs. 1 2. Hs. EUV rechtlich gleichrangig sind, verdient die These „Keine grundrechtlich fundierte Leistungspflicht ohne Kompetenz“ *vorliegend* uneingeschränkte Zustimmung. Wie soeben gezeigt, ist nämlich im unionalen Primärrecht selbst unmissverständlich und gar mehrfach niedergelegt, dass die Grundrechtecharta zu keinerlei Kompetenzerweiterung der Union führt. Damit ist die potenzielle Primärrechtskollision primärrechtlich „zu Gunsten“ der Kompetenzordnung entschieden.[16]

Was aber sind nun die Konsequenzen des Vorrangs der Kompetenzordnung vor der grundrechtlichen Leistungspflicht? Wie bereits angedeutet laufen die Chartagrundrechte als Leistungsrechte in der Tat schlicht leer, soweit die Union aus ihnen mangels Kompetenz nicht verpflichtet und die Mitgliedstaaten nicht adressiert sind. Soweit indes teils unterschwellig der Eindruck erweckt wird, die Union verfüge regelmäßig nicht über geeignete Kompetenzen zur Erfüllung grundrechtlicher Schutzpflichten, ist dieser zumindest im Hinblick auf einzelne Grundrechte zu korrigieren.[17] Es entspricht allgemeiner Auffassung, dass Schutzpflichten, soweit sie denn überhaupt einmal Handlungspflichten begründen, den Verpflichteten kaum einmal auf eine bestimmte Handlung festlegen, er vielmehr zwischen verschiedensten schutzgeeigneten Optionen zur Schutzverwirklichung auswählen darf. Jedenfalls im Hinblick auf die Wirtschaftsgrundrechte der Charta wird der Union aber nicht durchweg die Kompetenz zum Erlass schutzgeeigneter Maßnahmen fehlen. Insoweit ist etwa an die Kompetenz zum Abbau von Diskriminierungen aus Gründen des Geschlechts, der Rasse etc. gem. Art. 19 AEUV (ex Art. 13 EG) zu denken, welche auch und nicht zuletzt zum Abbau privater Diskriminierungen im Wirtschaftsleben ermächtigt und sich demgemäß namentlich mit der Schutzpflicht aus Art. 15 GRCh (Berufsfreiheit) trifft. So bestünde etwa im Falle einer (verbreiteten) Weigerung privater Wirtschaftsteilnehmer, mit Schwarzen, Juden, Homo- oder Transsexuellen (aus anderen Mitgliedstaaten) Verträge, namentlich Arbeitsverträge, abzuschließen, die grundrechtlich fundierte Pflicht der Union – soweit es an entsprechendem EU-Sekundärrecht (und mitglied-

---

15 Von Grundrechtskonformität sollte man wohl besser nur im Hinblick auf die Auslegung rangniedrigeren Rechts sprechen.

16 Ob die insoweit in Bezug genommenen Art. 6 Abs. 1 UAbs. 2 EUV und 51 Abs. 1 Satz 2 GRCh also – wie in der Literatur verbreitet angenommen, vgl. *Kingreen* (Fn. 2), Art. 6 EUV, Rn. 13; *M. Borowsky*, in: J. Meyer (Hrsg.), Charta der Grundrechte, 3. Aufl. 2010, Art. 51 GRCh, Rn. 34a – lediglich deklaratorischer Natur sind, muss demgemäß ebenfalls mit einem Fragezeichen versehen werden. Mangels praktischer Relevanz soll der Frage aber hier nicht weiter nachgegangen werden.

17 Dazu auch *M. Nettesheim*, Grundrechtliche Prüfdichte durch den EuGH, EuZW 1995, S. 106 (108); *C. Calliess*, Rechtsstaat und Umweltstaat, 2001, S. 332.

staatlichem Recht) fehlt – zur Unterbindung bzw. Sanktionierung solchen Verhaltens von der genannten Kompetenz Gebrauch zu machen.

3. Leistungsgrundrechte

In der Grundrechtecharta fundierte Leistungspflichten können sich indes nicht allein aus dem schutzrechtlichen Gehalt der Freiheitsrechte ergeben, sondern zudem aus originären Leistungsgrundrechten und etwaig aus an dieser Stelle noch zurückzustellenden sog. „Grundsätzen". Exemplarisch finden sich solche Grundrechte in der Grundrechtecharta etwa in Art. 14 Abs. 2 (Recht auf Teilnahme am unentgeltlichen Pflichtschulunterricht) und Art. 42 (Recht auf Zugang zu Dokumenten).[18] Im Hinblick auf diese und weitere Leistungsgrundrechte stellt sich ebenfalls die Frage, wer durch diese verpflichtet wird.[19] An dieser Stelle wird diese Frage zunächst wiederum bzgl. einer Bindung der Union diskutiert.

Mustert man die beiden Normen im Hinblick auf die in ihnen genannten Grundrechtsadressaten durch, ergibt sich, dass Art. 42 GRCh einen Grundrechtsverpflichteten nennt und zwar – in Übereinstimmung mit der allgemeinen Norm des Art. 51 Abs. 1 Satz 1 GRCh – die Europäische Union. Dieser Verpflichtung der Union stehen auch keine kompetenziellen Hürden entgegen. Demgegenüber fehlt es in Art. 14 Abs. 2 GRCh an der Nennung eines durch die Norm Verpflichteten. Nach der allgemeinen Regel des Art. 51 Abs. 1 Satz 1 GRCh wäre freilich auch diesbezüglich die Union verpflichtet. Die Union bietet aber weder aktuell Pflichtschulunterricht an noch verfügt sie über eine derartige Kompetenz. Aus den bereits genannten Gründen[20] wird die Union mithin aktuell, also nach dem derzeitigen Stand des Unionsrechts, durch Art. 14 Abs. 2 GRCh nicht verpflichtet, fehlt es ihr doch an entsprechenden Kompetenzen. Dieser Befund lässt sich auf sämtliche strukturell gleichgelagerte Chartanormen übertragen. Auf die Frage, ob die Mitgliedstaaten durch derartige Normen – zumindest im Einzelfall – verpflichtet werden, wird zurückzukommen sein.

4. „Grundsätze"

Bevor ich mich aber schrittweise einer Bindung der Mitgliedstaaten durch die Charta zuwende, sei noch erörtert, ob die sog. Grundsätze der Charta

18 Bei diesen Normen handelt es sich um Grundrechte und nicht um „Grundsätze", dazu auch *H. M. Sagmeister*, Die Grundsatznormen in der Europäischen Grundrechtecharta, 2009, S. 361 und 369.

19 Dazu, dass es sich bei den Leistungs*grundrechten* (zumindest überwiegend) nicht lediglich um schlichte Programmsätze ohne Rechtsverbindlichkeit handelt, nur *M. Baldus*, in: F. S. Heselhaus/C. Nowak (Hrsg.), Hdb. EU-Grundrechte, 1. Aufl. 2006, § 14, Rn. 63.

20 Oben II. 2.

überhaupt[21] und namentlich gegenüber der Union rechtliche Bindungen entfalten und ggf. gar den Einzelnen berechtigen. Dabei kann hier selbstverständlich nicht im Einzelnen untersucht werden, *welchen* Normen der Charta Grundrechts- und welchen Grundsatzcharakter zuzusprechen ist.[22]

a) (Rechts-)Natur der „Grundsätze"

Die Unterscheidung von Grundrechten und Grundsätzen beruht auf dem Willen von Grundrechts- und Verfassungskonvent, neben „echten Grundrechten" auch Bestimmungen in die EU-Grundrechtecharta (respektive den Grundrechtsteil des Verfassungsvertrags) aufzunehmen, die keine Grundrechtsqualität aufweisen.[23] Daran anknüpfend[24] wird zunächst in Art. 51 Abs. 1 Satz 2 GRCh zwischen Rechten und „Grundsätzen" differenziert. Die inhaltlichen Unterschiede zwischen den beiden Kategorien werden in dieser Norm indes kaum deutlich. Welcher rechtliche Unterschied sich daraus ergibt, dass man Rechte zu achten, sich an Grundsätze aber zu halten hat, drängt sich jedenfalls nicht unmittelbar auf.

In – dem nunmehr mit der Überschrift „Tragweite und Auslegung der Rechte und Grundsätze" versehenen und neugefassten – Art. 52 GRCh wird die Unterscheidung freilich wieder aufgegriffen und gegenüber der 2000-Fassung der Charta deutlicher akzentuiert.[25] Manifest wird der Unter-

---

21 Jenseits der Ablehnung von aus „Grundsätzen" ableitbaren subjektiven Rechten findet sich in der Literatur wenig Klärendes und Vertiefendes zur (Rechts-)Natur und den inhaltlichen Konturen der „Grundsätze". Demgemäß hat sich bislang auch kaum eine strukturierte Diskussion entwickelt. Instruktiv freilich *Sagmeister* (Fn. 18), insbesondere S. 156 ff.; *G. J. Schmittmann*, Rechte und Grundsätze in der Grundrechtecharta, 2007, S. 25 ff.; *U. Becker*, in: J. Schwarze (Hrsg.), EU-Kommentar, 2. Aufl. 2009, Art. 52 GRCh, Rn. 9 ff.; *Jarass* (Fn. 9), § 3 Rn. 6, § 7, Rn. 28 ff.; *Kingreen* (Fn. 2), Art. 52 GRCh, Rn. 13 ff.

22 Dazu *Sagmeister* (Fn. 18), S. 338 ff.; *Schmittmann* (Fn. 21), S. 63 (68 ff.).

23 Vgl. nur – auch zum entsprechenden Willen des Grundrechtskonvents – Schlussbericht der Gruppe II des Europäischen Konvents über die Charta, CONV 354/02 WG II 16, S. 8, im Internet unter: http://register.consilium europa.eu.int/pdf/de/02/cv00/cv00354.de02.pdf.

24 Auch die Präambel der Grundrechtecharta unterscheidet bereits „Rechte, Freiheiten und Grundsätze". Zudem wird etwa in den „Erläuterungen zur Charta der Grundrechte zu den Art. 34, 35, 36, 37 und 38 GRCh deutlich, dass die Grundrechtecharta neben subjektiven Rechten strukturell von diesen zu unterscheidende Grundsätze enthält. Freilich ergibt sich aus dem Wortlaut der einzelnen Normen nicht immer eindeutig, ob ein Recht oder ein Grundsatz verbürgt ist und auch die Erläuterungen sind teils inkonsistent oder gar irreführend. Missverständlich ist etwa die Verwendung des Begriffs „Grundsatz" in den Erläuterungen zu Art. 47 GRCh, soweit man daraus unzutreffend ableitete, dass die Norm kein subjektives Recht auf einen wirksamen Rechtsbehelf bzw. auf effektiven Rechtsschutz verbürgt. Näher dazu die Nachweise in Fn. 21.

25 Diese Unterscheidung zwischen Grundrechten und Grundsätzen entspricht auch dem Anliegen des Europäischen Konvents, diese schon vom Grundrechtskonvent beabsichtigte Differenzierung auch textlich deutlicher herauszustellen, vgl. nochmals Schlussbericht der Gruppe II des Europäischen Konvents über die Charta, CONV 354/02 WG II 16, S. 8, im Internet unter: http://register.consilium europa.eu.int/pdf/de/02/cv00/cv00354.de02.pdf. Ande-

schied in den Absätzen 1–4 einerseits und Absatz 5 andererseits. Während die Horizontalbestimmung des Art. 52 GRCh in seinen Absätzen 1–4 von (Grund-)Rechten (und Freiheiten) handelt, finden sich Aussagen zur (Rechts-)Qualität der „Grundsätze“ in Abgrenzung zu (Grund-)Rechten und Freiheiten in Art. 52 Abs. 5 GRCh. Während der individualschützende Charakter von (Grund-) Rechten (und Freiheiten) in Art. 52 Abs. 1–4 GRCh überdeutlich wird, heißt es in Art. 52 Abs. 5 Satz 1 GRCh: „Die Bestimmungen dieser Charta, in denen Grundsätze festgelegt sind, können (...) durch die Union [in Ausübung ihrer Zuständigkeiten] umgesetzt werden“. Diese Wendung verdeutlicht zunächst einmal, dass „Grundsätze“ keine subjektiven Rechte verbürgen. Die Formulierung in Art. 52 Abs. 5 Satz 1 GRCh, wonach die Grundsätze von der Union (und den Mitgliedstaaten) nach Maßgabe ihrer Kompetenzen umgesetzt werden „können“, legt vielmehr nahe, dass „Grundsätze“ nicht einmal eine objektiv-rechtliche Verpflichtung im Sinne eines Verfassungsauftrags (oder eines verfassungsrechtlichen Eingriffsverbots) begründen.

Welche (rechtliche) Bedeutung will Art. 52 Abs. 5 Satz 1 GRCh „Grundsätzen“ aber dann zuweisen? Ein Verständnis im Sinne einer (bloßen) Kompetenznorm mag zwar durch die Formulierung „können [...] umgesetzt werden“ naheliegen, scheidet aber ebenfalls aus, weil in der Norm selbst und im Übrigen – wie bereits ausgeführt – an anderen Stellen des Unionsrechts festgelegt ist, dass die Umsetzung[26] der Grundsätze nach Maßgabe der jeweiligen – also anderweitig geregelten – Zuständigkeiten erfolgen muss. Ist danach also auch eine Interpretation von „Grundsätzen“ im Sinne von (bloßen) Kompetenznormen ausgeschlossen, legt eine isolierte Auslegung von Art. 52 Abs. 5 Satz 1 GRCh es nahe, „Grundsätze“ als rechtlich unverbindliche Programmsätze zu qualifizieren.[27] Indes werden „Grundsätze“ in Art. 52 Abs. 5 Satz 2 GRCh insofern näher gekennzeichnet, als sie „vor Gericht nur bei der Auslegung dieser Akte (in Bezug genommen sind Hoheitsakte der Union und der Mitgliedstaaten, der Verf.) und bei Entscheidungen über deren Rechtmäßigkeit herangezogen werden“ können. Was ist damit aber nun gemeint? Dass „Grundsätze“ nicht bloße Programmsätze

---

rerseits hat der Verfassungskonvent, ebenda und immer wieder, betont, dass es sich lediglich um Änderungen redaktioneller Art handelt, die den Inhalt der (entsprechenden Bestimmungen der) Grundrechtecharta nicht verändern, sondern lediglich verdeutlichen sollen.

26 Auch der Begriff „können umgesetzt werden“ – in der englischen Fassung „may be implemented“, in der französischen Fassung „peuvent être mises en œuvre“ – ist bezogen auf die Union zumindest nicht glücklich gewählt, weil „Umsetzung“ die Existenz bestimmter fest umrissener rechtlicher Vorgaben impliziert, auf deren Verwirklichung ein *mögliches* („können“!) Tätigwerden der Union beschränkt ist.

27 Wegen der uneinheitlichen Verwendung der Begrifflichkeiten sei betont, dass einem Programmsatz keinerlei Rechtsverbindlichkeit zukommt. Objektives Recht hat dagegen sehr wohl einen materiell-rechtlichen Gehalt, ihm fehlt „lediglich“ eine korrespondierende Individualberechtigung, näher dazu sogleich II.4.b)aa).

sind, kann angesichts von Art. 52 Abs. 5 Satz 2 GRCh kaum Zweifeln unterliegen. Einem rechtlich unverbindlichen Programmsatz fehlt nämlich das Potenzial, die Auslegung von Rechtsakten (durch die Gerichte) zu beeinflussen; erst recht kann ein Programmsatz keinen Maßstab bilden, an Hand dessen etwa die Rechtmäßigkeit von Sekundärrechtsakten der Union überprüft werden könnte.

Mithin haben „Grundsätze" erstens Rechtsqualität und zweitens stehen sie in der Normenhierarchie oberhalb der Rechtsakte, für deren Rechtmäßigkeit sie maßstäblich sind.[28] Allerdings fehlt auch in Art. 52 Abs. 5 Satz 2 GRCh jeder Hinweis auf eine individualrechtliche Komponente der „Grundsätze". Dies bestätigen auch die „Erläuterungen zur Charta der Grundrechte"[29] zu Art. 52, wenn es dort heißt: „[Grundsätze] erhalten [...] nur dann Bedeutung für die Gerichte, wenn solche Rechtsakte ausgelegt oder überprüft werden. Sie begründen jedoch keine direkten Ansprüche auf den Erlass positiver Maßnahmen durch die Organe der Union oder die Behörden der Mitgliedstaaten".[30] Wohl aber handelt es sich bei „Grundsätzen" nach dem Vorstehenden um objektives Recht auf höchster Stufe der unionsrechtlichen Normenhierarchie. Bleibt die Frage nach den Gewährleistungsdimensionen solchen objektiven Rechts im Range des Primärrechts.

b) Gewährleistungsdimensionen

aa) Vorbemerkung: Subjektive Rechte und objektives Recht

Ebenso wie bei Grundrechten, bei denen dies geläufig ist, kann man auch bei bloß objektiv-rechtlichen Verpflichtungen insbesondere eine Unterlassens- und eine Leistungsdimension unterscheiden.[31] Der Unterschied zwischen einem Grundrecht resp. einem subjektiven Recht und einer objektivrechtlichen Verpflichtung erschöpft sich nämlich darin, dass das objektive gegenüber dem subjektiven Recht nur in einem Element defizitär ist. Wie das subjektive Recht auferlegt auch das objektive Recht dem Verpflichteten eine rechtliche Bindung, der Einzelne vermag sie aber nicht gerichtlich durchzusetzen.[32] Jedes Grundrecht hat somit auch objektiv-rechtlichen Charakter. So sind die Grundrechte in ihrem liberalen freiheitlichen Ver-

---

28 Vgl. auch *Borowsky* (Fn. 16), Art. 51 Rn. 34; *Sagmeister* (Fn. 18), S. 290; C. *Ladenburger*, in: P. Tettinger/K. Stern (Hrsg.), Europäische Grundrechtecharta, 1. Aufl. 2006, Art. 52, Rn. 85.

29 Näher zur (rechtlichen) Bedeutung der „Erläuterungen zur Charta der Grundrechte" unten III. 1. b) bb).

30 CONV 828/1/03/ REV 1, http://register.consilium.eu.int/pdf/de/03/cv00/cv00828-re01de03.pdf.

31 Auf weitere denkbare Dimensionen, insbes. eine verfahrensrechtliche, wird hier nicht eingegangen.

32 Vgl. auch *R. Alexy*, Theorie der Grundrechte, 2. Aufl. 1994, S. 171ff. u. 186ff.; *C. Bumke*, Der Grundrechtsvorbehalt, 1998, S. 61.

ständnis in objektiv-rechtlicher Perspektive Eingriffsverbote des Staates[33] und verbürgen in subjektiv-rechtlicher Perspektive inhaltlich korrespondierende Abwehransprüche des Einzelnen.

Ist die Unterscheidung zwischen objektivem und subjektivem Recht also ohne Bedeutung für den Inhalt eines Rechtssatzes, kann ein „Grundsatz" als objektiv-rechtliche Verpflichtung mit Verfassungsrang – ebenso wie ein Grundrecht – erstens eine auf ein Unterlassen der Union gerichtete Verpflichtung – d. h. ein Eingriffsverbot – und zweitens eine auf ein Tun der Union gerichtete Verpflichtung – d. h. ein Handlungsgebot – statuieren.[34] Insoweit sind aber nur zwei *potenzielle* Dimensionen eines objektiven Rechtssatzes beschrieben; welche dieser Dimensionen ein objektiver Rechtssatz *tatsächlich* verbürgt, muss im jeweiligen Einzelfall im Wege der Auslegung ermittelt werden.

bb) Grundsätze als Handlungsgebote, Eingriffsverbote und Auslegungsmaßstäbe?

Eine solche Auslegung ergibt vorliegend, „Grundsätzen" eine Leistungsdimension in Gestalt eines Handlungsgebots abzusprechen. Dies folgt zwanglos aus Art. 52 Abs. 5 Satz 2 GRCh. wonach „Grundsätze" vor Gericht nur bei der Auslegung von rangniedrigeren Unionsrechtsakten, mithin EU-Sekundärrecht aller Stufen,[35] – sowie mitgliedstaatlichen Durchführungsakten – und bei Entscheidungen über deren Rechtmäßigkeit herangezogen werden können. Wenn nur von den Organen der Union bereits verabschiedetes Sekundärrecht einer Rechtmäßigkeitskontrolle am Maßstab der „Grundsätze" unterworfen wird, kann aus Grundsätzen aber eben keine Handlungspflicht der Organe der Union, insbesondere zum Erlass von Sekundärrecht, abgeleitet werden.

Grundsätze bilden mithin „lediglich" einen Rechtmäßigkeits- und Auslegungsmaßstab für bereits verabschiedetes EU-Sekundärrecht. Als Rechtmäßigkeitsmaßstäbe markieren Grundsätze (von den Gerichten zu beachtende) Grenzen unionsrechtlicher Regelungsgewalt, sie statuieren Eingriffsverbote. Dieser Funktion der Grundsätze als gestaltungsbegrenzende Rechtmäßigkeitsmaßstäbe korrespondiert die Verpflichtung zu deren Berücksichtigung bei der Auslegung von EU-Sekundärrecht. Insoweit han-

33 Dies ist die Grundlage der Qualifizierung von Grundrechten als negative Kompetenzbestimmungen, vgl. dazu *K. Hesse*, Grundzüge des Verfassungsrechts der Bundesrepublik Deutschland, 20. Aufl. 1995, Rn. 291; *C. W. Canaris*, Grundrechte und Privatrecht, AcP 184 (1984), S. 201 (202); *D. Suhr*, Entfaltung der Menschen durch die Menschen, 1976, S. 125; *J. Ipsen*, Gesetzliche Einwirkungen auf grundrechtlich geschützte Rechtsgüter, JZ 1997, S. 473 (473 f.).

34 Zur Verdeutlichung sei nochmals betont: Im Unterschied zum Grundrecht korrespondieren mit den aus einem objektiv-rechtlichen Rechtssatz ableitbaren Eingriffsverboten bzw. Handlungsgeboten keine subjektiven Abwehr- bzw. Leistungsrechte.

35 Insofern ist es im Wesentlichen eine Frage des Geschmacks, ob man von Tertiärrecht usw. spricht oder alle Stufen unter dem Begriff „Sekundärrecht" (i. w. S.) versammelt.

delt es sich um das Gebot (unions-)verfassungskonformer Auslegung in der Gestalt grundsatzkonformer Auslegung. Demgemäß erlangt ein Grundsatz dann für die Auslegung von Sekundärrecht Bedeutung, wenn nach einfachrechtlichen Auslegungsgrundsätzen mehrere Auslegungen in Betracht kommen, insbesondere mit dem Wortlaut vereinbar sind, aber eine oder mehrere von diesen mit den materiell-rechtlichen Vorgaben des Grundsatzes nicht im Einklang stehen. Das Gebot verfassungskonformer Auslegung in der Variante der grundsatzkonformen Auslegung gebietet es der Judikative, eine und gegebenenfalls *die* eine Auslegungsvariante zu wählen, welche den Grundsatz nicht verletzt.

c) Fazit

Grundsätze statuieren für die Union nach allem verbindliche objektivrechtliche Verpflichtungen auf der obersten Stufe der unionsrechtlichen Normenhierarchie. Sie verpflichten die Union zwar nicht zum Tätigwerden – wirken also nicht als Handlungsgebot –, wohl aber begründen sie objektiv-rechtliche Eingriffsverbote, an denen EU-Sekundärrecht sowie Durchführungsmaßnahmen der Mitgliedstaaten zu messen sind.

III. Mitgliedstaaten

Kommen wir nun zur Bindung der Mitgliedstaaten an Grundrechte und Grundsätze der Charta. Auch diesbezüglich trifft die Horizontalbestimmung des Art. 51 Abs. 1 Satz 1 GRCh eine Aussage. Danach gilt die Charta „für die Mitgliedstaaten ausschließlich bei der Durchführung des Rechts der Union".

1. Freiheitsgrundrechte als klassische Abwehrrechte

Auch insoweit soll zunächst auf die Freiheitsgrundrechte in ihrer abwehrrechtlichen Ausrichtung eingegangen werden; auf die Grundrechtsfunktion also, auf welche sich die Diskussion in der Literatur zumeist implizit oder explizit verengt.

a) Unionsrechtsdeterminiertes Handeln der Mitgliedstaaten

Obwohl Art. 6 Abs. 2 EUV a. F. nur die Union als Grundrechtsverpflichteten nannte, bestand schon bislang zu Recht[36] und in Übereinstimmung mit der

36 Vgl. zur Begründung – Analogie resp. prinzipiengestützte Auslegung – bereits *W. Cremer*, Der programmierte Verfassungskonflikt: Zur Bindung der Mitgliedstaaten an die Charta der Grundrechte der Europäischen Union nach dem Konventsentwurf für eine Europäische Verfassung, NVwZ 2003, S. 1452 (1454).

ständigen Rechtsprechung des EuGH[37] weitgehend[38] Einigkeit, dass Mitgliedstaaten dann an die Unionsgrundrechte gebunden sind, wenn ihr Handeln unions- bzw. gemeinschaftsrechtlich determiniert ist.[39] Dabei soll unter unionsrechtlich determiniertem Handeln der Mitgliedstaaten verstanden werden, dass diese Unionsrecht und namentlich Richtlinien in nationales Recht umsetzen oder mitgliedstaatliche Verwaltungen oder Gerichte Unionsrecht anwenden, soweit das Unionsrecht den mitgliedstaatlichen Stellen keine Spielräume belässt (sog. agency situation). Diese Bindung wird nunmehr in der Wendung von der „Durchführung" des Unionsrechts in Art. 51 Abs. 1 Satz 1 GRCh explizit. Entgegen der Judikatur des EuGH[40] und einer verbreiteten Auffassung im Schrifttum[41] ist dagegen mit dem Bundesverfassungsgericht[42] eine Bindung an die Unionsgrundrechte in dem Umfang abzulehnen, in dem das Unionsrecht den Mitgliedstaaten Umsetzungs- resp. Anwendungsspielräume belässt. Soweit Spielräume bestehen, kann von einer „Durchführung" keine Rede sein.[43]

b) Handeln im Anwendungsbereich des Unionsrechts

Jenseits einer unionsrechtlichen Determinierung mitgliedstaatlichen Handelns bejaht der EuGH zudem in ständiger Rechtsprechung, dass die Mitgliedstaaten die Unionsgrundrechte auch zu beachten hätten, wenn ihr Verhalten in den Anwendungsbereich des Unionsrechts fällt;[44] insbesondere

---

37 EuGH, Rs. 5/88 (Wachauf), Slg. 1989, 2609, Rn. 19; Rs. C-260/89 (ERT), Slg. 1991, I-2925, Rn. 42; Rs. C-309/96 (Annibaldi), Slg. 1997, I-7493, Rn. 12.

38 Kritisch *J. Coppel/A. O'Neill*, The European Court of Justice: Taking Rights seriously?, CMLRev. 29 (1992), S. 669ff.

39 *S. Augsberg*, Von der Solango zur Soweit-Rechtsprechung: Zum Prüfungsumfang des Bundesverfassungsgerichts bei richtlinienumsetzenden Gesetzen, DÖV 2010, S. 153 (158f.); *G. Ziegenhorn*, Kontrolle von mitgliedstaatlichen Gesetzen „im Anwendungsbereich des Unionsrechts" am Maßstab der Unionsgrundrechte, NVwZ 2010, S. 803 (807f.); *H.-J. Papier*, Verhältnis des Bundesverfassungsgerichts zu den Fachgerichtsbarkeiten, DVBl. 2009, S. 473 (480); *C. Calliess*, Europäische Gesetzgebung und nationale Grundrechte – Divergenzen in der aktuellen Rechtsprechung von EuGH und BVerfG?, JZ 2009, S. 113 (120f.); *T. Kingreen*, Die Gemeinschaftsgrundrechte, JuS 2000, S. 857 (864f.).

40 Vgl. nur EuGH, Rs. C-540/03 (Parlament/Rat), Slg. 2003, I-5769, Rn. 103ff.

41 *D. Ehlers*, in: ders. (Hrsg.), EuGR 3. Aufl: 2009, § 14, Rn. 50; *Jarass* (Fn. 9), § 4, Rn. 13; *J. Kühling*, in: A. v. Bogdandy/J. Bast (Hrsg.), EuVerfR 2. Aufl. 2009, S. 657 (682f.); *J. F. Lindner*, Grundrechtsschutz gegen gemeinschaftsrechtliche Öffnungsklauseln – zugleich ein Beitrag zum Anwendungsbereich der EU-Grundrechte, EuZW 2007, S. 71 (73ff.).

42 BVerfGE 121, 1 (15f.); 118, 79 (95ff.); BVerfGE 113, 273 (300). So auch *Augsberg* (Fn. 39), S. 158f.; *G. Ziegenhorn* (Fn. 39), NVwZ 2010, S. 803 (807f.); *H.-J. Papier* (Fn. 39), DVBl 2009, S. 473 (480); *Calliess* (Fn. 39), S. 120f.; *Kingreen* (Fn. 39), S. 864f.

43 Vgl. zu weiteren Gründen die Nachweise in Fn. 42.

44 EuGH, Rs. C-260/89 (ERT), Slg. 1991, I-2925, Rn. 42; Rs. C-299/95 (Kremzow), Slg. 1997, 2629, Rn. 15; Rs. C-309/96 (Annibaldi), Slg. 1997, I 7493, Rn. 13; Rs. C-276/01 (Steffensen), Slg. 2003, I-3735, Rn. 70. Vgl. zur Rechtsprechung bis zum ERT-Urteil *M. Ruffert*, Die Mitglied-

müssten die Gründe zur Rechtfertigung von Beschränkungen der Grundfreiheiten im Lichte (der allgemeinen Rechtsgrundsätze und insbesondere) der Unionsgrundrechte ausgelegt werden.[45] Die Fortschreibung dieser in der Literatur umstrittenen[46] Judikatur wird nunmehr von Generalanwältin *Trstenjak* in ihren Schlussanträgen vom 22. 09. 2011 auch im Hinblick auf die Grundrechtecharta und Art. 51 Abs. 1 Satz 1 GRCh (vorsichtig) empfohlen, jedenfalls prognostiziert.[47]

aa) Ausgangspunkt: Art. 51 Abs. 1 Satz 1 GRCh

Prima vista mag es so erscheinen, dass diese Position unter Geltung von Art. 51 Abs. 1 Satz 2 GRCh jedenfalls leichter zu begründen ist als nach Art. 6 Abs. 2 EUV a. F., weil letztgenannte Norm die Mitgliedstaaten als Grundrechtsverpflichtete überhaupt nicht nennt. Indes ist das Gegenteil richtig. Ein Schweigen ist nämlich leichter zu überwinden als die in Art. 51 Abs. 1 Satz 1 GRCh nach ihrem Wortlaut unmissverständliche Grenze der mitgliedstaatlichen Bindung an die Unionsgrundrechte: Die Grundrechte der GRCh gelten für die Mitgliedstaaten „ausschließlich bei der Durchführung des Rechts der Union". Eine weitergehende Bindung der Mitgliedstaa-

---

staaten der Europäischen Gemeinschaft als Verpflichtete der Gemeinschaftsgrundrechte, EuGRZ 1995, S. 518 (520ff.).

45 EuGH, Rs. C-260/89 (ERT), Slg. 1991, I-2925, Rn. 43; Rs. C-368/95 (Familiapress), Slg. 1997, Seite I-3689 Rn. 24ff.; Rs. C-60/00 (Carpenter), Slg. 2002, I-6279 Rn. 39f.

46 Zustimmend: *J. Cirkel*, Die Bindungen der Mitgliedstaaten an die Gemeinschaftsgrundrechte, 2000, S. 139f.; *J. Kokott/C. Sobotta*, Die Charta der Grundrechte der Europäischen Union nach dem Inkrafttreten des Vertrags von Lissabon, EuGRZ 2010, S. 265 (268ff.); *J. Kühling*, Grundrechtskontrolle durch den EuGH. Kommunikationsfreiheit und Pluralismussicherung im Gemeinschaftsrecht, EuGRZ 1997, S. 296 (298f.); *Ehlers* (Fn. 41), § 14, Rn. 52f.; *A. Hatje*, in: J. Schwarze (Hrsg.), EU-Kommentar, 2. Aufl. 2009, Art. 51 GRCh, Rn. 16; *H. D. Jarass* (Fn. 9), § 4, Rn. 15; *T. Jürgensen/I. Schlünder*, AöR 121 (1996), S. 200 (213ff.); *Ladenburger* (Fn. 28), Art. 51, Rn. 27; *W. Schroeder*, Europarecht, 2. Aufl. 2011, § 15, Rn. 11. Ablehnend: *Coppel/O'Neill* (Fn. 38), S. 678f.; *M. Gellermann*, Das Stromeinspeisungsgesetz auf dem Prüfstand des Europäischen Gemeinschaftsrechts, DVBl 2000, S. 509 (516f.); *P. M. Huber*, Unitarisierung durch Gemeinschaftsgrundrechte – Zur Überprüfungsbedürftigkeit der ERT-Rechtsprechung –, EuR 2008, S. 190 (193f.); *R. Kanitz/P. Steinberg*, Grenzenloses Gemeinschaftsrecht? Die Rechtsprechung des EuGH zu Grundfreiheiten, Unionsbürgerschaft und Grundrechten als Kompetenzproblem, EuR 2003, S. 1013 (1025ff.); *T. Kingreen/R. Störmer*, Die subjektiv-öffentlichen Rechte des primären Gemeinschaftsrechts, Europarecht, EuR 1998, S. 263 (281ff.); *K. Ritgen*, Grundrechtsschutz in der Europäischen Union, ZRP 2000, S. 371 (373f.); *F. Schorkopf*, Nationale Grundrechte in der Dogmatik der Grundfreiheiten, ZaöRV 64 (2004), S. 125 (138); *R. Störmer*, Gemeinschaftsrechtliche Diskriminierungsverbote versus nationale Grundrechte?, AöR 123 (1998), S. 541 (567); *Borowsky* (Fn. 16), Art. 51, Rn. 29.; *T. Kingreen*, Theorie und Dogmatik der Grundrechte im europäischen Verfassungsrecht, EuGRZ 2004, S. 570 (576). Differenzierend: *Ruffert* (Fn. 44), EuGRZ 1995, S. 528f.

47 Schlussanträge Generalanwältin *V. Trstenjak* vom 22. 09. 2011, Rs. C-411/10, Ziff. 78 – N.S./Secratary of State. Vgl. zu dieser Frage auch den Vorlagebeschluss des VGH Baden-Württemberg vom 20. 1. 2011, EuGRZ 2011, S. 96 (insbesondere 101ff.).

ten ist folglich nur im Wege einer sich über den Wortlaut des Primärrechts hinwegsetzenden Auslegung resp. Rechtsfortbildung erreichbar. Das gilt bei aller Vorsicht im Hinblick auf die Justierung der Grenzen des Wortlauts insbesondere für die Bindung der Mitgliedstaaten an die Grundrechte der EU-Grundrechtecharta im Kontext der Rechtfertigungsgründe der Grundfreiheiten. Mitgliedstaatliche Eingriffe in Grundfreiheiten sind auch bei großzügigem Umgang mit dem Wortlaut des Art. 51 Abs. 1 Satz 1 GRCh keine „Durchführung" von Unionsrecht. Gleiches gilt mit Blick auf die Fassung der Norm in anderen Sprachen[48]. So sind etwa die Formulierungen der englischen, französischen, spanischen, portugiesischen und italienischen Fassung der Norm, nämlich „Implementation", „mettent en œuvre", „apliquen", „apliquem" und „nell'attuazione", sämtlich im Sinne von Durchführung, Anwendung[49] oder Implementation des Unionsrechts zu verstehen. Die Berufung auf die Rechtfertigungsgründe der Grundfreiheiten ist aber keine Durchführung, Implementation oder Anwendung von Unionsrecht, sondern erfolgt ganz im Gegenteil unter Rekurs auf primärrechtlich anerkannte Entscheidungsspielräume der Mitgliedstaaten. Eine mithin notwendige, sich über den Wortlaut hinwegsetzende Rechtsfortbildung wird man aber im Unionsrecht, wenn man sie nicht generell verwirft,[50] jedenfalls dort ablehnen müssen, wo Kompetenzübergriffe der Union auf die Mitgliedstaaten in Rede stehen, was jenseits des nunmehr in Art. 5 Abs. 1 Satz 1 EUV niedergelegten Prinzips der begrenzten Einzelermächtigung im Primärrecht gerade für den Grundrechtskontext – wie bereits gezeigt –[51] nochmals und sogar mehrfach besonders hervorgehoben wird.[52] Demnach ist der Gerichtshof aufgerufen, seine (schon bislang nicht überzeugende) Rechtsprechung aufzugeben, wonach die Unionsgrundrechte auf die Auslegung der Rechtfertigungsgründe der Grundfreiheiten im Sinne einer Einengung der mitgliedstaatlichen Regelungsbefugnisse ausstrahlen.

48 Anders freilich *A. Weber*, Einheit und Vielfalt der europäischen Grundrechtsordnung(en), DVBl. 2003, S. 220 (223).

49 Insofern sei hervorgehoben, dass es – entgegen immer wiederkehrender Äußerungen – etwas gänzlich anderes bedeutet, wenn die Mitgliedstaaten bei der Anwendung von Unionsrecht die Grundrechte der Charta zu beachten haben oder ob sie diese zu beachten haben, wenn ihr Handeln in den Anwendungsbereich des Unionsrechts fällt.

50 Vgl etwa *J. Neuner*, in: K. Riesenhuber (Hrsg.), Europäische Methodenlehre, 2. Aufl. 2010, § 13, Rn. 11 ff., insbesondere Rn. 17. Nach *A. Bleckmann*, Europarecht, 6. Aufl. 1997, Rn. 539, darf dann, wenn der Text klar und eindeutig ist, das im Wege grammatikalischer Auslegung gefundene Ergebnis nicht durch andere Auslegungsmethoden beiseite geschoben werden. Anderes solle nur dann gelten, wenn die grammatikalische Auslegung zu unvernünftigen oder absurden Ergebnisse führt oder gegen Geist und Zusammenhang des Vertrags verstößt.

51 Oben II.

52 Vgl. auch EuGH, Rs. C-376/98 (Deutschland/Parlament und Rat – Tabakwerbung), Slg. 2000, 1–8419, Rn. 76 ff.

bb) Erläuterungen zu Art. 51 GRCh

Dieses Ergebnis wird durch die in Art. 52 Abs. 7 GRCh niedergelegte Verpflichtung der Unionsgerichtsbarkeit und der mitgliedstaatlichen Gerichte, die „Erläuterungen zur Charta der Grundrechte"[53] bei der Auslegung „gebührend zu berücksichtigen", letztlich nicht durchgreifend in Frage gestellt. Zwar heißt es in den Erläuterungen zu Art. 51 GRCh u. a., dass eine Verpflichtung der Mitgliedstaaten zur Einhaltung der Unionsgrundrechte (nur) dann besteht, wenn sie „im Anwendungsbereich des Unionsrechts handeln" und es wird u. a. auf das erwähnte ERT-Urteil Bezug genommen, welches die Unionsgrundrechte als Schranken-Schranken der Grundfreiheiten interpretiert;[54] die Pflicht zur gebührenden Berücksichtigung dieser Erläuterung vermag den dieser entgegenstehenden Wortlaut von Art. 51 Abs. 1 Satz 1 GRCh indes nicht zu überspielen. Dafür, dass die im Widerspruch zum Wortlaut des Art. 51 Abs. 1 Satz 1 GRCh stehenden Erläuterungen diesen nicht zu überwinden vermögen, mögen schließlich nicht zuletzt Verlautbarungen der Präsidien von Grundrechts- und Verfassungskonvent selbst angeführt werden. So kommt den Erläuterungen nach der Vorstellung des Präsidiums des Grundrechtskonvents, welches die Erläuterungen in eigener Verantwortung ausgearbeitet hat, ausweislich der Vorbemerkung zu den Erläuterungen keine Rechtswirkung zu, sondern lediglich die Funktion, die „Bestimmungen der Charta zu verdeutlichen".

---

53 Die Ursprungsfassung der „Erläuterungen zur Charta der Grundrechte" wurde unter der Verantwortung des Präsidiums des Grundrechte-Konvents (Vorsitz: Roman Herzog; Sekretariat: Jean-Paul Jacqué) aufgesetzt, abgedruckt in EuGRZ 2000, S. 559 ff. Die Erläuterungen des Präsidiums des Grundrechtskonvents hat sich das Präsidium des Verfassungskonvents sodann zu eigen gemacht, sie teils leicht modifiziert und zunächst am 18. 7. 2003 als „Aktualisierte Erläuterungen zum Text der Charta der Grundrechte" publiziert, siehe CONV 828/1/03 REV 1, http://register/consilium.eu.int/pdf/del /03/cv00828-re01de03.pdf. Die an den Lissabon-Vertrag angepasste Fassung der „Erläuterungen zur Charta der Grundrechte" wurde sodann zusammen mit der modifizierten Grundrechtecharta im ABl. EU, vom 14. 12. 2007, Teil C 303, S. 17 ff., veröffentlicht, abgedruckt in EuGRZ 2008, S. 92 ff.

54 Die des Weiteren zitierten Urteile Wachauf (Slg. 1989, 2609) und Karlsson (Slg. 2000, I-2737) sind dagegen im an dieser Stelle behandelten Zusammenhang wenig aussagekräftig, da sie die Bindung der Mitgliedstaaten an die Unionsgrundrechte bei der verwaltungsmäßigen Durchführung von Unionsrecht betreffen. Gleiches gilt für das gegenüber der Ursprungsfassung der Erläuterungen neu hinzugefügte Urteil Annibaldi. In diesem Urteil wird zwar die „Anwendungsbereichsrechtsprechung" in abstracto bestätigt; die in Rede stehende nationale Regelung, welche Berührungen zu den Bereichen Landwirtschaft, Umwelt und Kultur aufweist und insbesondere das Funktionieren einer Gemeinsamen Agrarmarktorganisation beeinflussen können soll, wird dann aber als nicht in den Anwendungsbereich des Gemeinschaftsrechts fallend qualifiziert, vgl. EuGH, (Annibaldi) Slg. 1997, I-7493, Rn. 12 ff. Sachlich ohne Bedeutung bzgl. einer Bindung der Mitgliedstaaten an die Grundrechte der GRCh ist auch die weitere Modifikation der Erläuterungen zu Art. 51 GRCh, wo es statt „wenn sie im Rahmen des Gemeinschaftsrechts handeln" nunmehr heißt „wenn sie im Anwendungsbereich des Unionsrechts handeln".

In diesem Sinne hat sich auch das Präsidium des Verfassungskonvents, das seine konsolidierte Fassung der Erläuterungen ebenfalls in eigener Verantwortung veröffentlicht hat, geäußert: „Sie (die Erläuterungen, der Verf.) haben als solche zwar keinen rechtlichen Status, stellen jedoch ein nützliches Interpretationswerkzeug dar, das dazu dient, die Bestimmungen der Charta zu verdeutlichen“[55]. Vor diesem Hintergrund erscheint eine nach Art. 51 Abs. 1 Satz 1 GRCh jenseits der Durchführung von Unionsrecht ausdrücklich ausgeschlossene („ausschließlich“) Bindung der Mitgliedstaaten an die Grundrechte der GRCh insbesondere unter Rekurs auf die Erläuterungen[56] noch weniger begründbar.[57]

cc) Protokoll über die Anwendung der EU-Grundrechtecharta auf Polen und das Vereinigte Königreich

Kommen wir nun noch zur Bedeutung des „Protokolls über die Anwendung der Charta der Grundrechte der Europäischen Union auf Polen und das Vereinigte Königreich“.[58] In abwehrrechtlicher Perspektive ist insoweit vor allem Art. 1 Abs. 1 des Protokolls einschlägig. Danach bewirkt die Charta keine „Ausweitung“ der Befugnisse des EuGH und der Gerichte Polens und des Vereinigten Königreichs zu der Feststellung, dass die Rechts- und Verwaltungsvorschriften, die Verwaltungspraxis oder Maßnahmen Polens und des Vereinigten Königreichs nicht mit den durch die Charta bekräftigten Grundrechten, Freiheiten und Grundsätzen im Einklang stehen.[59] Entgegen einer anfänglich verbreiteten, freilich zumeist eher dif-

55 CONV 828/1/03 REV 1 v. 18.7. 2003, http://register/consilium.euint/pdf/de/03/cv00828-re01 de03.pdf, S. 2. Diese Bedeutung soll den Erläuterungen des Grundrechtskonvents sowie weiteren vom Verfassungskonvent hinzugefügten Erläuterungen der Grundrechtsbestimmungen auch ausweislich des Schlussberichts der für Grundrechtsfragen zuständigen Gruppe II des Verfassungskonvents zukommen, vgl. CONV 354/02 WG II 16, S. 10, im Internet unter: http://register.consilium europa.eu.int/pdf/de/02/cv00/cv00354.de02.pdf.

56 Freilich ist die (Rechts-)Natur der Erläuterungen alles andere als eindeutig und unumstritten, vgl. dazu nur *Becker* (Fn. 21), Art. 52 GRCh, Rn. 20f.; *Kingreen* (Fn. 2), Art. 52 GRCh, Rn. 42f. Die „Erläuterungen“ können im Übrigen auf eine bereits dreistufige Entwicklungsgeschichte zurückblicken, welche ihre aktuelle rechtliche Einordnung äußerst diffizil macht. In der Ursprungsfassung nahm die Grundrechtecharta keinerlei Bezug auf die „Erläuterungen“, in der Fassung von 2003 ist sodann in der Präambel der Charta von „gebührender Berücksichtigung der Erläuterungen“ die Rede und nunmehr findet sich dieses Gebot – wie im Text ausgeführt – in dem neuen Art. 52 Abs. 7 GRCh, welcher erst in der letzten Phase der Regierungskonferenz in den Text der Charta eingefügt wurde.

57 Vgl. zu weiteren Argumenten die Nachweise in Fn. 46.

58 Abgedruckt in EuGRZ 2008, S. 339f.

59 Vgl. zur Unbeachtlichkeit der demgegenüber von Polen abgegebenen Erklärung Nr. 62 zum „Protokoll über die Anwendung der Charta der Grundrechte der Europäischen Union auf Polen und das Vereinigte Königreich“ den Beitrag von Wyrzykowski in diesem Tagungsband. Darin erklärt Polen, „dass es in Anbetracht der Tradition der sozialen Bewegung der ‚Solidarność‘ und ihres bedeutenden Beitrags zur Erkämpfung von Sozial- und Arbeitnehmerrechten

fusen Wahrnehmung, wonach Polen und das Vereinigte Königreich durch das Protokoll unionsgrundrechtsfrei gestellt würden, wird mittlerweile meist angenommen, dass Art. 1 Abs. 1 des Protokolls – und gar dem Protokoll insgesamt – lediglich deklaratorische Wirkung zukomme.[60] Gegründet wird diese These darauf, dass Art. 1 Abs. 1 lediglich eine *„Ausweitung"* der gerichtlichen Befugnisse verbiete, die Grundrechtecharta aber ohnehin zu keiner Ausweitung der gerichtlichen Befugnisse führe. Insoweit wird regelmäßig darauf rekurriert, dass die Charta nach der Absicht des Grundrechtskonvents, des Verfassungskonvents und der Vertragsstaaten lediglich einer Sichtbarmachung der vorangegangenen Grundrechtsjudikatur des EuGH diene.[61] Nun mag dies zwar im Wesentlichen zutreffen; zumindest im Einzelfall wird der Schutz eines Chartagrundrechts aber weiter reichen als der bislang vom EuGH gewährte Schutz. Soll eine solche Schutzausweitung also in Polen und dem Vereinigten Königreich keine Wirkung entfalten? Soll also chartawidriges EU-Sekundärrecht nur in Polen und im Vereinigten Königreich gelten? Dies wird von den Vertragsparteien und nicht zuletzt von Polen und dem Vereinigten Königreich kaum gewollt sein; Polen und das Vereinigte Königreich hätten dann nämlich nicht weniger, sondern mehr bei ihnen wirksames Unionsrecht als die anderen Mitgliedstaaten.[62] In der Literatur wird denn auch verbreitet angenommen, das mit dem Gebot der Nichtausweitung in Art. 1 Abs. 1 des Protokolls „lediglich" gemeint sei, dass die Mitgliedstaaten nicht in weiterem Umfang an die Chartagrundrechte gebunden sein sollen, als sie bisher durch die Unionsgrundrechte unionsgerichtlicher Prägung gebunden wurden, also nur bei der Durchführung von Unionsrecht (und entsprechend der Judikatur des

die im Recht der Europäischen Union niedergelegten Sozial- und Arbeitnehmerrechte und insbesondere die in Titel IV der Charta der Grundrechte der Europäischen Union bekräftigten Sozial- und Arbeitnehmerrechte uneingeschränkt achtet." Siehe http://eur-lex.europa.eu/de/treaties/dat/12007L/htm/C2007306DE.01027003.htm.

60 *J. F. Lindner*, Zur grundsätzlichen Bedeutung des Protokolls über die Anwendung der Grundrechtecharta auf Polen und das Vereinigte Königreich – zugleich ein Beitrag zur Auslegung von Art. 51 EGC –, EuR 2008 S. 786 (795); *Ehlers* (Fn. 41), § 14, Rn. 26; *F. C. Meyer*, Schutz vor der Grundrechte-Charta oder durch die Grundrechte-Charta?, in: I. Pernice (Hrsg.), Der Vertrag von Lissabon 2008, S. 87 (95); *V. Mehde*, Gespaltener Grundrechtsschutz in der EU?, EuGRZ 2008, S. 269ff.; *Kokott/Sobotta* (Fn. 46), S. 270f.

61 *Ehlers* (Fn. 41), § 14, Rn. 26.

62 Im 12. Erwägungsgrund des Protokolls heißt es zudem, dass das Protokoll die „Verpflichtungen Polens und des Vereinigten Königreichs aufgrund des Vertrags über die Europäische Union, des Vertrags über die Arbeitsweise der Europäischen Union und des Unionsrechts im Allgemeinen nicht berührt". Danach bleiben etwa die Bindungen Polens und des Vereinigten Königreichs an die Grundrechte nach Maßgabe der EMRK und der gemeinsamen Verfassungsüberlieferungen der Mitgliedstaaten, die gem. Art. 6 Abs. 3 EUV „als allgemeine Grundsätze Teil des Unionsrechts" sind, soweit diese für die Mitgliedstaaten reichen, unberührt. Insofern kommt es auch nicht darauf an, ob man Art. 6 Abs. 3 EUV als Rechtsquelle qualifiziert oder der Norm lediglich deklaratorische Bedeutung beimisst.

EuGH zudem im Anwendungsbereich des Unionsrechts). Man wird sich dem anschließen können, auch wenn der Wortlaut streng genommen anderes impliziert. Da die Charta bis zum Inkrafttreten des Vertrags von Lissabon gar keine Rechtswirkungen entfaltete,[63] liegt nämlich in jeder durch die Gerichte festgestellten Bindung, sei es der Union oder der Mitgliedstaaten, eine Ausweitung ihrer Befugnisse. Sinnvollerweise kann die Referenz für eine Ausweitung der gerichtlichen Befugnisse aber nur die Rechtsprechung des EuGH zum Anwendungsbereich der ungeschriebenen resp. in Art. 6 Abs. 2 a. F. anerkannten Unionsgrundrechte sein. Diesen status quo ante jedenfalls nicht durch eine darüber hinausgehende Auslegung der Chartagrundrechte im Sinne einer (noch) weitergehenden Bindung der Mitgliedstaaten auszudehnen, ist Anliegen von Art. 1 Abs. 1 des Protokolls und dürfte damit für Polen und das Vereinigte Königreich in qualifizierter Form gesichert sein. Freilich handelt es sich lediglich um eine sog. Angstklausel, fehlt doch in der Charta – wie gezeigt wurde – ohnehin jeder belastbare Anhaltspunkt für eine im Vergleich zum vorherigen Zustand (noch) weitergehende Bindung der Mitgliedstaaten an die Charta- resp. Unionsgrundrechte.

2. Leistungsdimensionen der Chartagrundrechte

Bleibt noch die Frage einer Bindung der Mitgliedstaaten an die Schutzfunktion der Freiheitsgrundrechte sowie durch die originären Leistungsgrundrechte der Charta.[64] Auch wenn man begrifflich bei einer aus Grundrechten stammenden Pflicht zur Leistung und mithin zum positiven Tun entsprechend der Formulierung in Art. 51 Abs. 1 GRCh durchaus von einer „Durchführung“ des Rechts der Union sprechen kann, wird eine solche Position, soweit ersichtlich, nicht vertreten – und dies zu Recht. Andernfalls würden die Mitgliedstaaten in leistungsrechtlicher Perspektive gleichrangig mit der Union verpflichtet, was weder einer systematisch orientierten Auslegung der Horizontalbestimmungen der Charta gerecht würde, noch von den Vertragsparteien beabsichtigt ist.

Dennoch wird in der Literatur im Einzelfall eine mitgliedstaatliche Bindung an Leistungsgrundrechte der Charta angenommen, etwa im Hinblick auf den oben bereits vorgestellten Art. 14 Abs. 2 GRCh mit seinem Recht auf

63 Einzelne Versuche des EuG, verschiedener GA und der Literatur, den eindeutigen Wortlaut und Willen der Vertragsparteien zu ignorieren, sind mangels hinreichender Gründe zur Überwindung von Wortlaut und Willen der Vertragsparteien als Rechtsfortbildung contra legem zurückzuweisen; vgl. zur Diskussion nur *C. Calliess*, Die Charta der Grundrechte der Europäischen Union – Fragen der Konzeption, Kompetenz und Verbindlichkeit, EuZW 2001, S. 261 (266); *S. Alber*, Die Selbstbindung der europäischen Organe an die Europäische Charta der Grundrechte, EuGRZ 2001, S. 349 ff.

64 Eine aus „Grundsätzen“ ableitbare Pflicht zum positiven Tun scheidet auch für die Mitgliedstaaten schon aus den oben II. 4. b) bb) genannten Gründen aus.

unentgeltlichen Pflichtschulunterricht.[65] Der Norm selbst fehlt – wie ausgeführt – jeder Hinweis bzgl. der durch sie Verpflichteten. Des Weiteren wurde gezeigt, dass die nach der allgemeinen Regel des Art. 51 Abs. 1 Satz 1 GRCh bestehende Verpflichtung der Union mangels Kompetenz ins Leere geht. Sind also um ein vollständiges Leerlaufen der Norm zu verhindern doch im besonderen Einzelfall die Mitgliedstaaten in der Pflicht? Nun wird diese Frage in der Literatur zwar nicht ausdrücklich bejaht und regelmäßig auch gar nicht erst gestellt, wohl aber eben eine Verpflichtung der Mitgliedstaaten und gar ein korrespondierendes Recht des Einzelnen auf kostenlosen Pflichtschulunterricht mindestens implizit und ohne weitere Begründung bejaht.[66] In der Tat müsste sich ein betroffener Schüler geradezu verhöhnt vorkommen, wenn seiner auf Art. 14 Abs. 2 GRCh gestützten Klage über von ihm zu zahlendes Schulgeld entgegnet wird, dass der betreffende Mitgliedstaat durch Art. 14 Abs. 2 GRCh nicht verpflichtet werde und die Union mangels Kompetenz nicht tätig werden könne. Und auch integrationspolitisch wird man ein solches Szenario kaum für förderlich halten können. Indes ist das Gewicht dieser „Argumente" in methodischer Perspektive allenfalls bescheiden. Und neben Art. 51 Abs. 1 GRCh spricht auch das „Protokoll über die Anwendung der Charta der Grundrechte auf Polen und das Vereinigte Königreich" gegen mitgliedstaatliche Leistungsverpflichtungen aus der Charta. So heißt es in Art. 1 Abs. 2 dieses Protokolls, dass mit Titel IV der Charta, welcher unter der Überschrift „Solidarität" firmiert, keine für Polen und das Vereinigte Königreich geltenden einklagbaren Rechte geschaffen werden. Prima facie mag man daraus im Umkehrschluss entnehmen, dass ohne diese Bestimmung des Protokolls entsprechende mitgliedstaatliche Verpflichtungen (auch) für Polen und das Vereinigte Königreich bestünden. Indes ist in dem besagten Art. 1 Abs. 2 in Parenthese eingeschoben: „und um jeden Zweifel auszuräumen". Dies impliziert, dass die Vertragsparteien ohnehin davon ausgehen, dass Titel IV für die Mitgliedstaaten keine Leistungspflichten begründet und Polen und das Vereinigte Königreich dies – wohl wiederum vor allem auf Grund der Befürchtung einer ausgreifenden EuGH-Rechtsprechung – im Protokoll abgesichert haben wollten. Vor diesem Hintergrund wird man auch mit einem Umkehrschluss im Hinblick auf andere potenzielle Leistungsrechte der Charta außerhalb des Titel IV äußerst zurückhaltend sein müssen.

---

65 So wird man *Sagmeister* (Fn. 18), S. 273 wohl verstehen müssen.

66 Vgl. dazu Fn. 65.

IV. Zusammenfassung

Soweit die Charta Freiheitsgrundrechte in ihrer sog. klassischen abwehrrechtlichen Funktion verbürgt, ist die Union umfassend gebunden, die Mitgliedstaaten lediglich bei der „Durchführung“ des Unionsrechts und entgegen der Judikatur des EuGH nicht bereits, wenn das mitgliedstaatliche Verhalten in den Anwendungsbereich des Unionsrechts fällt. Des Weiteren ist die Union Adressat der schutzrechtlichen Dimension der Freiheitsgrundrechte sowie der originären Leistungsgrundrechte der Charta. Die aktuelle Wirksamkeit dieser Verpflichtung hängt freilich davon ab, ob die Union de constitutione lata über Kompetenzen zur Erfüllung des Schutz- resp. Leistungsauftrags verfügt. Die Mitgliedstaaten sind weder Adressaten der freiheitsgrundrechtlichen Schutzfunktion noch der originären Leistungsgrundrechte der Charta. „Grundsätze“ statuieren für die Union verbindliche objektiv-rechtliche Verpflichtungen auf der obersten Stufe der unionsrechtlichen Normenhierarchie in Gestalt objektiv-rechtlicher Eingriffsverbote. Handlungsgebote sind ihnen dagegen nicht zu entnehmen. Gegenüber den Mitgliedstaaten entfalten „Grundsätze“ keinerlei Bindung. Diese Auslegungsergebnisse werden durch das „Protokoll über die Anwendung der Charta der Grundrechte der Europäischen Union auf Polen und das Vereinigte Königreich“ letztlich nicht nur nicht in Frage gestellt, sondern finden darin teils gar eine weitere Absicherung.

Die Funktionen und Rechtsfolgen des Protokolls Nr. 30 zur Charta der Grundrechte der EU

Prof. Dr. Mirosław Wyrzykowski, Warschau

1. Eine der Fragestellungen nach dem Lissabon-Vertrag ist die Position der Charta der Grundrechte in der europäischen Rechtsordnung. Neben der allgemeinen Akzeptanz der Charta nimmt das Protokoll Nr. 30, welches als britisch-polnisches bezeichnet wird, eine spezifische Stellung ein. Initiiert durch das Vereinigte Königreich, wegen der Besonderheiten der Freiheiten, der ökonomischen und der sozialen Rechte in der britischen Rechtsordnung, wurde es – unerwartet – zu einem bedeutenden Element der Post-Lissaboner-Rechtsordnung.
   Nur zur Erinnerung sollte darauf hingewiesen werden, dass der Vertrag von Lissabon wesentliche Veränderungen bezüglich der ChGR als Bestandteil der ursprünglichen Rechtsordnung der Europäischen Union eingeführt hat. Zum einen wurde die Charta, im Gegensatz zum Verfassungsvertrag, nicht unmittelbar in den Text des Vertrages eingeführt. Zweitens, trotz der Nichteinführung des Chartainhaltes in den Vertrag, hat sie, aufgrund des Art. 6 des Vertrages, einen den Verträgen gleichen rechtlichen Rang erhalten. Drittens erweitern die Regelungen der Charta in keinerlei Weise die in den Verträgen festgelegten oder schaffen neue Kompetenzen der EU. Die Charta stellt keine Ausdehnung des Anwendungsbereiches des EU-Rechts außerhalb der EU-Kompetenzen dar. Viertens, aufgrund der Art. 51 und 52 der Charta finden ihre Regelungen in Bezug auf Einrichtungen, Organe und organisatorische Einheiten der Europäischen Union, gemäß des Subsidiaritätsprinzips, sowie auf Mitgliedstaaten, jedoch ausschließlich insoweit, wie sie das EU-Recht gebrauchen, Anwendung.
2. Die Anführung dieser Grundsätze ist bedeutend für das Verständnis des Kerns des Streits um die Charta, welcher im Laufe der öffentlichen Debatte in Polen vor dem Hintergrund der Vorbehalte gegenüber der Charta, die als das polnisch-britische Protokoll, sowie die polnische Deklarationen Nr. 61 und 62 eingereicht wurden, ans Tageslicht kam. Denn die Tragweite und der Charakter des Streites um die Charta, eigentlich um das Protokoll, ist eine der größten Überraschungen des polnischen öffentlichen Lebens seit dem Beitritt Polens in die Europäische Union. Über die Einwände zur Charta, die durch die Vertreter Polens während der Verhandlungen eingereicht wurden, wurde die polnische Öffentlichkeit durch diese Vertreter nicht informiert.

2.1. Das im Sejmbeschluss vom 15. Juni 2007 enthaltene Verhandlungsmandat vertrat die Ansicht, dass der Vertrag von Lissabon ein Kompromiss sein solle, der die EU stärken und effektiver gestalten und gleichzeitig eine starke Position, die dem polnischen Potenzial entspreche, garantieren solle. Außerdem diene eine aktive Präsenz Polens in einer starken und effektiven EU der Realisierung der polnischen Staatsräson. Das Verhandlungsmandat enthielt eine konkrete Richtlinie, die die polnischen Verhandelnden stark gebunden hat, und zwar die Verpflichtung zum effektiven Tätigwerden für die Berücksichtigung des Aspektes Stimmengewichtung im Rat der Europäischen Union im Verhandlungsmandat der Regierungskonferenz. Das Quadratwurzelverfahren zur Stimmgewichtung sollte die einzig richtige Kompromisslösung sein, der Polen zustimmen werde.

2.2. Dennoch – und das ist sogar den gründlichsten Beobachtern der Diskussion über das Parlamentsmandat für die Sitzung des Rates der Europäischen Union entgangen – kam in der Aussage der damaligen Außenministerin eine Passage vor, die schon damals hätte bemerkt werden sollen. Die Ministerin stellte nämlich fest, dass „der polnische Standpunkt in dieser Sache (d. h. bezüglich der Charta – M. W.) schon seit Langem klar gewesen sei. Polen sei ein Land, das traditionell schon seit vielen Jahren die Menschenrechte realisiere und schütze. Polen stamme aus der Solidarność-Ideologie und dies bedeute, dass der Aspekt der Menschenrechte und Demokratie etwas sei, das tief mit unserem ganzen Leben verbunden sei. Polen sei jedoch nicht der Meinung, dass wenigstens ein Teil der in der Charta der Grundrechte verfassten Beschlüsse einen verbindlichen Charakter haben solle.“

Die Außenministerin hat einen klassischen rhetorischen Kniff angewendet, der dazu dienen sollte, die Aufmerksamkeit vom Kern der in diesem Teil der Aussage beinhalteten Botschaft abzulenken. Sie berief sich – wie sie feststellte – auf den bekannten und klaren Standpunkt Polens zur Charta, was eine Weiterführung der Staatspolitik in diesem Bereich andeuten sollte. Zugleich führte sie, trotz Beteuerungen über den bekannten und klaren Standpunkt, ein neues Element der Politik ein: den Ausschluss des verbindlichen Charakters einiger Regulierungen der Charta. Sie stellte es so dar, als ob der besagte Ausschluss ein ständiges Element der polnischen Politik sei. Nur, dass vor der Parlamentsrede niemand je etwas von der Idee des Ausschlusses des verbindlichen Charakters einiger Charta-Beschlüsse gehört hatte. Es war eine Taktik und Strategie, die das Ziel hatte, nicht nur die polnische, sondern auch die internationale öffentliche Meinung in die Irre zu führen. Man könnte sagen, dass die öffentliche Meinung der Regierung ohne das dieser Gewalt gebührende Vertrauen auf die Finger und Lippen sehen muss. Es kann aber auch festgestellt werden, dass die Haltung und Erwartung, dass Staatsfunktionäre die grundlegenden Kanons der gesellschaftlichen Ordnung nicht verletzen und die öffentliche Meinung nicht in die Irre führen (Souveränität), natürlich sind.

3. Trotz vieler Analysen und Interpretationen von Experten des internationalen, europäischen und Verfassungsrechts, bleibt das Protokoll Nr. 30 ein Rätsel. Dies hat mehrere Gründe.

   3.1. Der erste ist die Sprache, in der es verfasst wurde. Sowohl die englische als auch die deutsche und polnische Version weisen eine spezifische lexikalische Konstruktion und Syntax auf. Ein Beispiel ist der Wortlaut des Art. 1 Abs. 1 des Protokolls: „Die Charta bewirkt keine Ausweitung der Befugnis des Gerichtshofs der Europäischen Union oder eines Gerichts Polens oder des Vereinigten Königreichs zu der Feststellung, dass die Rechts- und Verwaltungsvorschriften, die Verwaltungspraxis oder Maßnahmen Polens oder des Vereinigten Königreichs nicht mit den durch die Charta bekräftigten Grundrechten, Freiheiten und Grundsätzen im Einklang stehen". Die hier angewendete Syntax basiert auf einer doppelten Verneinung, die sich auf die Affirmation der von der Charta bestätigten Freiheiten, Rechte und Grundsätze beziehen soll. Wir haben es hier mit einem exzellenten Beispiel der Anwendung der Regel „warum einfach, wenn es auch kompliziert geht" zu tun.

   Ein anderes Beispiel ist der Begriff der „Befugnis" des Gerichtshofs der Europäischen Union oder eines Gerichts Polens oder des Vereinigten Königreichs. Es wurde nicht erläutert, warum die Autoren des Protokolls die klassische Formel der „cognitio", „Zuständigkeit" oder „Kompetenzen" dieser Organe abgelehnt haben. Eines ist sicher: die Autoren haben in der Auswahl unter verschiedenen möglichen Begriffen, die den Kern dieses Problems beschreiben, einen solchen gewählt, den sie für den gelungensten halten, der aber aus Perspektive der Präzision der Bedeutung gleichzeitig am unklarsten ist. Man muss also von der Annahme ausgehen, dass der Präzisionsmangel gewollt war. Die Rationalität eines solchen Verfahrens ist jedoch schwieriger zu erklären, da es doch nicht präzisiert – trotz Feststellungen in der Präambel der Charta – was die Bedeutung der gegebenen Rechtskonstruktion ist, sie jedoch nämlich unpräzise gestaltet. Eine ähnliche Reflexion kommt bei der Analyse des Begriffes „bewirkt keine Ausweitung" auf, denn die Feststellung der „fehlenden Ausbreitung" der „Befugnis" der Gerichte sollte andeuten, dass die Charta eben in irgendeinem Umfang die „cognitio“ der im Art. 1 des Protokolls genannten Gerichte und Gerichtshöfe ausbreitet (ändert). Eine Analyse des Vertrages und der Charta lässt zu dem Schluss kommen, dass es keinerlei Anzeichen für Befürchtungen von Veränderungen (in Richtung „Ausbreitung“) dieser unklaren Befugnis der Gerichte und des Gerichtshofes gibt.

3.2. Zweitens ist die Meinung zur Gültigkeit des Art. 2 Abs. 1 des Protokolls im Lichte der Erklärung Nr. 62 der Republik Polen in der Sache der Charta der Grundrechte der Europäischen Union irrational. Bekannt ist, dass der Wortlaut des Art. 2 Abs. 1 von den Briten eigens zu ihrem Nutzen und aus Gründen, die ausschließlich mit dem britischen Sozialmodell (sozialen und ökonomischen Rechten, der Rolle der Gewerkschaften etc.) verbunden sind, formuliert worden ist. Die Rationalität des Beitritts Polens zu einem Konzept, dass lediglich für Großbritannien zutreffend ist, müsste eine besondere Begründung haben. Die kann aber auf keinerlei Weise, weder in den zugänglichen Dokumenten und Materialien, noch gar in inoffiziellen Aussagen von Personen, die in die Arbeiten bezüglich des Vertrages eingebunden sind, aufgefunden werden. Wahrscheinlich ist dies der Fall, weil dieses Konzept keinen öffentlich bekannten, noch intellektuellen, noch politischen Autor besitzt.

3.3. Drittens wurden um die Funktion, den Umfang, die normative Bedeutung sowie die Konsequenzen des Protokolls so viele sich gegenseitig ausschließende Meinungen formuliert, dass, wenn diese Situation ein Element einer „großen Errungenschaft der Verhandlungen“, wie das Resultat der Teilnahme der polnischen Delegation an den Arbeiten an der Reform der Verträge dargestellt wird, ist, dann nur schwer vorstellbar ist, mit welch großer Rechts- und politischer Verwirrung wir es zu tun hätten, wenn auch nur eines der im Verhandlungsmandat bestimmten Ziele realisiert worden wäre. Trotz der Intentionen der Verhandelnden sollte Freude darüber ausgedrückt werden, dass keines der Ziele des Verhandlungsmandates erreicht wurde, denn erst dann könnte man keinen gar engsten Weg finden, der zu einer rationalen Auslegung der angenommenen Verpflichtungen führen würde.

3.4. Viertens ist es rational, die Verhandlungsresultate eben als „große Errungenschaft“ zu bezeichnen, wenn das Protokoll doch eine einseitige Begrenzung (zumindest in den Intentionen) – durch die Vertreter der Gewalten der Republik Polen, die bezüglich des Vertrages Entscheidungen getroffen haben – der besprochenen Freiheiten, Rechte und Grundsätze eben in Bezug auf die polnischen Bürger zur Folge hatte?

4. Die Frage lautet – welchen Sinn hatte die zusätzliche Präzisierung im Protokoll. Nicht unbedingt nach dem Sinn, sondern eher nach Erklärung sollte man außerhalb der Inhalte des Vertrages und der Charta suchen.
   4.1. Eine solche Richtung der Nachforschungen deutet vor allen Dingen auf die Unmöglichkeit einer rationalen Erklärung der Relationen zwischen Art. 1 Abs. 2 des Protokolls und der Erklärung Nr. 62 der Republik Polen (RP) in der Sache der Charta. Die Verwirrung resultiert aus zwei unmöglich hinsichtlich des Inhalts, der Bedeutung und des Umfangs sinnvoll zu vereinbarenden Stellungnahmen eines Staates, also Polens. Auf der einen Seite haben wir es nämlich mit einer Norm zu tun, die besagt, dass, im Besonderen und zur Vermeidung jeglicher Zweifel, nichts, was das Kapitel der Charta „Solidarität" beinhaltet, Rechte schafft, die auf Gerichtswegen geltend gemacht werden können, die auf Polen Anwendung haben, mit Ausnahme von Fällen, in denen Polen diese Rechte in ihrem nationalen Recht vorgesehen hat. Auf der anderen Seite jedoch hat die Republik Polen in der Erklärung Nr. 62 bekundet, dass aufgrund der Tradition der Gesellschaftsbewegung „Solidarność" und ihres bedeutenden Beitrags zum Kampf um die sozialen und Arbeitnehmerrechte, der Staat die vom EU-Recht festgelegten sozialen und Arbeitnehmerrechte, insbesondere die im Kapitel IV der Charta der Grundrechte der Europäischen Union bestätigten, vollauf respektiert.

      Man kann die Stellungnahmen der polnischen Verhandelnden aus der Perspektive der Interessen Polens nicht rationalisieren, denn der Wortlaut des Art. 1 Abs. 2 wurde von den Briten formuliert, ausschließlich zum internen Nutzen und gerechtfertigt durch ihre verfassungsrechtliche, aber vor allen Dingen politische Lage. Nach Unterzeichnung des Vertrages hat sich herausgestellt, und das während der Arbeiten der Kommission zur Europäischen Integration und der Verfassungskommission des Oberhauses, dass die Briten selbst sehr große Schwierigkeiten mit der Rationalisierung des Inhalts des Protokolls, und als Konsequenz mit der Feststellung seiner rechtlichen Bedeutung, hatten. Weiterhin war der Erlass der Erklärung Nr. 62 das Resultat politischen Drucks der polnischen Gewerkschaften auf die polnische Regierung, die den Argumenten einer Organisation, deren einziger Existenzgrund der Schutz von individuellen und kollektiven Arbeitnehmerrechten ist, nachgegeben hat.
   4.2. Wenn demnach der Kernpunkt des Problems ist, dass die sozialen und ökonomischen Rechte nur ein wenig bedeutender Vorwand sein sollten, wie kann man dann die Vorbehalte der damaligen polnischen Gewalten (im Frühling und Sommer 2007), die in

Form des Protokolls zum Ausdruck kamen, erklären? Die Erklärung ist, entgegen dem Anschein, relativ einfach – das Protokoll ist der Ausdruck eines Phänomens, das vor allem in der Psychologie, aber auch in der Politik als „Maskierung" bezeichnet wird. Die bestimmte Handlung, das Verhalten oder der Wortlaut dienen nichts anderem als der Maskierung des Kernpunktes des Problems. Diesen enthalten nämlich die Deklarationen und Erklärungen der damaligen Politiker, die im Protokoll keinen Ausdruck fanden, dafür aber im Inhalt der Erklärung Nr. 61. Die im Namen der Republik eingereichte Erklärung spiegelte den Standpunkt der öffentlichen Gewalt wider und besagt, dass die Charta in keinerlei Art und Weise die Rechte der Mitgliedstaaten zur Rechtsetzung im Bereich der öffentlichen Moral, des Familienrechts, aber auch des Schutzes der Menschenwürde und des Respektierens der physischen und moralischen Integrität des Menschen verletzt.

4.3. Was verbirgt sich hinter den Formulierungen, die im Lichte der grundsätzlichen Regeln der Organisation und Funktionsweise der Europäischen Union so offensichtlich scheinen, dass sie bei den Partnern des Integrationsprozesses gerechtfertigte Zweifel an der Kenntnis der fundamentalen Grundsätze der EU durch einen Staat, der solche einseitigen, feierlichen Erklärungen abgibt, hervorrufen können?

Aus Perspektive der mehrmonatigen Diskussion nach Unterzeichnung des Vertrages von Lissabon ist die Antwort einfach. Die ganze Maske des Protokolls sollte (und soll noch immer) dazu dienen, nicht zuzulassen, dass durch irgendwelche Regulierungen der EU vier Problemgruppen reguliert werden und dazu, dass ein effektiver Schutzmechanismus vor den erfundenen Folgen eines erfundenen Problems geschaffen wird.

5. Die erfundenen Probleme bezogen sich auf vier Aspektgruppen.

5.1. Die erste ist die Furcht vor einer solchen EU-Regulierung, die Polen dazu verpflichtet hätte, dass Anti-Abtreibungsgesetz zu ändern, das neben dem irischen das restriktivste in Europa ist. Nur, dass diese Materie zur ausschließlichen Kompetenz des Mitgliedstaates gehört. Jedoch liefern weder das Gemeinschaftsrecht, noch die Rechtsprechung des Europäischen Gerichtshofes Grundlagen für die in den polnischen Debatten geäußerten Befürchtungen, sowohl vor, als auch nach Unterzeichnung des Vertrages von Lissabon. Es sollte zur Schilderung einer Tatsache und nicht zur Aufnahme der aufgeworfenen Diskussionsebene über nicht existente Probleme darauf hingewiesen werden, dass, sei es in der Sache Grogan (C-159/90), also einer Sache von vor fast zwanzig Jahren, der Europäische Gerichtshof, indem er die restriktive Anti-

Abtreibungsgesetzgebung in Irland als fundamentalistisch bewertet hat, keine Widersprüchlichkeit dieser Regulierung mit dem Gemeinschaftsrecht festgestellt hat. Der EuGH vermied eine direkte politische und rechtliche Konfrontation und hat den irischen Standard weder anderen Mitgliedstaaten aufgezwungen (was ein Abtreibungsverbot für alle EU-Staaten bedeutet hätte), noch den von den für die EU-Mitgliedstaaten gemeinsamen verfassungsrechtlichen Traditionen (mit)geprägten Standard gesenkt.

5.2. Die zweite Gruppe bezieht sich auf ähnliche Befürchtungen, die mit einer eventuellen Regulierung der Aspekte der Euthanasie verbunden sind. Auch diese Materie ist der ausschließlichen Kompetenz der Gewalten des Mitgliedstaates überlassen. Sie gehört der Gemeinschaftssphäre nicht an. Da dies eine sensible Angelegenheit ist, deren Kern sich aus vielen Faktoren zusammensetzt, die von anderen Werten abstammen, als die, die das Fundament der Europäischen Integration bilden, bleibt sie und – sollte man vernünftigerweise annehmen – wird sie noch lange Zeit eine ausschließliche Rechtsdomäne der einzelnen EU-Mitgliedstaaten bleiben. Gleichzeitig ist kein Zweifel daran zu hegen, dass dies eine Materie ist, die in immer größerem Ausmaß die öffentliche Meinung engagiert. Jedoch werden weder Schwüre noch Verbote die Diskussion, und was dem folgt, eventuelle Änderungen in der nationalen Gesetzgebung, aufhalten. Erfahrungen jeglicher Art, die eine Anteilnahme anderer Gesellschaften sind, werden Einfluss auf die Einstellung der verschiedenen Gesellschaftsgruppen haben, die sich für die Problematik der Euthanasie interessieren. Das gilt in gleicher Weise sowohl für die Befürworter, als auch für die Gegner der Legalisierung der Sterbehilfe.

5.3. Die dritte Problemgruppe ist mit den Befürchtungen, schon an eine Phobie grenzend, verbunden, dass das EU-Recht Polen dazu verpflichten wird, Regulierungen zur gleichgeschlechtlichen Partnerschaft einzuführen. Nicht zu sprechen von, *horribile dictum,* homosexuelle Ehen, verstanden als Ehen von Menschen gleichen Geschlechts (natürlich betrifft das Ganze nicht Ehen einer homosexuellen Person mit einem Ehepartner des anderen Geschlechts, denn dies ist ein bekanntes und nicht in Frage gestelltes Phänomen). Die Institution von gleichgeschlechtlichen Partnerschaften oder Ehen ist in 17 Mitgliedstaaten der Europäischen Union geregelt. Es ist eine Materie, die zur ausschließlichen gesetzgeberischen Domäne des Mitgliedstaates gehört. Ähnlich wie es bei den beiden oben genannten Angelegenheiten, also der Abtreibung und Euthanasie, der Fall ist, entscheidet der Mitgliedstaat souverän über eine eventuelle Legalisierung von Phänomenen, die gesellschaftliche Tatsachen sind. Jedoch hat die Problematik der gleichgeschlechtlichen Partnerschaft oder Ehe in einem größeren Umfang, als die erwähnten Bereiche, ein grenzüberschreitendes Ausmaß. Der Aspekt der sog. Abtreibungs- oder Sterbehilfetouristik (am bekanntesten ist das Zentrum in der Schweiz) ruft heutzutage keinen größeren Konflikt mehr hervor. Das Problem für die Staaten, in denen es keine rechtliche Regulierung der gleichgeschlechtlichen Partnerschaft oder Ehe gibt, sind jedoch „Kollisionsaspekte", die mit den Folgen der Freizügigkeit von Personen als eine der aus dem Vertrag resultierenden Grundfreiheiten verbunden sind. Problematisch können Situationen von gleichgeschlechtlichen Personen, die in Partnerschaften oder Ehen leben, werden, in denen die Frage nach der Realisierung des Grundsatzes der Gleichbehandlung und Nichtdiskriminierung (aus irgendwelchen Gründen) aufkommt. Das ist ein Problem mit universellem Charakter auf EU-Ebene. Der Staat kann sich zur Rechtfertigung von Diskriminierung nicht auf interne Gründe berufen. Weiterhin hat die Amplitude des Diskriminierungsverbotes einen globalen Charakter, und zwar in dem Sinne, dass sie sich nicht auf regionale Regulierungen, wie die Europäische Union oder den Europarat begrenzt. Man bräuchte hier nur die Sache „Toonen" anzuführen, die 1994 durch Entscheidung der Kommission für Menschenrechte entschieden wurde. Diese hat festgestellt, dass die in Australien geltende Regulation, die verschiedene Formen von sexuellen Kontakten zwischen Männern strafbar macht, das im Art. 17 des Internationalen Paktes über bürgerliche und politische Rechte garantierte Recht auf Privatsphäre verletzt.

5.4. Man muss nicht viel Scharfsinn besitzen, um zu konstatieren, dass alle drei Problemfelder eng mit der Religion der Gläubigen der katholischen Kirche verbunden sind. Dadurch haben wir es mit einer Übertragung von Glaubenswahrheiten einer der im Staat tätigen Kirchen auf die Ebene einer öffentlichen Debatte zu tun, was als Konsequenz – die Ausnutzung einer normativen, internen oder einer sich der Mittel des internationalen Rechts bedienenden Regulation für die Realisierung eines ideologischen Konzepts – auch vollkommen begründet ist. Das weckt ernste Zweifel, wenn man den verfassungsrechtlichen Grundsatz, der die RP als säkularen Staat definiert, ernst nehmen will.

Das Fazit ist relativ offensichtlich. Wie verschieden auch die Gründe eines Staates für die (negative oder positive) Reglementierung von Verhaltensweisen, die die moralische Sphäre betreffen, sein mögen – insbesondere, wenn die Grundsätze dieser Moralität auf der im gegebenen Staat dominierenden Religion basieren – wird die, aus den natürlichen Konsequenzen der Integration von Staaten und Gesellschaften resultierende Osmose, jegliche gesetzgeberische oder organisatorische Anstrengungen zunichte machen. Eine Alternative zu den effektivlosen Maßnahmen in diesem Bereich ist die Auflösung der internationalen Verpflichtungen durch Polen. Mit so einer Alternative ist es rational, die gesellschaftlichen, sittenbezogenen und moralischen Veränderungen der polnischen Gesellschaft in Betracht zu ziehen und nach einer richtigen Diagnose des Status quo auf rationale Art und Weise zu reagieren.

5.5. Ein gesondertes, viertes Problem waren die von der damaligen Außenministerin im Namen der Regierung geäußerten Befürchtungen. Die Bestimmungen der Charta seien bezüglich des Eigentumsrechts eine Grundlage für deutsche Staatsbürger, das Eigentum an Immobilien zurückzufordern, das zuvor zum Dritten Reich gehörte und aufgrund von Regulierungen, die den Zweiten Weltkrieg beendet haben, und auf Grundlage von Nachkriegsverträgen Polen zugesprochen wurde. Experten auf diesem Gebiet hielten die von den Vertretern der polnischen Staatsgewalt geäußerten Befürchtungen für völlig unbegründet. Eine Bestätigung dessen, dass es keinerlei Grundlagen für diese Befürchtungen – die zum Element eines politischen Spiels wurden, das darin besteht, sich Gegner zu suchen, Unruhe und Ängste bei normalen Bürgern zu wecken – gab, war die Entscheidung des Europäischen Gerichtshofes für Menschenrechte in der Sache der Preußischen Treuhand. Der Gerichtshof hat im Jahre 2008 festgestellt, dass es weder subjektive, noch sachliche oder zeitliche Grundlagen gibt, den Forderungen der Preußischen Treuhand nachzugehen. Paradoxerweise waren öffentliche Personen, die die Klärung der Eigentumsverhältnisse der Gebiete forderten, die Polen nach dem Zweiten Weltkrieg zugesprochen wurden, Verbündete der Preußischen Treuhand.

6. Der Streit um den Charakter und die Folgen des Protokolls begann zu dem Zeitpunkt, als die öffentliche Meinung das (zuvor geheim gehaltene) Wissen über seine Existenz erhalten hat. Man kann zu folgenden Ergebnissen kommen.

6.1. Eine Gesamtanalyse der Ziele und Folgen des Protokolls für Großbritannien und Polen war mit dem Risiko eines Fehlers behaftet. Das, was für Großbritannien in dem Protokoll wichtig war (soziale und wirtschaftliche Rechte), ist ohne jegliche Bedeutung für Polen. Was hingegen für Polen wesentlich war (Abtreibung, Sterbehilfe, gleichgeschlechtliche Partnerschaften), ist bedeutungslos für Großbritannien. Das einzige, was die beiden Staaten verbindet, ist die Sorge, dass der Gerichtshof der EU eine solche Auslegung der Charta der Grundrechte annehmen wird, die schwierig zu akzeptieren (aus politischen, aber grundlegend verschiedenen Gründen) für Großbritannien und Polen wäre (es ist doch schwer vorstellbar, dass eine potenzielle Auslegung einer bestimmten Norm der Charta für beide Staaten schwierig zu akzeptieren wäre).

6.2. Das Protokoll ist ein völkerrechtlicher Vertrag, der gemäß dem Lissabonner Vertrag ein fester Bestandteil des Vertrags über die Europäische Union, des Vertrags über die Arbeitsweise der Europäischen Union sowie des Vertrags zur Gründung der Europäischen Atomgemeinschaft (vide Schlussakt) ist. Das Protokoll betrifft den ganzen materiellen Anwendungsbereich des EU-Rechts. Seit Inkrafttreten des Vertrags von Lissabon erlangte es den gleichen Rechtswert wie die oben angeführten Verträge. Es wird damit zum primären Recht der EU.

6.3. Das Protokoll betrifft diejenigen Probleme, die in der Charta (vor allem in den neuen Absätzen 4–7 des Artikels 52) sowie im Art. 6 Abs. 1 EUV ihren Niederschlag gefunden haben. Es bezieht sich auf den differenzierten Charakter der in der Charta bestimmten Rechte, auf die Einteilung in Rechte und Grundsätze, sowie auf den Charakter der Charta als ein Dokument, welches die vorhandenen Rechte (sie „mehr sichtbar“ macht) bestätigt, ohne neue Rechte oder Grundsätze oder neue Zuständigkeiten der EU zu schaffen.

6.4. Gemäß der Präambel des Protokolls, und gegen die Darstellung des Protokolls als *opt-out* (Ausschluss), zielt es nicht auf den Wirkungsausschluss der Charta in Bezug auf Polen und das Vereinigte Königreich ab. Die Präambel stellt eindeutig fest, dass das Protokoll zum Ziel hat, „die Anwendung der Charta in Bezug auf die Rechtsvorschriften und administrative Handlungen Polens und des Vereinigten Königreiches zu präzisieren, sowie die Möglichkeit, auf der Grundlage der Bestimmung der Charta, gerichtliche Entscheidungen zu treffen“. Das Protokoll betrifft also die Anwendung der Charta in Bezug auf das nationale – polnische oder britische – Recht in dem Bereich, in welchem es das europäische Recht ausübt (Art. 51 Abs. 1 der Charta).

6.5. Die Charta der Grundrechte ist für das Vereinigte Königreich und Polen bindend. Art. 1 Abs. 1 des Protokolls stellt fest, dass die Charta „keine Ausdehnung der Fähigkeiten“ des Gerichtshofes der Europäischen Union und keines der polnischen oder britischen Gerichte zur Feststellung, dass die polnischen oder britischen Vorschriften mit den in der Charta bestätigten Grundrechten nicht vereinbar sind, vorsieht. Der Art. 1 Abs. 1 stellt also fest, dass die Charta den genannten Gerichten keine neuen Zuständigkeiten gibt. Ähnlich stellt Art. 51 der Charta fest, dass sie die Zuständigkeiten der EU (also auch der des Gerichtshofes der EU) nicht ausweitet, so auch Art. 6 EUV. Aussage des Protokolls ist also nicht, dass der Gerichtshof oder die nationalen Gerichte Polens und des Vereinigten Königreiches die Zuständigkeiten verlieren würden, über die Vereinbarkeit des polnischen Rechts, welches das EU-Recht ausführt, mit den Grundrechten zu entscheiden.

6.6. Das Protokoll bestätigt die Pflicht zur chartakonformen Auslegung und Anwendung des nationalen Rechts. Das nationale Gericht hat das Protokoll anzuwenden, jegliche Zweifel bezüglich des Protokolls sind dem Gerichtshof der EU zuzuleiten. Der Gerichtshof der EU hat die ausschließliche Zuständigkeit zur Auslegung des Protokolls, als Primärrecht der EU. Es ist wenig wahrscheinlich, dass der Gerichtshof der EU die Möglichkeit, Vorabentscheidungsersuchen einzureichen, ausschließt. Ferner verbieten keine Vorschriften den polnischen Gerichten, sich an den Gerichtshof der EU zu wenden. Es ist nach wie vor selbstverständlich, dass die Kontrolle des Gerichtes der EU – gemäß seiner Rechtsprechung und der Bestimmungen der Charta – zwei Bereiche umfasst: das Funktionieren der EU-Einrichtungen sowie das Funktionieren der Staaten („Gesetze, Verordnungen oder Verwaltungsvorschriften, administrative Praxis und Handlungen Polens").

6.7. Das Protokoll schließt in keinem Fall die Jurisdiktion des Gerichtshofes der EU in Bezug auf das das europäische Recht ausführende polnische Recht aus, weder im Bereich der Vorabentscheidungsersuchen, noch im Bereich der Klage gegen Polen wegen eines Verstoßes gegen die Gemeinschaftsverpflichtungen. Die Vorabentscheidungsersuchen können sowohl das Protokoll, wie die Charta betreffen. Das Protokoll stellt die Zuständigkeit der nationalen Gerichte, Vorabentscheidungsersuchen einzureichen, welche zur Feststellung der Unvereinbarkeit des nationalen Rechts mit der Charta führen können, nicht in Frage. Das nationale Gericht wird das Protokoll anwenden; jegliche Zweifel in Bezug auf das Protokoll sind dem Gerichtshof der EU vorzulegen. Der Gerichtshof hat die ausschließliche Zuständigkeit, das Protokoll als Primärrecht der EU auszulegen. Es ist wenig wahrscheinlich, dass der Gerichtshof die Möglichkeit zur Fragestellung ausschließen würde. Außerdem verbieten keine Vorschriften es den polnischen Gerichten, sich an den Gerichtshof zu wenden.

Das Protokoll schließt die Zuständigkeiten des Gerichtshofes der EU zur Feststellung eines Widerspruchs zwischen dem nationalen

Rechtssystem und der Charta nicht aus. Auf diese Art und Weise wird also die Geltendmachung, die Auslegungsbefugnis sowie die Rechtssetzung und Rechtsgestaltung in Polen durch seine Rechtsprechung nicht eingeschränkt. Das Protokoll gibt der Staats-Seite kein Recht, den durch die Charta geschützten Bereich (ohne Berücksichtigung des Inhalts der Charta) frei zu gestalten.

6.8. Durch das Protokoll werden die europäischen und nationalen Verfahren, die die Überprüfung der Vereinbarkeit der polnischen Gesetze und Verwaltungsvorschriften mit den in der Charta bestätigten Rechten, Freiheiten und Grundsätzen (Art. 1 Abs. 1), nicht aufgehoben. Die offizielle Stellungnahme des polnischen Außenministeriums bestätigt, dass das „polnisch-britische Protokoll lediglich besagt, dass in Bezug auf den jetzigen Rechtsstand keine zusätzlichen Möglichkeiten zur Feststellung der Unvereinbarkeit der polnischen Vorschriften mit der Charta der Grundrechte geschaffen werden“ (MSZ DPEUR/11/70910 vom 26. 04. 2011).

6.9. Art. 1 Abs. 2 des Protokolls bezieht sich „insbesondere“ auf die sozialen Rechte, die im „Solidarität“ genannten Titel IV der Charta enthalten sind. Es folgt aus ihm heraus, dass diese Rechte gerichtlich geltend gemacht werden können, soweit Polen und das Vereinigte Königreich solche Rechte in ihren nationalen Rechtssystemen vorgesehen haben. Im Falle Polens scheint der Inhalt des Art. 1 Abs. 2 wegen der durch Polen abgegebenen Erklärung Nr. 62 zur Anwendung der Charta der Grundrechte in Bezug auf Polen und das Vereinigte Königsreich, keine große Bedeutung zu haben: Die „Republik Polen erklärt, dass sie wegen der Tradition der Volksbewegung „Solidarność“ und ihres bedeutungsvollen Beitrags zum Kampf um soziale und Arbeitnehmerrechte, die durch das Recht der Europäischen Union beschlossenen sozialen und Arbeitnehmerrechte, insbesondere die im Titel IV der Charta der Grundrechte der Europäischen Union bestätigten Rechte, völlig achtet.“

Es ist also nach einer anderen Erklärung des Wesens und der Funktion des polnisch-britischen Protokolls zu suchen. Die wahrscheinlichste Hypothese lautet wie folgt: Das Wesen der Vorbehalte der polnischen Machtinhaber gegenüber der Charta der Grundrechte ist im Art. 2 des Protokolls in Verbindung mit der Erklärung Nr. 61 der Republik Polen zur Charta der Grundrechte der Europäischen Union enthalten. Art. 2 des Protokolls besagt, dass „wenn die gegebene Bestimmung der Charta sich auf die Gesetzgebung und die nationale Praxis bezieht, ist sie für Polen oder das Vereinigte Königreich nur in dem Umfang gültig, in welchem die in der Bestimmung enthaltenen Rechte und Grundsätze durch die Gesetzgebung und Praxis Polens und des Vereinigten Königreichs anerkannt werden". Keine Daseinsberechtigung haben solche mit dem Art. 1 Abs. 2 des Protokolls verbundenen Hypothesen, dass die Anwendung dort enthaltener Regelungen, sich auf die Freiheiten, sozialen und Arbeitnehmerrechte beschränken würde. Art. 2 betrifft nämlich alle Bestimmungen der Charta und lässt ihre Anwendung ausschließlich so weit zu, wie die in der gegebenen Bestimmung der Charta enthaltenen Rechte und Grundsätze durch die Gesetzgebung oder Handlungen Polens anerkannt sind.

6.10. Die im Art. 1 Abs. 2 des Protokolls verwendete Formulierung „insbesondere" muss man daher so verstehen, dass auch andere in der Charta enthaltenen Rechte zwecks der Überprüfung des polnischen Rechts angewendet werden können, soweit sie im polnischen Recht bestätigt worden sind. Mit anderen Worten, die in der Charta umfassten Rechte und Grundsätze sind anfechtbare Rechte (d. h. man kann sich vor dem Gericht auf sie berufen), wenn auch nur in dem durch das polnische oder britische Recht vorgesehenen Umfang.

6.11. Diese Vorschrift ist nur für die in der Charta bestimmten Rechte von Bedeutung. Sie ist für die Grundsätze, d. h. für die Programmrechte, belanglos. Sie bestätigt nämlich nur, was aus ihrem Charakter folgt (die Grundsätze spiegeln keine Rechte wider), d. h. die Grundsätze benötigen eine Ausführung im nationalen Recht, was auch im Art. 52 Abs. 5 der Charta eindeutig festgestellt ist.

6.12. Die Bedeutung des Protokolls für Polen bezüglich der Rechte ist augenscheinlich nicht groß, denn die Mehrheit der Rechte wurde im polnischen Recht bestätigt, darunter diejenigen, die für Polen aufgrund der völkerrechtlichen Verträge verbindlich sind. Es gibt nur wenige Beispiele der in Polen nicht bestätigten Rechte, z. B. das Verbot des reproduktiven Klonens von Menschen (Art. 3 der Charta).

Zu erinnern ist daran, dass die Charta in ihrem wesentlichen Ausmaß nur die bestehenden Rechte – die aus den Verträgen, aus den basierend auf den Verträgen abgeschlossenen europarechtlichen Rechtsakte, aus der Rechtsprechung des Europäischen Gerichtshofs, aus den Verfassungsüberlieferungen der Mitgliedstaaten, der Europäischen Konvention für Menschenrechte und Zusatzprotokollen zu der Konvention, aus der Kinderrechtskonvention, aus den Pakten für Menschenrechte der UNO usw. abgeleitet worden sind – bestätigt.

Art. 2 des Protokolls betrifft diejenigen Vorschriften der Charta, die sich auf die nationale Gesetzgebung und die Praxis beziehen, wie z. B. Art. 9 der Charta, welcher feststellt, dass das Recht, eine Ehe einzugehen und das Recht eine Familie zu gründen, gemäß der nationalen, diese Problematik regelnden Gesetze, gewährleistet sind. Art. 2 bestätigt nur das, was offensichtlich aus dem Inhalt dieser Regelungen hervorgeht, d. h. dass die auf das nationale Recht verweisenden Vorschriften gemäß dem nationalen Recht anzuwenden sind (ähnlich Art. 52 Abs. 6 der Charta).

6.13. Das Protokoll schafft keine Hindernisse bei der Anwendung und Auslegung der Charta gegenüber den betroffenen Staaten, sowohl auf dem Unionsniveau, wie auch auf dem nationalen Niveau. Es kann lediglich gewisse, aber nicht große Beweisschwierigkeiten bereiten, die Übereinstimmung (Gleichheit) des Chartainhalts mit den verfassungsrechtlichen Normen der Republik Polens nachzuweisen. Es ist nämlich unzulässig, sich ausschließlich auf die Vorschriften des bestimmten Artikels des Titels IV der Charta zu berufen, ohne gleichzeitig aufzuzeigen, wo das aus dieser Vorschrift folgende Recht oder der Grundsatz im nationalen Recht „bestätigt" worden ist. Die Charta bestätigt im Wesentlichen die schon in der Verfassung der Republik Polen, in den Verträgen oder in der EMRK, in den Zusatzprotokollen, völkerrechtlichen Verträgen usw. vorhandenen Rechte; sie alle schaffen die Rechtsordnung Polens, auf die sich die Charta und das Protokoll beziehen.

6.14. Aus der Sicht der Folgen für die Auslegung der Charta ist darauf hinzuweisen, dass die Beschränkungen betreffs der Methode und Konsequenzen der Auslegung der Charta mit dem Inhalt des Art. 6 Abs. 1 in fine des Lissabonner Vertrags gegenübergestellt werden sollen. Es wird unterstrichen, dass die in der Charta enthaltenen Rechte, Freiheiten und Grundsätze gemäß den allgemeinen Bestimmungen auszulegen sind. Diese sind in dem die Auslegung und Anwendung der Charta, sowie die gebührende Berücksichtigung der Quellen dieser Bestimmungen regelnden Titel IV umfasst (es ist ein System der „doppelten Gewährleistung", welches zum Ziel die Einschränkung des Gültigkeitsbereichs der in der Charta bestimmten Rechte, darunter Ausschluss einer zu breiten Auslegung, hat). Die Bestimmungen des Protokolls sollen garantieren – so die Intention seiner Verfasser – dass sowohl die „schöpferische Auslegung" der Bestimmungen der Charta, als auch das Recht zu extensiver Auslegung dieses Dokuments, insbesondere in denjenigen Bereichen, die durch die Verfasser des Protokolls als sensibel bezeichnet wurden, das die Union sich zuschreibt, ausgeschlossen werden (für Großbritannien – die sozialen und Arbeitnehmerrechte, für Polen – die moralischen, religiösen und sittlichen Fragen wie Abtreibung, Sterbehilfe, gleichgeschlechtliche Partnerschaften sowie das Entgegenwirken dem Risiko der Anwendung der Bestimmungen der Charta als Grundlage für die Ansprüche derjenigen Bürger Deutschlands, die in Folge des Zweiten Weltkrieges ihre Immobilien verloren haben, welche sich den völkerrechtlichen Verträgen gemäß jetzt auf dem Territorium Polens befinden).

6.15. Aus der Sicht der Konsequenzen für die Anwendung der Charta betrifft die Streitigkeit u. a. die Frage, ob Art. 1 Abs. 1 des Protokolls – welcher feststellt, dass die Charta die Zuständigkeit des Gerichtshofes und der nationalen Gerichte der dem Protokoll beigetretenen Staaten, zur Feststellung, dass die nationalen Vorschriften mit den in der Charta bestätigten Grundrechten unvereinbar sind, nicht ausbreitet – die Inanspruchnahme des für das europäische Recht grundlegenden Grundsatzes des Vorrangs des Gemeinschaftsrechts vor den nationalen Vorschriften ausschließt.
Es sind zwei Interpretationen dieser Vorschrift des Protokolls möglich. Die erste geht davon aus, dass Art. 1 Abs. 1 die Inanspruchnahme des Vorranggrundsatzes der Unionsnormen im Falle einer Kollision zwischen den Gemeinschaftsvorschriften und den Vorschriften des nationalen Rechts, nicht ausschließt.
Die zweite Interpretation geht von der Annahme aus, dass der Art. 1 Abs. 1 die Überprüfung solcher Konflikte anhand der Charta überhaupt nicht zulässt. Für diese Argumentation sprechen nicht viele Argumente. Geht man aber doch von dieser Interpretationsmöglichkeit aus, zeigt sich, dass dies in der Praxis keinerlei Bedeutung hat. Denn die allgemeinen Grundsätze des EU-Rechts, die gemäß dem Art. 6 EUV geschützt sind, bleiben noch immer uneingeschränkt wirksam und der Vorranggrundsatz würde zur vollen Anwendung kommen. Eine kleine praktische Schwierigkeit besteht darin, dass man sich auf diese Grundsätze berufen müsste und nicht auf eine konkrete Vorschrift der Charta. Im Falle des Auslegungswechsels der jeweiligen Vorschriften und Grundsätze der Charta werden die gleichen Rechte aus anderen Quellen hergeleitet (gemeinsamen Verfassungsüberlieferungen oder die Mitgliedstaaten bindenden völkerrechtlichen Verträgen). Der Gerichtshof der EU könnte dann zum Beispiel einen Verstoß der RP gegen das Diskriminierungsverbot wegen der sexuellen Orientierung feststellen, aber Grundlage für einen solchen Vorwurf könnte keine Vorschrift der Charta sein, sondern die allgemeinen Grundsätze des EU-Rechts.

6.16. Im Falle Polens in Bezug auf den Titel IV der Charta ist die Anwendung des Grundsatzes der direkten EU-Rechtswirkung wegen der fast gänzlichen Symmetrie der in der Charta und in der Verfassung der RP enthaltenen Regelung nicht ausgeschlossen. Auch wenn man annehmen würde, dass es unzulässig ist, sich ausschließlich auf den konkreten Artikel des Titels IV der Charta zu berufen, ohne gleichzeitig darauf hinzuweisen, wo das aus dieser Vorschrift folgende Recht oder der Grundsatz im nationalen Recht implementiert ist (im Fall Großbritanniens), liefert im Falle Polens selbst die Symmetrie der Regelungen die Lösung dieses Problem.

6.17. Das Protokoll betrifft nicht die Anwendung der Charta, wird sie also in anderen Mitgliedstaaten angewendet, bedeutet das, dass das Protokoll das Recht Polens und Großbritanniens, gegen andere Mitgliedstaaten in Bezug auf die Charta der Grundrechte vorzugehen, nicht aufhebt. Das Protokoll schließt insbesondere das Recht Polens oder des Vereinigten Königreiches nicht aus, eine Klage wegen eines Verstoßes gegen die Charta gemäß Art. 227 des Vertrags über die Arbeitsweise der EU zu erheben. Wenn wir eine solche Interpretation der Protokollfunktion billigen, dann soll man konsequenterweise unterstreichen, dass die Folgen des Protokolls in der Gemeinschaftsdimension auch die Möglichkeit des Verfahrens gemäß Art. 226 EUV gegen Polen oder Großbritannien wegen eines Verstoßes gegen die Charta durch Abschluss bestimmter Vorschriften oder Ausübung einer gewissen administrativen Praxis (Art. 1 Abs. 1 des Protokolls) betreffen. Das Protokoll ermöglicht der Kommission oder einem anderen Mitgliedstaat, Klagen beim Gerichtshof der EU gegen Polen wegen eines Verstoßes gegen die Charta zu erheben. Die Kommission kann sich daher auf die Bestimmung der Charta selbst berufen, um zu prüfen, ob Polen die Mitgliedschaftspflichten erfüllt (Art. 193–195 AEUV).

6.18. Ein Verstoß gegen die Charta kann auch in einem Verstoß gegen die nichtselbsterfüllenden Normen bestehen; das Protokoll schützt Polen nicht gegen Klagen wegen Nichterfüllung derartiger Verpflichtungen durch den Staat.

6.19. In Zusammenhang mit dem abgeschlossenen Verfahren, in welchem sich die Mitgliedstaaten durch den Lissabonner Vertrag (also auch mit seinen Protokollen und Anhängen) gebunden haben, ist ein einseitiger Rücktritt Polens aus dem Protokoll nicht möglich. Wenn Polen vorhätte, von dem Protokoll zurückzutreten, müsste vorgeschlagen werden, das Verfahren der Vertragsänderung gemäß Art. 48 EUV einzuleiten. Der Rücktritt vom Protokoll ist nicht in den Voraussetzungen des vereinfachten Änderungsverfahren aufgelistet, denn Art. 48 Abs. 6 sieht vor, dass das vereinfachte Änderungsverfahren ausschließlich dann angewendet werden kann, wenn die Vertragsänderung die Zuständigkeit der Union nicht ausdehnt und wenn sie den III. Teil des AEUV betrifft. Es ist also das ordentliche Änderungsverfahren anzuwenden.

6.20. Die Bedeutung der Erklärung Nr. 61 und 62. Die Erklärungen haben einen einseitigen Charakter und an sich eine eingeschränkte Bedeutung. Zum einen unterliegen sie im Bereich der Auslegung der Kontrolle des Gerichtshofes, der sie eng auslegen wird. Zum zweiten schaffen sie, soweit allgemein ausformuliert, die Möglichkeit zur einschränkenden Auslegung der darin enthaltenen Begriffe. Im Effekt ist es zu erwarten, dass Polen die in der Erklärung Nr. 61 gesetzten politischen Ziele nicht erreichen wird.

7. Noch einfacher ist die Bewertung des Protokolls Nr. 30 aus der Perspektive eines polnischen Staatsbürgers, der zu seiner Analyse die verfassungsrechtliche Ordnung seines Staates nutzt. Der Beitritt Polens zum Protokoll hat keine positiven Folgen für seine Bürger. Es ist eine symbolische Kompensation für die Vorbehalte und Phobien der Vertreter der polnischen Gewalt im Zeitraum 2006–2007, die auf der einen Seite zum Transmissionsriemen der Ideologie der katholischen Kirche und auf der anderen zur Geisel der eigenen politischen Konzepte der Außenpolitik in Bezug auf die Bundesrepublik Deutschland wurden. Die Vorbehalte und Phobien, die zur Grundlage der Handlungen der Regierung wurden, bewirken, dass die reale Motivation des Beitritts Polens zum Protokoll keiner rationalen Rekonstruktion standhält. Die Versuche, die die Rationalisierung der Irrationalität dieser Entscheidung zum Zweck haben, beweisen eindeutig, dass der europäische Nationalstaat, der die Grundrechte nicht respektiert, kein souveräner Staat ist. Und das Argument der Souveränität, das durch solch einen Staat genutzt wird, ist lediglich eine Maskerade für die Realisierung von Zielen, die verfassungsrechtlich nicht legitimiert sind.

Literaturverzeichnis

M. Dougan: The Treaty of Lisbon 2007: Winning minds, not hearts, CMLR, vol. 45 No. 3, June 2008

K. Kowalik-Bińczyk, M. Szwarc-Kuczer: Traktat z Lizbony – reformy czy jej pozory?, „Studia Prawnicze“ 1/2008

K. Kowalik-Bańczyk: Konsekwencje przyjęcia protokołu polsko-brytyjskiego dotyczącego stosowania Karty Praw Podstawowych, w: A. Wróbel (red.): Karta Praw Podstawowych w europejskim i krajowym porządku prawnym, Wolters Kluwer 2009

R. Kownacki: Ingerencja Karty Praw Podstawowych w zakres realizacji przez państwa członkowskie tematów sensytywnych (eutanazja, związki homoseksualne, aborcja) – propagandowy straszak czy realna perspektywa?, w: A. Wróbel (red.): Karta Praw Podstawowych w europejskim i krajowym porządku prawnym, Wolters Kluwer 2009

Opinia Rady Legislacyjnej przy Prezesie Rady Ministrów w sprawie skutków prawnych Karty Praw Podstawwych (17 marca 2008 r. RL-0303–8/08)

Opinia dotycząca skutku prawnego Protokołu w sprawie stosowania Karty Praw Podstawowych Unii Europejskiej w stosunku do Polski i Zjednoczonego Królestwa, Doradczy Komitet Prawny przy Ministrze Spraw Zagranicznych (21 maja 2008 r.)

A. Wyrozumska: Karta Praw Podstawowych – polskie obiekcje, „Sprawy Międzynarodowe“ 4/2007

A. Wyrozumska: Incorporation of the Charter of Fundamental Rights into the EU Law: status of the Charter, scope of its binding force and application, interpretation problems and the Polish position, in: J. Barcz (ed.): Fundamental Rights Protection in the European Union, C. H. Beck 2009

R. Wieruszewski: Provisions of the Charter of Fundamental Rights in the light of the 1997 Constitution of Poland and international agreements which are binding upon Poland, in: J. Barcz (ed.): Fundamental Rights Protection in the European Union, C. H. Beck 2009

A. Wróbel: O niektórych problemach sądowego stosowania Karty Praw Podstawowych, w: A. Wróbel (red.): Karta Praw Podstawowych w europejskim i krajowym porządku prawnym, Wolters Kluwer 2009

M. Wyrzykowski: Introduction: limits and power and limits of interpretation, in: J. Barcz (ed.): Fundamental Rights Protection in the European Union, C. H. Beck 2009

M. Wyrzykowski: Wiele hałasu o nic? Racjonalizowanie irracjonalności na przykładzie protokołu polsko-brytyjskiego do Karty Praw Podstawowych UE, w: J. Wawrzyniak,. M. Laskowska (red.): Instytucje prawa konstytucyjnego w dobie integracji europejskiej. Księga jubileuszowa dedykowana prof. Marii Kruk-Jarosz, Wydawnictwo Sejmowe 2009

M. Wyrzykowski: Awantura o Lizbonę, w: Z. Kędzia, A. Rost (red.): Współczesne wyzwania wobec praw człowieka w świetle polskiego prawa konstytucyjnego, Poznań 2009

M. Wyrzykowski: Die Verneinung der verfassungsrechtlichen Identität – Protokoll Nr. 30 zur Charta der Grundrechte der EU aus Perspektive des polnischen Staatsbürgers, in: 4. Luxemburger Expertenforum zur Entwicklung des Unionsrechts – Herausforderungen für den Rechtsschutz der Union: Fortentwicklung der Unionsgerichtsbarkeit, des Grundrechtsschutzes und der Wettbewerbsaufsicht (Tagungsband), Curia Gerichtshof der Europäischen Union 2011

Die Durchsetzung von Unionsgrundrechten durch europäisches Sekundärrecht – Strategien und Probleme

Prof. Dr. Friedrich Schoch, Freiburg i. Br.

I. Grundrechtsgeltung im EU-Recht

1. Grundrechtsschutz durch die Grundrechte-Charta

Grundrechte werden in der Rechtsprechung des Europäischen Gerichtshofs (EuGH) seit geraumer Zeit als „integraler Bestandteil der allgemeinen Rechtsgrundsätze" qualifiziert, deren Wahrung der Gerichtshof zu sichern habe; Rechtserkenntnisquellen für die Entwicklung eines unionalen Grundrechtsschutzes waren vornehmlich die gemeinsamen Verfassungstraditionen der Mitgliedstaaten und die Europäische Menschenrechtskonvention (EMRK).[1] Später wurde die – seinerzeit noch nicht in Kraft getretene – Grundrechte-Charta als weitere Rechtserkenntnisquelle herangezogen.[2]

Keinen Zweifel hat der Gerichtshof von Beginn an daran aufkommen lassen, dass – neben den EU-Organen – auch die *Mitgliedstaaten* den Grundrechtsschutz der Gemeinschaftsrechtsordnung bei der Durchführung von Gemeinschaftsrecht zu beachten haben.[3] Am 1. 12. 2009 ist nun die „Charta der Grundrechte der Europäischen Union" (GRCh)[4] in Kraft getreten. Die Charta ist rechtlich verbindlich und in der Normenhierarchie mit den Verträgen (EUV, AEUV) gleichrangig (Art. 6 Abs. 1 UAbs. 1 EUV), gehört also dem *EU-Primärrecht* an.[5] Diese Einstufung ist, wie sich zeigen wird, folgenreich.

1 Vgl. etwa EuGH, Rs. C-112/00 (Schmidberger), Slg. 2003, I-5659 Tz. 71 = EuZW 2003, S. 592 (m. Anm. *B. Koch*); EuGH, Rs. C-36/02 (Omega), Slg. 2004, I-9609 Tz. 33 = EuZW 2004, S. 753 (m. Anm. *Bröhmer*) – jeweils m. umfangr. Nachw. zur st. Rspr. des EuGH.

2 Erstmals – soweit ersichtlich – EuGH, Rs. C-540/03 (Parlament/Rat), Slg. 2006, I-5769 Tz. 38 = EuZW 2006, S. 566 (m. Anm. *Fremuth*) = NVwZ 2006, S. 1033 (m. Bespr. *Szczekalla*, NVwZ 2006, S. 1019); dazu auch *Thym*, Europäischer Grundrechtsschutz und Familienzusammenführung, NJW 2006, S. 3249 (3250); weitere EuGH-Entscheidungen mit Bezug zur GR-Charta (vor dem 1. 12. 2009) sind dokumentiert bei *v. Danwitz*, in: Dauses, Handbuch des EU-Wirtschaftsrechts (26. EL Juni 2010), B. II. Rn. 27 Fn. 118.

3 EuGH, Rs. C-5/88 (Wachauf), Slg. 1989, 2609 Tz. 19; bekräftigend z. B. EuGH, Rs. C-63/93 (Fintan Duff u. a.), Slg. 1996, I-569 Tz. 29 = EuZW 1996, S. 309.

4 Fassung vom 12. 12. 2007 (ABlEU Nr. C 303/1 und BGBl II 2008, 1165), konsolidierte Fassung ABlEU 2010 Nr. C 83/389.

5 *Jarass*, Charta der Grundrechte der Europäischen Union, Kommentar, 2010, Einleitung Rn. 9; *Schorkopf*, in: Grabitz/Hilf/Nettesheim, Das Recht der Europäischen Union, Kommentar (Loseblatt, Stand: 45. EL August 2011), Art. 6 EUV Rn. 28.

Entscheidend für die praktische Wirksamkeit der Unionsgrundrechte in dem „Raum der Freiheit, der Sicherheit und des Rechts“ (so Art. 3 Abs. 2 EUV) ist der *Anwendungsbereich* der GR-Charta.[6] Unproblematisch ist ihre Geltung für die Organe, Einrichtungen und sonstigen Stellen der *Union* (Art. 51 Abs. 1 Satz 1 GRCh). Überkommenen Standards entspricht der Umstand, dass eine unmittelbare Bindung von *Privatpersonen* nicht angeordnet ist.[7] Auf die *Mitgliedstaaten* erstreckt sich die Charta „ausschließlich bei der Durchführung des Rechts der Union“ (Art. 51 Abs. 1 Satz 1 GRCh). Vor dem Inkrafttreten der Charta hatte der Gerichtshof die Unionsgrundrechte auf die Mitgliedstaaten sowohl beim echten „Vollzug“ (legislativer Vollzug, z. B. Umsetzung von Richtlinien in das nationale Recht; administrativer Vollzug, z. B. Ausführung von Verordnungen)[8] als auch bei sonstigen Maßnahmen im Regelungsbereich des Unionsrechts (z. B. Beschränkungsmaßnahmen) für anwendbar erklärt.[9] Demgegenüber wird im Schrifttum nun eine „Engführung“ postuliert; nur bei echten Durchführungsmaßnahmen seien die Mitgliedstaaten an die GR-Charta gebunden.[10] Danach erlitten die EU-Grundrechte im europäischen Verfassungsverbund einen signifikanten Bedeutungsverlust. Eine „Zurückdrängung“ der EuGH-Rechtsprechung zum unionalen Grundrechtsschutz hat indes im Text des Art. 51 Abs. 1 Satz 1 GRCh keinen hinreichenden Niederschlag gefunden,[11] um einen derartigen „Paradigmenwechsel“ legitimieren zu können. Nach wie vor löst damit jede nationale Maßnahme im *Anwendungsbereich* des Unionrechts die Bindung an die Unionsgrundrechte aus.[12] Der Gerichtshof hat diese Interpretation unlängst (am Beispiel des Verbots der Altersdiskri-

6 Näher dazu *W. Cremer*, in diesem Band S. 17 ff.

7 Vgl. aber zur Privatrechtsgeltung der Grundrechte unten III. 4.

8 Beschrieben wird diese Konstellation als „agency situation“; grundlegend EuGH, Rs. C-5/88 (Wachauf), Slg. 1989, 2609.

9 EuGH, Rs. C-260/89 (ERT), Slg. 1991, I-2925 Tz. 42 f. = JZ 1992, S. 682 (m. Anm. *Degenhart*) = ZUM 1992, S. 418 (m. Bespr. *de Nauclares*, ZUM 1992, S. 607); EuGH, Rs. C-368/95 (Familiapress), Slg. 1997, I-3689 Tz. 24 = EuZW 1997, S. 470; EuGH, Rs. C-60/00 (Carpenter), Slg. 2002, I-6279 Tz. 40 f. = EuZW 2002, S. 603 (m. krit. Anm. *Egger*) = EuR 2002, S. 852 (m. Anm. *Puth*) = JZ 2003, S. 202 (m. abl. Anm. *Mager*). – Ablehnend zu dieser Judikatur *P. M. Huber*, Auslegung und Anwendung der Charta der Grundrechte, NJW 2011, S. 2385 (2386 f.), der dem EuGH eine Verletzung des EUV und des AEUV vorwirft.

10 *Borowsky*, in: Meyer (Hrsg.), Charta der Grundrechte der Europäischen Union, 3. Aufl. 2011, Art. 51 Rn. 28 ff.; *Kingreen*, in: Calliess/Ruffert, EUV/AEUV, 4. Aufl. 2011, Art. 51 GRCh Rn. 16 f.

11 Die „Erläuterungen zur Charta der Grundrechte“ (ABlEU 2007, C 303/17) erklären ausdrücklich die EuGH-Rechtsprechung (Fn. 9) für maßgebend. – Diese „Erläuterungen“ sind von den Gerichten der Union und der Mitgliedstaaten bei der Auslegung der GR-Charta gebührend zu berücksichtigen; so ausdrücklich Art. 6 Abs. 1 UAbs. 3 EUV und Art. 52 Abs. 7 GRCh.

12 *Kokott/Sobotta*, Die Charta der Grundrechte der Europäischen Union nach dem Inkrafttreten des Vertrags von Lissabon, EuGRZ 2010, S. 265 (268); *Reich*, Wer hat Angst vor Straßburg? – Bemerkungen zur europäischen Grundrechtsarchitektur, EuZW 2011, S. 379; *Hatje*, in:

minierung) bestätigt.[13] Dass dieses Verständnis weitreichende Folgen für die praktische Wirksamkeit des europäischen Sekundärrechts hat, liegt auf der Hand.

2. Grundrechtsschutz im Mehrebenensystem

Der umfassende Geltungsanspruch der Unionsgrundrechte wirft Fragen zum Verhältnis der GR-Charta mit der EMRK und mit dem innerstaatlich garantierten Grundrechtsschutz auf. Zwei knappe Bemerkungen zur Identifikation des Befundes müssen hier genügen.

a) Materiellrechtlicher Befund

In *materiellrechtlicher* Hinsicht wird mit dem Inkrafttreten der GR-Charta eine Verdoppelung oder sogar Verdreifachung im geltenden Grundrechtsbestand diagnostiziert.[14] Zur Reduktion der sich abzeichnenden Komplexität sollten die im Wege der Abstraktion zu gewinnenden drei Modelle zur möglichen Grundrechtskonkurrenz in den Blick genommen werden:[15]

- Im Kumulationsmodell wird derselbe Sachverhalt an mehreren grundrechtlichen Maßstäben gemessen; Beispiel insoweit ist das Verhältnis zwischen dem Grundgesetz und der EMRK.
- Das Alternativitätsmodell vermeidet konfliktträchtige Doppelungen, indem es über die Technik des Anwendungsvorrangs die im konkreten Fall zu ergreifende Alternative ausweist; Beispiel hierfür ist das Verhältnis zwischen EU-Recht und innerstaatlichem Recht.
- Im Stufenmodell setzt eine bestimmte Rechtsschicht Mindeststandards, die nicht unterschritten, wohl aber überschritten werden dürfen; dieses Konzept verwirklicht die GR-Charta im Verhältnis zur EMRK (vgl. Art. 52 Abs. 3 GRCh).[16]

Schwarze (Hrsg.), EU-Kommentar, 2. Aufl. 2009, Art. 51 GRCh Rn. 18 f.; *Jarass*, GRCh (Fn. 5), Art. 51 Rn. 10 und Rn. 19.

13 EuGH, Rs. C-555/07 (Kücükdeveci), Slg. 2010, I-365 Tz. 21 ff. = EuZW 2010, S. 177 (m. Anm. *Schubert*); dazu Bespr. *Mörsdorf*, Diskriminierung jüngerer Arbeitnehmer, NJW 2010, S. 1046.

14 *Ehlers*, in: ders. (Hrsg.), Europäische Grundrechte und Grundfreiheiten, 3. Aufl. 2009, § 14 Rn. 30. – Zur Lösungsstrategie des Unionsrechts unten II. 1.

15 Näher zu den ersten beiden Modellen *St. Augsberg*, Von der Solange- zur Soweit-Rechtsprechung: Zum Prüfungsumfang des Bundesverfassungsgerichts bei richtlinienumsetzenden Gesetzen, DÖV 2010, S. 153 f.

16 Dass die EMRK aus der Sicht der GR-Charta Mindeststandards setzt, ist – soweit ersichtlich – nicht bestritten; vgl. etwa *Schroeder*, Neues zur Grundrechtskontrolle in der Europäischen Union, EuZW 2011, S. 462 (465); *Ehlers*, Europäische Grundrechte (Fn. 14), § 14 Rn. 15. – Der Gerichtshof betont ausdrücklich, Art. 52 Abs. 3 GRCh verwehre es nicht, „dass das Unionsrecht einen weiter reichenden Schutz gewährt“; so EuGH, Rs. C-400/10 (McB.), JZ 2011, S. 145 (m. Anm. *Thym*) Tz. 53; bestätigend EuGH, Rs. C-279/09 (DEB), EuZW 2011, S. 137 Tz. 35.

Diese idealtypische Strukturierung wird durch Nuancierungen und Differenzierungen ergänzt.[17] Was speziell die Unionsgrundrechte betrifft, müsste der Verhältnisbestimmung zum nationalen Verfassungsrecht keine besondere Aufmerksamkeit geschenkt werden, wenn in Bezug auf die Grundrechtsstandards wesentliche Übereinstimmung bestünde.[18] Davon kann jedoch, wie zu zeigen sein wird, keine Rede sein.[19]

b) Prozessrechtlicher Befund

Die *prozessrechtliche* Vernetzung zwischen EuGH, EGMR und BVerfG wird im Schrifttum als defizitär analysiert.[20] Das mag auf sich beruhen. Bedeutsam sind im vorliegenden Zusammenhang richterrechtliche Konsequenzen aus dem materiellrechtlichen Befund:

– Im Verhältnis zwischen der EMRK und den Unionsgrundrechten attestiert der *EGMR* den EU-Grundrechten einen „gleichwertigen" Schutz; daraus folge die Vermutung, dass sich ein EU-Mitgliedstaat den Anforderungen der EMRK nicht entzogen habe, wenn er den rechtlichen Verpflichtungen des EU-Rechts nachgekommen sei.[21]

---

17 Vgl. etwa Art. 52 Abs. 4 GRCh zu den „gemeinsamen Verfassungsüberlieferungen der Mitgliedstaaten", Art. 52 Abs. 6 GRCh zu den „einzelstaatlichen Rechtsvorschriften und Gepflogenheiten".

18 Der Innovationsgehalt der GR-Charta wird gemeinhin nicht allzu hoch veranschlagt; vgl. z. B. *Jarass*, GRCh (Fn. 5), Einleitung Rn. 3: Sichtbarmachen bereits geltenden Rechts, Lückenschließung in Bezug auf die EMRK, Normierung sozialer Rechte; *Ehlers*, Europäische Grundrechte (Fn. 14), § 14 Rn. 28, betont einerseits die Anlehnung der GR-Charta an bereits bestehende Garantien (gemeinsame Verfassungstraditionen und EMRK, Grundfreiheiten des vormaligen EG-Vertrags, Sozialchartas), hebt andererseits – aus der Perspektive des Grundgesetzes – jedoch die Schaffung neuer Grundrechte hervor.

19 Das macht bereits ein Überblick zum Inhalt der GR-Charta deutlich: Titel I (Art. 1 bis 5) schützt die „Würde des Menschen", Titel II (Art. 6 bis 19) gewährleistet bestimmte „Freiheiten", Titel III (Art. 20 bis 26) normiert Vorschriften zur „Gleichheit" und Titel IV (Art. 27 bis 38) zur „Solidarität", Titel V (Art. 39 bis 46) statuiert etliche „Bürgerrechte", Titel VI (Art. 47 bis 50) garantiert wichtige „Justizielle Rechte"; Titel VII (Art. 51 bis 54) enthält „Allgemeine Bestimmungen". Jedenfalls Titel IV und Titel V gehen über den Grundrechtsbestand des Grundgesetzes hinaus. – Eine eigene Untersuchung verdiente die unterschiedliche Handhabung des Verhältnismäßigkeitsgrundsatzes durch den EuGH und das BVerfG; in der Regel prüft der EuGH die „Angemessenheit" (Verhältnismäßigkeit i. e. S.) eines Grundrechtseingriffs nicht.

20 *Knauff*, Das Verhältnis zwischen Bundesverfassungsgericht, Europäischem Gerichtshof und Europäischem Gerichtshof für Menschenrechte, DVBl 2010, S. 533 (534 ff.).

21 EGMR, Rs. 45036/98 (Bosphorus), NJW 2006, S. 197 Tz. 155, 156, 165; kritisch dazu *Bröhmer*, Die Bosphorus-Entscheidung des Europäischen Gerichtshofs für Menschenrechte, EuZW 2006, S. 71 ff.; eher zustimmend *Heer-Reißmann*, Straßburg oder Luxemburg? – Der EGMR zum Grundrechtsschutz bei Verordnungen der EG in der Rechtssache Bosphorus, NJW 2006, S. 192 ff.; die Parallele zur BVerfG-Rechtsprechung zum Grundrechtsschutz im Verhältnis zum EuGH herausarbeitend *Lavranos*, Das Solange-Prinzip im Verhältnis von EGMR und EuGH, EuR 2006, S. 79 ff.

- In Bezug auf sekundäres Unionsrecht (Verordnungen, Richtlinien, Beschlüsse; vgl. Art. 288 AEUV) prüft das *BVerfG* die Grundrechtskonformität von EU-Rechtsakten nicht (mehr), weil und solange das Unionsrecht generell einen dem Standard des Grundgesetzes im Wesentlichen vergleichbaren Grundrechtsschutz gewährleistet.[22]

Das Ergebnis der deutschen Verfassungsrechtsprechung ist hinsichtlich der Einwirkungen des Sekundärrechts auf Grundrechte – faktisch – eine „weitgehende bereichsspezifische Nichtgeltung der deutschen Grundrechte".[23] Dieses Resultat ist angesichts des ständig zunehmenden Sekundärrechts der Union bemerkenswert. Die Zurücknahme der innerstaatlichen Jurisdiktionsgewalt bewirkt prozessual in aller Regel die Unzulässigkeit von Verfassungsbeschwerden (Art. 93 Abs. 1 Nr. 4a GG) und Richtervorlagen (Art. 100 Abs. 1 GG) in Bezug auf sekundäres Unionsrecht.[24] Da ein generelles Absenken des europäischen Schutzniveaus unter den unabdingbar gebotenen Grundrechtsstandard nicht zu erwarten ist, gilt es als „unwahrscheinlich ..., dass diese Zulässigkeitshürde je genommen werden könnte".[25]

Mehr als eine bloße „Reservekompetenz" billigt sich das BVerfG vor dem skizzierten Hintergrund in Bezug auf nationale Umsetzungsakte von EU-Recht zu. Die Nichtanwendung der Jurisdiktionsgewalt gelte zwar auch für innerstaatliche Rechtsvorschriften, die zwingende Vorgaben einer Richtlinie in deutsches Recht umsetzten; habe der deutsche Gesetzgeber bei der Umsetzung von Unionsrecht jedoch Gestaltungsbefugnisse, sei der innerstaatliche Rechtsakt am Maßstab der Grundrechte des Grundgesetzes zu überprüfen.[26] Der Rechtsprechung des EuGH entspricht diese Judikatur nur bedingt; der Gerichtshof postuliert eine Bindung der Mitgliedstaaten an die Unionsgrundrechte auch dann, wenn sie bei der Umsetzung einer Richtlinie über einen „Ermessensspielraum" verfügen.[27] Mittlerweile ist diese Auffassung durch Art. 51 Abs. 1 GRCh gedeckt. Konsequenterweise müssten Gestaltungsoptionen bei der Richtlinienumsetzung zunächst auf ihre Unionsgrundrechtskonformität hin überprüft werden, bevor – dann eventuell noch verbleibende – Spielräume mit den Grundrechten des Grundgesetzes konfrontiert werden.

22 BVerfGE 73, 339 (387); 89, 155 (174 f.); 102, 147 (162 f.); 118, 79 (95 f.); 121, 1 (15); 125, 260 (306).

23 So *Augsberg* (Fn. 15), DÖV 2010, S. 153 (154).

24 BVerfGE 102, 147 (161); 125, 260 (306).

25 So *Voßkuhle*, Der europäische Verfassungsgerichtsverbund, NVwZ 2010, S. 1 (6).

26 BVerfGE 118, 79 (95, 98); 121, 1 (15); 125, 260 (306 f.).

27 EuGH, Rs. C-540/03 (Parlament/Rat), Slg. 2006, I-5769 Tz. 104 f. = NVwZ 2006, S. 1033.

3. Grundrechtsfunktionen

Um das Verhältnis zwischen Unionsgrundrechten und europäischem Sekundärrecht genauer bestimmen zu können, ist eine Rückbesinnung auf die Grundrechtsfunktionen hilfreich. Die Analyse zeigt, dass die Wirkungen der Grundrechte überwiegend vertrauten Grundrechtsdimensionen zugeordnet werden können:[28]

- Die *Abwehrfunktion* dominiert bei den „klassischen" Freiheitsgrundrechten (Art. 1 ff., zum Teil auch Art. 7 ff. GRCh); der Schutz des „status negativus" zielt auf ein Unterlassen der Grundrechtsverpflichteten.
- Die *Leistungsfunktion* der Grundrechte tritt in mehreren Varianten in Erscheinung; (derivative) Teilhaberechte (z. B. Art. 14 Abs. 1, 29, 42 GRCh) stehen neben originären Leistungsrechten (z. B. Art. 14 Abs. 2 GRCh), hinzu kommt – bedeutsam für das Sekundärrecht im Bereich des Zivilrechts – die Schutzpflichtendimension (z. B. Art. 24 Abs. 1 Satz 1, 46 GRCh, zudem ableitbar aus einer Vielzahl von Grundrechten).
- Prominent in der GR-Charta vertreten sind die *Gleichheitsrechte*, sie finden ihre Ausprägung im allgemeinen Gleichheitssatz (Art. 20 GRCh) und in besonderen Gleichheitssätzen (z. B. Art. 23 GRCh), vor allem jedoch in diversen Diskriminierungsverboten (Art. 21, 25, 26 GRCh).
- Schwer einzuordnen sind die *Unionsbürgerrechte* (Art. 39 ff. GRCh); sie schaffen zum Teil einen speziellen Rechtsstatus (status activus) der Bürger (mit unabsehbarem Entwicklungspotenzial für eine „innovationsfreudige" EuGH-Rechtsprechung), enthalten aber auch Leistungsrechte.
- Die *Verfahrensrechte* (Art. 41, 48 ff. GRCh) der GR-Charta sind vornehmlich auf spezifische Leistungsfunktionen, aber auch auf Abwehrfunktionen hin angelegt; eingeschlossen darin ist das Recht auf einen wirksamen Rechtsschutz durch unabhängige Gerichte (Art. 47 GRCh).

Vor diesem Hintergrund begegnet das europäische Sekundärrecht den Unionsgrundrechten in unterschiedlichen Funktionen. Um die beiden Extreme zu benennen: (a) Bei den Freiheitsgrundrechten wirkt das Sekundärrecht zumeist als (rechtfertigungsbedürftige und in der Regel rechtfertigungsfähige) Beschränkung; (b) demgegenüber können die sozialen Rechte kaum als eigenständige Leistungsrechte gedeutet werden, sondern sie sind auf Konkretisierungen (durch unionsrechtliche bzw. innerstaatliche Rechtsvor-

28 Näher dazu *Bergmann*, Neuerungen beim EU-Grundrechtsschutz, VBlBW 2011, S. 169 (170); *Ehlers*, Europäische Grundrechte (Fn. 14), § 14 Rn. 33 ff.; *Hatje*, in: Schwarze (Fn. 12), Art. 51 GRCh Rn. 21 ff.; *Jarass*, GRCh (Fn. 5), Art. 51 Rn. 46 ff.; *Kingreen*, in: Calliess/Ruffert (Fn. 10), Art. 51 GRCh Rn. 19 ff.

schriften) angewiesen[29] und machen dies durch die Rechtstexte vielfach unmissverständlich deutlich.[30]

II. Bestandsaufnahme: Verflechtungen zwischen Unionsgrundrechten und Sekundärrecht

1. Doppelung von Unionsgrundrechten und Abschichtung

Wenn nachfolgend der Blick vornehmlich auf neue (potenzielle) Konfliktlinien zwischen dem europäischen Grundrechtsschutz und dem nationalen Verfassungsrecht gerichtet wird, soll damit keine Schmälerung der Grundrechtsentwicklung durch die Europäische Union (und insbesondere den EuGH) verbunden sein. Von rechtswissenschaftlichem Interesse ist indes nicht so sehr die Analyse des Erreichten als vielmehr das Aufspüren neuer Fragestellungen und Herausforderungen.

a) Grundrechtsschutz durch GRCh und AEUV

Die Bestandsaufnahme zum Grundrechtsschutz durch das *primäre Unionsrecht* fördert zunächst zahlreiche Doppelungen auf Unionsebene zu Tage: Gewährleistungen der GR-Charta finden sich wortgleich oder doch sachidentisch ebenfalls im „normalen" Vertragsrecht. Das gilt z. B. für das Freizügigkeitsrecht der Unionsbürger (Art. 45 Abs. 1 GRCh/Art. 21 Abs. 1 AEUV), für das Verbot der Diskriminierung aus Gründen der Staatsangehörigkeit (Art. 21 Abs. 2 GRCh/Art. 18 Abs. 1 AEUV), für den Datenschutz (Art. 8 Abs. 1 GRCh/Art. 16 Abs. 1 AEUV), für das Recht auf Zugang zu amtlichen Dokumenten (Art. 42 GRCh/Art. 15 Abs. 3 UAbs. 1 AEUV), für das Kommunalwahlrecht der Unionsbürger (Art. 40 GRCh/Art. 22 Abs. 1 Satz 1 AEUV), für das Recht auf Anrufung des Europäischen Bürgerbeauftragten (Art. 43 GRCh/Art. 24 Abs. 3 AEUV) sowie für das Recht auf diplomatischen und konsularischen Schutz (Art. 46 GRCh/Art. 23 Abs. 1 AEUV).[31]

---

29 *Zuleeg/Kadelbach*, Individuelle Rechte und Pflichten, in: Schulze/Zuleeg/Kadelbach (Hrsg.), Europarecht – Handbuch für die deutsche Rechtspraxis, 2. Aufl. 2010, § 8 Rn. 35.

30 Vielfach sind Grundrechte nur nach Maßgabe des Unionsrechts (sowie einzelstaatlicher Rechtsvorschriften und Gepflogenheiten) gewährleistet; das gilt z. B. für Art. 27 GRCh (Recht auf Unterrichtung und Anhörung der Arbeitnehmer im Unternehmen), Art. 28 GRCh (Recht auf Kollektivverhandlungen und Kollektivmaßnahmen von Arbeitnehmern und Arbeitgebern), Art. 30 GRCh (Schutz der Arbeitnehmer vor ungerechtfertigter Entlassung), Art. 34 GRCh (soziale Sicherheit und soziale Unterstützung der Menschen). – Eine andere Regelungstechnik ist der Auftrag zur Sicherstellung von Grundrechtsgewährleistungen (durch Recht); Beispiele hierfür sind Art. 23 GRCh (Gleichheit von Frauen und Männern), Art. 35 Satz 2 GRCh (hohes Gesundheitsschutzniveau), Art. 37 GRCh (hohes Umweltschutzniveau), Art. 38 GRCh (hohes Verbraucherschutzniveau).

31 Weitere Beispiele zum doppelten Grundrechtsschutz durch GRCh und AEUV bei *Jarass*, GRCh (Fn. 5), Art. 52 Rn. 57; *Kingreen*, in: Calliess/Ruffert (Fn. 10), Art. 52 GRCh Rn. 12.

Dieses „Nebeneinander" könnte als „juristischer Schönheitsfehler" hingenommen werden, wenn es ohne Konsequenzen bliebe. Das ist jedoch nicht der Fall:

- Das bei Inkrafttreten der GR-Charta bereits existente *Sekundärrecht* muss nach seiner Fortexistenz befragt und ggf. zugeordnet werden (können).[32]
- Die GR-Charta normiert – anders als das sonstige EU-Vertragsrecht – einen *einheitlichen Gesetzesvorbehalt* für alle Charta-Grundrechte (Art. 52 Abs. 1 GRCh);[33] die Frage im konkreten Fall ist: Welche Schrankenregelung gilt?
- Nicht alle Bestimmungen der GR-Charta weisen echte „*Grundrechte*" aus, mitunter sind lediglich „*Grundsätze*" festgelegt (Art. 52 Abs. 5 Satz 1 GRCh);[34] deren Konkretisierungsbedürftigkeit durch Ausführungsbestimmungen (des sekundären Unionsrechts und des innerstaatlichen Rechts) liegt auf der Hand.[35]

b) Transferklausel der GRCh als Kollisionsregel

Die GR-Charta löst die textliche Doppelung von Unionsgrundrechten durch eine *Kollisionsregel*: Die Ausübung der durch die Charta anerkannten („echten" subjektiven) Rechte, die – auch – in den Verträgen geregelt sind, „erfolgt im Rahmen der dort festgelegten Bedingungen und Grenzen" (so Art. 52 Abs. 2 GRCh). Mit dieser „*Transferklausel*" werden bestimmte Gehalte der Verträge (EUV, AEUV) durch die GR-Charta rezipiert und für die Unionsgrundrechte für verbindlich erklärt. Dadurch sollen Widersprüche vermieden werden; in den Überschneidungsbereichen verlangt die

32 Vgl. dazu unten II. 2.

33 Einzelheiten dazu bei *B. Fassbender*, Der einheitliche Gesetzesvorbehalt der EU-Grundrechtecharta und seine Bedeutung für die deutsche Rechtsordnung, NVwZ 2010, S. 1049 ff.

34 Die Rechtslage insoweit ist unbefriedigend. Schon Art. 51 Abs. 1 Satz 2 GRCh unterscheidet „Rechte" und „Grundsätze", Art. 52 Abs. 5 GRCh greift die Differenzierung auf, ohne jedoch zu bestimmen, welche Charta-Rechte „echte" subjektive „Rechte" sind und welche lediglich als „Grundsätze" verstanden werden wollen. Die „Erläuterungen" (Fn. 11) nennen exemplarisch als *Grundsätze* Art. 25 GRCh (Rechte älterer Menschen), Art. 26 GRCh (Integration von Menschen mit Behinderung) und Art. 37 (Umweltschutz); einen Doppelcharakter – mit der Konsequenz einer weiteren Verschärfung der Rechtsprobleme – sollen z. B. Art. 23 GRCh (Gleichheit von Frauen und Männern), Art. 33 GRCh (Schutz des Familien- und Berufslebens) und Art. 34 GRCh (soziale Sicherheit und soziale Unterstützung) haben; kritisch dazu *Kingreen*, in: Calliess/Ruffert (Fn. 10), Art. 52 GRCh Rn. 17. – *Borowsky*, in: Meyer, GRCh (Fn. 10), Art. 52 Rn. 45, postuliert die Auslegungsregel „im Zweifel als Grundrecht"; dies entspreche der „Optimierung des subjektiven Rechtsschutzes".

35 Als weitere Konsequenz tritt Art. 52 Abs. 5 Satz 2 GRCh hinzu: „Grundsätze" der Charta können vor Gericht nur bei der Auslegung von Durchführungsakten des Unionsrechts und bei Entscheidungen über deren Rechtmäßigkeit herangezogen werden. Für eine weite Auslegung *Jarass*, GRCh (Fn. 5), Art. 52 Rn. 82.

„Transferklausel" eine vertragskonforme Auslegung der GR-Charta.[36] Das bezieht sich sowohl auf den Schutzbereich bestimmter Unionsgrundrechte als auch auf die Einschränkungsmöglichkeiten.[37]

Der EuGH hat in einer der ersten wichtigen Entscheidungen zum europäischen Grundrechtsschutz nach dem Inkrafttreten der GR-Charta die Kollisionsregel ignoriert: Maßstab für die Verwerfung der Veröffentlichung personenbezogener Daten der Empfänger von Agrarsubventionen[38] war Art. 8 GRCh, wohingegen der Datenschutz nach Art. 16 AEUV in der Entscheidung keine Erwähnung fand.[39] Befriedigend ist diese „Schmallippigkeit" des EuGH nicht, auch wenn – unabhängig von dem kritikwürdigen Ergebnis und der defizitären Entscheidungsbegründung – die Wahl des Rechtsregimes (GR-Charta oder AEUV) zutreffend sein mag.

2. Fortbestand des sekundären Unionsrechts

Die „Transferklausel" des Art. 52 Abs. 2 GRCh ist – unabhängig von ihrer Funktion auf primärrechtlicher Ebene – für das sekundäre Unionsrecht insoweit von fundamentaler Bedeutung, als sie dessen *Fortbestand* garantiert.[40] Denn die Rezeption auch der „Grenzen" von Unionsgrundrechten weist auf bestehende Schrankenregelungen und damit vor allem auch auf das europäische Sekundärrecht hin.

a) Sicherung des Rechtsbestands

Dieses Konzept erfüllt eine *rechtssichernde Funktion*. Der Rechtsbestand auf der sekundären Ebene (abgeleitetes Recht i. S. d. Art. 288 AEUV) wird gewahrt, von der GR-Charta sogar rezipiert, doppelte Standards im Bereich der textlichen Doppelung von Unionsgrundrechten werden auf der Ebene des Sekundärrechts vermieden.

---

36 *Jarass*, GRCh (Fn. 5), Art. 52 Rn. 58; weitergehend *Kingreen*, in: Calliess/Ruffert (Fn. 10), Art. 52 Rn. 11: umfassende Spezialität der Regelungen des EUV/AEUV gegenüber den Vorschriften der GR-Charta.

37 *Hatje*, in: Schwarze (Fn. 12), Art. 52 GRCh Rn. 12: „Bedingungen" i. S. d. Art. 52 Abs. 2 GRCh meinten die den Schutzbereich definierenden Regelungen, „Grenzen" bezögen sich auf die Schrankenbestimmungen.

38 EuGH, Rs. C-93/09 (Schecke), Slg. 2010, I-000 Tz. 47 ff. = EuZW 2010, S. 939 (m. Anm. *Guckelberger*) = JZ 2011, S. 201 (m. Anm. *Brink/Wolff*) = MMR 2011, S. 122 (m. Anm. *Hornung*); dazu Bespr. *Guckelberger*, Veröffentlichung der Leistungsempfänger von EU-Subventionen und unionsrechtlicher Datenschutz, EuZW 2011, S. 126 ff.; sehr kritisch zu der Entscheidung „Schecke" *Kühling/Klar*, Transparenz vs. Datenschutz – erste Gehversuche des EuGH bei der Anwendung der Grundrechtecharta, JURA 2011, S. 771 ff.

39 Der Grund hierfür mag – was der EuGH aber nicht einmal anspricht – darin liegen, dass Art. 8 Abs. 2 GRCh einen eigenständigen Vorbehalt kennt und damit lex specialis zu Art. 52 Abs. 1 GRCh (mit Folgewirkungen für Art. 52 Abs. 2 GRCh) sein könnte. Unberücksichtigt blieb in der EuGH-Entscheidung (Fn. 38) aber auch die Datenschutzrichtlinie; kritisch dazu *Guckelberger* (Fn. 38), EuZW 2011, S. 126 (128 f.).

40 *Borowsky*, in: Meyer, GRCh (Fn. 10), Art. 52 Rn. 26.

Diese Regelungsstrategie ist nicht nur von rechtsdogmatischem Interesse, sondern hat für die Rechtspraxis eine entlastende Wirkung. Einige konkrete Beispiele mögen den Befund verdeutlichen:

- Zum Schutz der *Freizügigkeit* und des *Aufenthaltsrechts* (Art. 45 GRCh/ Art. 21 AEUV) behält die Freizügigkeitsrichtlinie[41] ebenso ihre Bedeutung wie die Familienzusammenführungsrichtlinie.[42]
- Für das *Asylrecht* (Art. 18 GRCh/Art. 67 Abs. 2, 78 AEUV) gelten z. B. weiterhin die Aufnahmerichtlinie,[43] die Dublin-II-Verordnung[44] und die Asylverfahrensrichtlinie.[45]
- Im *Antidiskriminierungsrecht* (Art. 21 ff. GRCh/Art. 19 AEUV) finden auch künftig die Gleichbehandlungsrichtlinien[46] Anwendung.

Von mindestens ebenso großer praktischer Bedeutung wie im Bereich tradierter „echter" Grundrechte ist der Fortbestand des sekundären Unionsrechts auf anderen Politikfeldern. Stichwortartig erwähnt seien hier nur drei gesellschaftspolitisch besonders bedeutsame Sektoren: Titel IV der GR-Charta („Solidarität", also: soziale Grundrechte), Art. 37 (Umweltschutz) und Art. 38 GRCh (Verbraucherschutz). Der Unionsgesetzgeber wäre kaum in der Lage, auf derartigen „großflächigen" Rechtsgebieten die GR-Charta alsbald mit neuem Sekundärrecht zu „unterfüttern", um die Grundrechte der Charta praktisch „handhabbar" zu machen. In Bezug auf das sekundäre Unionsrecht kann demnach in der „Transferklausel" (Art. 52 Abs. 2 GRCh) eine willkommene „Klugheitsregel" gesehen werden.

b) Folgeprobleme: Anpassungsbedarf im Sekundärrecht

Die Rezeption des Sekundärrechts im Geltungsbereich der GR-Charta geht (weithin) bruchlos vonstatten, wo die Unionsgrundrechte der Verträge einerseits und der Charta andererseits in ihrem normativen Gehalt (Inhalt,

---

41 RL 2004/38/EG des Europäischen Parlaments und des Rates vom 29. 4. 2004 über das Recht der Unionsbürger und ihrer Familienangehörigen, sich im Hoheitsgebiet der Mitgliedstaaten frei zu bewegen und aufzuhalten, ABlEU Nr. L 158/77, ber. Fassung ABlEU Nr. L 229/35.

42 RL 2003/86/EG des Rates vom 22. 9. 2003 betreffend das Recht auf Familienzusammenführung, ABlEU Nr. L 251/12.

43 RL 2003/9/EG des Rates vom 27. 1. 2003 zur Festlegung von Mindestnormen für die Aufnahme von Asylbewerbern in den Mitgliedstaaten, ABlEU Nr. L 31/18.

44 VO 343/2003/EG des Rates vom 18. 2. 2003 zur Festlegung der Kriterien und Verfahren zur Bestimmung des Mitgliedstaats, der für die Prüfung eines von einem Drittstaatsangehörigen in einem Mitgliedstaat gestellten Asylantrags zuständig ist, ABlEU Nr. L 50/1.

45 RL 2005/85/EG des Rates vom 1. 12. 2005 über Mindestnormen für Verfahren in den Mitgliedstaaten zur Zuerkennung und Aberkennung der Flüchtlingseigenschaft, ABlEU Nr. L 326/13, ber. Fassung ABlEU 2006 Nr. L 236/35.

46 RL 2000/43/EG des Rates vom 29. 6. 2000 zur Anwendung des Gleichbehandlungsgrundsatzes ohne Unterschied der Rasse oder der ethnischen Herkunft, ABlEG Nr. L 180/22; RL 2000/78/EG des Rates vom 27. 11. 2000 zur Festlegung eines allgemeinen Rahmens für die Verwirklichung der Gleichbehandlung in Beschäftigung und Beruf, ABlEG Nr. L 303/16.

Anwendungsbereich, Schranken etc.) übereinstimmen. Dies kann aber nicht ohne Einzelprüfung einfach vorausgesetzt werden. Drei Beispiele, die den Anpassungsbedarf verdeutlichen, seien erwähnt:

- *Anwendungsbreite*: Das Recht auf Zugang zu amtlichen Dokumenten besteht nach den Unionsgrundrechten (Art. 42 GRCh/Art. 15 Abs. 3 UAbs. 1 AEUV) gegenüber allen Organen, Einrichtungen und sonstigen Stellen der Union.[47] Demgegenüber erklärt die sog. Transparenzverordnung (von 2001)[48] lediglich das Europäische Parlament, den Rat und die Kommission für informationspflichtig (Art. 2 Abs. 1 i. V. m. Art. 1 lit. a VO 1049/2001/EG). Der Anpassungsbedarf für das Sekundärrecht ist offensichtlich. Einstweilen wird man den Konflikt mit einer primärrechtskonformen Auslegung der Verordnung lösen können. In anderen Fällen, in denen eine derartige methodische Vorgehensweise ausscheidet, führt der Vorrang des Primärrechts zur Nichtigkeit des Sekundärrechts.[49]
- *Geltungserstreckung*: Im Datenschutzrecht sind die wichtigsten Richtlinien[50] auf die Rechtsangleichungskompetenzen der Gemeinschaft nach dem (alten) EG-Vertrag gestützt worden. Nach der Aufgabe der vormaligen Säulenstruktur des EU-Rechts ist der unionale Datenschutz grundrechtlich (Art. 8 Abs. 1 GRCh/Art. 16 Abs. 1 AEUV) nicht länger auf den Binnenmarkt verengt. Dasselbe gilt in Bezug auf die Datenschutzverordnung[51] für das EU-Eigenverwaltungsrecht. Da eine gleichsam automatische Ausweitung des Sekundärrechts auf die frühere zweite und dritte

47 Ausführlich dazu *Schoch*, Der Zugang zu amtlichen Dokumenten nach Europarecht, in: Dix/Franßen/Kloepfer/Schaar/Schoch und Deutsche Gesellschaft für Informationsfreiheit (Hrsg.), Informationsfreiheit und Informationsrecht, Jahrbuch 2011, 2012, S. 23 ff.

48 VO 1049/2001/EG des Europäischen Parlaments und des Rates vom 30. 5. 2001 über den Zugang der Öffentlichkeit zu Dokumenten des Europäischen Parlaments, des Rates und der Kommission, ABlEG Nr. L 145/43.

49 Vgl. dazu unten III. 1.

50 RL 95/46/EG des Europäischen Parlaments und des Rates vom 24. 10. 1995 zum Schutz natürlicher Personen bei der Verarbeitung personenbezogener Daten und zum freien Datenverkehr, ABlEG Nr. L 281/31; RL 2002/58/EG des Europäischen Parlaments und des Rates vom 12. 7. 2002 über die Verarbeitung personenbezogener Daten und den Schutz der Privatsphäre in der elektronischen Kommunikation (Datenschutzrichtlinie für elektronische Kommunikation), ABlEG Nr. L 201/37, i. d. Fassung der RL 2009/16/EG des Europäischen Parlaments und des Rates vom 25. 11. 2009, ABlEU Nr. L 337/11; RL 2006/24/EG des Europäischen Parlaments und des Rates vom 15. 3. 2006 über die Vorratsdatenspeicherung von Daten, die bei der Bereitstellung öffentlich zugänglicher elektronischer Kommunikationsdienste oder öffentlicher Kommunikationsnetze erzeugt oder verarbeitet werden, und zur Änderung der Richtlinie 2002/58/EG, ABlEU Nr. L 105/54.

51 VO 45/2001/EG des Europäischen Parlaments und des Rates vom 18. 12. 2000 zum Schutz natürlicher Personen bei der Verarbeitung personenbezogener Daten durch die Organe und Einrichtungen der Gemeinschaft und zum freien Datenverkehr, ABlEG vom 12. 1. 2001 Nr. L 8/1.

Säule nicht stattfindet, müssen die neuen Kompetenzzuweisungen rechtspolitisch genutzt werden, um das europäische Datenschutzrecht zu komplettieren.[52]

- *Schrankendivergenz*: Die Rechtstexte zum Grundrecht auf Datenschutz weisen unterschiedliche Schrankenregelungen auf (Art. 8 Abs. 2 Satz 1 GRCh/Art. 16 Abs. 2 UAbs. 1 AEUV). Harmonisierungsbedarf besteht damit schon auf der Ebene des Primärrechts. Zum Sekundärrecht ist z. B. zu klären, ob die bestehende Datenschutzrichtlinie den Anforderungen des speziellen Schrankenvorbehalts (Art. 8 Abs. 2 Satz 1 GRCh)[53] genügt[54] oder ob dies nicht der Fall ist.[55]

Diese Beispiele beschreiben Folgeprobleme des fortbestehenden Sekundärrechts, die mit dem notwendigen interpretatorischen und rechtspolitischen Aufwand lösbar sein sollten und zu konsensfähigen Ergebnissen führen könnten. Weitaus schwieriger zu fassen ist der im Schrifttum prognostizierte *Funktionswandel* sekundärrechtlicher Vorschriften, die vor der Einführung bestimmter Unionsgrundrechte in Kraft gesetzt worden sind; als Beispiel hierfür wird die Einführung der Unionsbürgerschaft zur Ermöglichung der Freizügigkeit genannt.[56] Die (Rechtsprechungs-)Entwicklung in diesem Bereich ist kaum abzuschätzen, da die Judikatur des EuGH eine konsistente Linie noch nicht gefunden hat. Einerseits soll die Unionsbürgerschaft nicht zur Legalisierung des Aufenthalts des drittstaatsangehörigen Ehegatten führen können;[57] sekundärrechtlich ging es in dem betreffenden Fall um die Freizügigkeitsrichtlinie.[58] Andererseits soll die Unionsbürgerschaft trotz der Vorgaben dieser Richtlinie einen Anspruch auf Aufenthalt und Arbeitserlaubnis für einen Drittstaatsangehörigen im Mitgliedstaat seiner Kinder gewähren.[59] Zum dritten soll das Freizügigkeitsrecht (und damit auch die Richtlinie) von anderen Grundrechten überlagert sein.[60] Der Klärungsbedarf in diesem Bereich ist immens und nimmt stetig zu.

---

52 *Spiecker/Eisenbarth*, Kommt das „Volkszählungsurteil" nun durch den EuGH? – Der Europäische Datenschutz nach Inkrafttreten des Vertrags von Lissabon, JZ 2011, S. 169 (173), unter Hinweis auf erste Überlegungen der EU-Kommission.

53 Dies besonders betonend *Kingreen*, in: Calliess/Ruffert (Fn. 10), Art. 16 AEUV Rn. 3 und Art. 8 GRCh Rn. 3.

54 So *Bernsdorff*, in: Meyer, GRCh (Fn. 10), Art. 8 Rn. 17.

55 In diesem Sinne *Jarass*, GRCh (Fn. 5), Art. 8 Rn. 11.

56 *Mayer*, in: Grabitz/Hilf/Nettesheim (Fn. 5), nach Art. 6 EUV Rn. 354.

57 EuGH, Rs. C-434/09 (McCarthy), NVwZ 2011, S. 867 Tz. 46 ff.

58 Vgl. dazu Nachw. oben Fn. 41.

59 EuGH, Rs. C-34/09 (Ruiz Zambrano), NVwZ 2011, S. 545 Tz. 40 ff. – Näher zu dieser Entscheidung unten II. 3. b).

60 EuGH, Rs. C-145/09 (Tsakouridis), NVwZ 2011, S. 221 Tz. 52: Beachtung des Art. 7 GRCh (Achtung des Privat- und Familienlebens) bei der Ausweisung eines Unionsbürgers, der bandenmäßigen Handel mit Betäubungsmitteln betrieben hat.

3. Durchgriff auf das Primärrecht und Ignorierung des Sekundärrechts

Die Bestandsaufnahme wäre unvollständig, blieben Fallgestaltungen unerwähnt, die die Verflechtung zwischen Unionsgrundrechten und Sekundärrecht als ein eher prekäres Verhältnis ausweisen. Anschauungsmaterial bieten das Antidiskriminierungsrecht und das Aufenthaltsrecht. Bemerkenswert dazu ist der besondere Nachdruck, mit dem der EuGH die Durchsetzung des primären Unionsrechts vorantreibt.

a) Divergenz des Anwendungsbereichs von Primär- und Sekundärrecht

In einem Fall, der das Namensrecht betraf, hat der Gerichtshof die RL 2000/43/EG (Gleichbehandlung ohne Unterschied der Rasse oder der ethnischen Herkunft) bezüglich einer innerstaatlichen Regelung für unanwendbar erklärt, derzufolge Vor- und Nachnamen einer ausländischen Person in Personenstandsurkunden dieses Staates nur in eine den Schreibregeln der offiziellen Landessprache entsprechende Form umgeschrieben werden dürfen.[61] Der EuGH griff indessen auf das primäre Unionsrecht zurück, sah in der nationalen Regelung eine Beeinträchtigung der *Freizügigkeit* (Art. 21 AEUV) und eine *Diskriminierung* auf Grund der Staatsangehörigkeit (Art. 18 AEUV), die rechtfertigungsbedürftig sei.[62] Interessanterweise fungierte die GR-Charta nicht als zusätzliches „Freiheitsversprechen", sondern als legitimierende Schrankenregelung,[63] die jedoch mit einer anderen Charta-Vorschrift[64] konfrontiert wurde, sodass dem vorlegenden Gericht im Vorabentscheidungsverfahren aufgegeben wurde, im Rahmen der Verhältnismäßigkeitsprüfung das angemessene Gleichgewicht zwischen den zu berücksichtigenden Belangen zu ermitteln.[65]

Rechtsdogmatisch und methodisch kann dieses Vorgehen dadurch erklärt werden, dass das Sekundärrecht zur Antidiskriminierung hinter dem Anwendungsbereich des primären EU-Antidiskriminierungsrechts zurückgeblieben ist, sodass die Rechtsprechung gar keine andere Wahl hat,

61 EuGH, Rs. C-391/09 (Vardyn und Wardyn), BeckRS 2011, 80519 Tz. 39 ff., 48.

62 Ebenso zuvor bereits in einer ähnlichen Fallgestaltung EuGH, Rs. C-353/06 (Grunkin und Paul), Slg. 2008, I-7639 Tz. 21 ff. = JZ 2009, S. 151 (m. krit. Anm. *Kroll-Ludwigs*); dazu *Kubicki*, Kurze Nachlese zur Rechtssache Grunkin-Paul – Art. 18 EG und die Rechtsfolgen eines Verstoßes, EuZW 2009, S. 366 ff.

63 Der EuGH (Fn. 127, Tz. 86 f.) entnimmt Art. 22 GRCh („Die Union achtet die Vielfalt der Kulturen, Religionen und Sprachen.") das legitime Ziel, die offizielle Landessprache dadurch zu schützen, dass die für diese Sprache geltenden Schreibregeln vorgeschrieben werden.

64 Der EuGH (Fn. 127, Tz. 89) verweist auf Art. 7 GRCh („Jede Person hat das Recht auf Achtung ihres Privat- und Familienlebens ..."); der Nachname einer Person sei Teil ihrer Identität und ihres Privatlebens.

65 EuGH (Fn. 127), Tz. 91 und (zum konkreten Fall) Tz. 92.

als auf das Primärrecht zurückzugreifen. Für das sekundäre Unionsrecht könnte in diesem Punkt wegen seines zu schmalen Anwendungsbereichs ein Anpassungsbedarf an das Primärrecht diagnostiziert werden.

b) Unionsbürgerstatus als „Speicher" von Rechten

In einem im März 2011 entschiedenen Fall ging es um das *Aufenthaltsrecht* (sowie eine Arbeitserlaubnis) von Drittstaatsangehörigen (aus Kolumbien), die sich in Belgien illegal aufhielten. Ihre in Belgien geborenen Kinder erwarben nach dortigem Recht – zwecks Vermeidung von Staatenlosigkeit – (automatisch) die belgische Staatsangehörigkeit, nachdem die kolumbianischen Eltern es (offenbar bewusst) versäumt hatten, die kolumbianische Staatsangehörigkeit für ihre Kinder bei der Botschaft Kolumbiens in Belgien zu beantragen. Um ein Aufenthaltsrecht in Belgien hatten sich die Eltern mehrmals erfolglos bemüht.

Das Aufenthaltsrecht im Hoheitsgebiet der Mitgliedstaaten steht nach den Unionsgrundrechten jedem Unionsbürger zu (Art. 45 Abs. 1 GRCh/ Art. 21 Abs. 1 AEUV). Zugleich ist bestimmt, dass dieses Recht nur „vorbehaltlich der in den Verträgen und in den Durchführungsvorschriften vorgesehenen Beschränkungen und Bedingungen" besteht (Art. 21 Abs. 1 AEUV). Das gilt nach der GR-Charta ausdrücklich auch für Staatsangehörige von Drittländern, die sich *rechtmäßig* im Hoheitsgebiet eines Mitgliedstaates aufhalten (Art. 45 Abs. 2 GRCh). Vor diesem Hintergrund erkannte der EuGH in dem erwähnten Fall, dass den kolumbianischen Antragstellern des Ausgangsverfahrens nach dem geltenden Sekundärrecht (RL 2004/38/EG) ein Aufenthaltsrecht nicht zustand.[66]

Der Gerichtshof griff indes auf die Unionsbürgerschaft (Art. 20 AEUV) der Kinder zurück, erklärte diese (in Anknüpfung an frühere Entscheidungen) zu einem *„Unionsbürgerstatus"* und postulierte, „dass den Unionsbürgern der tatsächliche Genuss des Kernbestands der Rechte, die ihnen der Unionsbürgerstatus verleiht, [nicht] verwehrt wird".[67] Schon früher hatte der Gerichtshof die *Unionsbürgerschaft* interpretatorisch genutzt, um z. B. die Gleichbehandlung von Unionsbürgern bei Sozialleistungen zu propagieren,[68] das Aufenthaltsrecht von Familienangehörigen eines Unionsbürgers zu erweitern[69] oder die Rücknahme einer von einem Unionsbürger erschlichenen Staatsangehörigkeit eines anderen EU-Mitgliedstaates dem

66 EuGH, Rs. C-34/09 (Ruiz Zambrano), NVwZ 2011, S. 545 Tz. 39.

67 EuGH (Fn. 166), Tz. 42.

68 EuGH, Rs. C-184/99 (Grzelczyk), Slg. 2001, I-6193 Tz. 31 ff. = EuZW 2002, S. 52 (m. Anm. *Obwexer*, ferner Bespr. *Höfler*, NVwZ 2002, S. 1206) = JZ 2002, S. 349 (m. Anm. *Rossi*); EuGH, Rs. C-224/98 (D'Hoop), Slg. 2002, I-6191 Tz. 27 ff. = EuZW 2002, S. 635 (m. Anm. *Bode*).

69 EuGH, Rs. C-413/99 (Baumbast), Slg. 2002, I-7091 Tz. 82 ff. = EuZW 2002, S. 761 (m. Anm. *Bode*) = NJW 2002, S. 3610. – Demgegenüber hat EuGH, Rs. C-127/08 (Metock), Slg. 2008, I-6257 = NVwZ 2008, S. 1097 das Aufenthaltsrecht für den Ehegatten eines EU-Bürgers auf eine extensive Deutung der RL 2004/38/EG gestützt.

Verhältnismäßigkeitsgebot zu unterwerfen.[70] Nun behauptet der EuGH, der „Unionsbürgerstatus" der Kinder begründe ein Aufenthaltsrecht der Eltern und gewähre (dem Vater) einen Anspruch auf eine Arbeitserlaubnis.[71]

Die ausländerrechtlichen Folgen dieser Entscheidung sind nur schwer abschätzbar.[72] Unter grundrechtlichen Vorzeichen sind drei Punkte bemerkenswert: (1) Die Geltung von Unionsbürgerrechten wird ohne grenzüberschreitenden Bezug anerkannt, d. h. auf reine Inlandssachverhalte erstreckt; (2) der im Primärrecht ausdrücklich verankerte Vorbehalt zugunsten des Sekundärrechts wird vom EuGH ignoriert; (3) obwohl es eine originäre Unionsbürgerschaft nicht gibt, sondern das Primärrecht lediglich die Akzessorietät von Unionsbürgerschaft und nationaler Staatsbürgerschaft vorsieht (Art. 20 Abs. 1 AEUV), behauptet der Gerichtshof die Verselbstständigung zu einem „Unionsbürgerstatus" mit unitarisierender Wirkung europäischer Bürgerrechte.[73] Mit diesem „Status" dürfte gleichsam ein „Speicher" geschaffen sein, der – unabhängig von sekundärem Unionsrecht – unendlich viele Deduktionen für die Kreierung einzelner subjektiver Rechte ermöglicht.

III. Funktionen des Sekundärrechts im Rahmen des Grundrechtsschutzes

Betrachtet man das Sekundärrecht in einer *instrumentellen Perspektive*, kann es in verschiedenen Funktionen in den Dienst der Unionsgrundrechte gestellt werden. Der EuGH spricht – am Beispiel der Freizügigkeitsrichtlinie (RL 2004/38/EG) – davon, dass das sekundäre Recht die Ausübung des Primärrechts erleichtern und insbesondere verstärken solle.[74] Damit ist sicherlich ein wichtiger Aspekt benannt. Die genaue Analyse zeigt jedoch, dass das Sekundärrecht „multifunktional" mit den Unionsgrundrechten verwoben ist. Idealtypisch seien – ohne Anspruch auf Vollständigkeit (und gewisse Überschneidungen außer Betracht lassend) – fünf Funktionen hervorgehoben.

70 EuGH, Rs. C-135/08 (Rottmann), Slg. 2010, I-1449 Tz. 55 ff., NVwZ 2010, S. 509; dazu krit. Bespr. *Kahl*, Unionsbürgerstatus und nationale Staatsangehörigkeit – Souveränität unter unionsrechtlichem Vorbehalt?, JURA 2011, S. 364 ff.

71 EuGH, Rs. C-34/09 (Ruiz Zambrano), NVwZ 2011, S. 545 Tz. 44. – Der Fall mag auf Grund der Sachverhaltskonstellation als „atypisch" eingestuft werden. Gleichwohl bleibt die Frage, warum sich der EuGH nicht mit der Verhängung z. B. eines Ausweisungs- bzw. Abschiebungsverbots begnügt hat.

72 Dazu *B. Huber*, Die ausländerrechtlichen Folgen des EuGH-Urteils Zambrano, NVwZ 2011, S. 856 ff. – Restriktiv OVG NW, NVwZ 2011, S. 955.

73 Heftige Kritik an der Entscheidung des EuGH (Fn. 71) üben *Hailbronner/Thym*, Ruiz Zambrano – Die Entdeckung des Kernbereichs der Unionsbürgerschaft, NJW 2011, S. 2008 ff.

74 EuGH, Rs. C-145/09 (Tsakouridis), NVwZ 2011, S. 221 Tz. 23; EuGH, Rs. C-434 (McCarthy), NVwZ 2011, S. 867 Tz. 28.

1. Schrankenziehung von Grundrechten

Die verbreitete Begeisterung über den Ausbau des EU-Grundrechtsschutzes sollte nicht vergessen lassen, dass das sekundäre Recht vielfach *Beschränkungen* grundrechtlicher Betätigung vornimmt oder erlaubt. Es fungiert gleichsam als Ausübung eines Gesetzesvorbehalts,[75] wie dies aus dem nationalen Verfassungsrecht vertraut ist. In dieser Konstellation führt die Missachtung von Unionsgrundrechten zur Nichtigkeit des Sekundärrechts. Dazu bietet die jüngere Rechtsprechungspraxis interessante Beispiele:

- Die Verordnungsbestimmung zur *Veröffentlichung von Agrarbeihilfen* wurde wegen Verstoßes gegen das Datenschutzgrundrecht (Art. 8 GRCh) für ungültig erklärt, soweit die Publikation personenbezogener Daten vorgesehen war.[76]
- Wegen Missachtung des Grundsatzes der Gleichbehandlung von Frauen und Männern (Art. 21 und 23 GRCh) sind *geschlechtsspezifische Versicherungstarife* für unzulässig und Art. 5 Abs. 2 RL 2004/113/EG (Verwirklichung des Grundsatzes der Gleichbehandlung von Männern und Frauen beim Zugang zu und bei der Versorgung mit Gütern und Dienstleistungen) für ungültig (ab 21. 12. 2012) erklärt worden.[77]
- In diesen Zusammenhang gehört auch die Nichtigerklärung der VO 881/2002/EG zur Umsetzung der *smart sanctions* des UN-Sicherheitsrats; der Gerichtshof berief sich ausdrücklich auf die – seinerzeit noch nicht in Kraft befindliche – GR-Charta, und zwar in Bezug auf die Gewährung effektiven gerichtlichen Rechtsschutzes (Art. 47 GRCh), während zum Eigentumsschutz die EMRK herangezogen wurde.[78]

Die Maßstabsfunktion der Unionsgrundrechte ist auch dort von Bedeutung, wo die Gültigkeit sekundären Rechts bestätigt wird. Ein aktuelles Beispiel hierfür ist die Verordnung zur elterlichen Sorge.[79] Diese Verordnung wurde als vereinbar mit dem Recht auf Achtung des Privat- und Familienlebens (Art. 7 GRCh) und der Rechte des Kindes (Art. 24 GRCh) erachtet, selbst

---

75 Vgl. z. B. für den Datenschutz Art. 8 Abs. 2 GRCh, für den Zugang zu amtlichen Dokumenten Art. 15 Abs. 3 UAbs. 2 AEUV, für Freizügigkeit und Aufenthalt Art. 21 AEUV, für das Kommunalwahlrecht Art. 22 Abs. 1 Satz 2 AEUV.

76 Vgl. Nachw. oben Fn. 38.

77 EuGH, Rs. C-236/09 (Test-Achats), JZ 2011, 732 (m. Anm. *Kroll-Ludwigs*) Tz. 30 ff.; dazu *Lüttringhaus*, Europaweit Unisex-Tarife für Versicherungen!, EuZW 2011, S. 296 ff.; *Kahler*, Unisextarife im Versicherungswesen – Grundrechtsprüfung durch den EuGH, NJW 2011, S. 894 ff.

78 EuGH, Rs. C-402/05 P und C-415/05 P (Kadi), Slg. 2008, I-6351 Tz. 335 und Tz. 354 ff., EuGRZ 2008, 480; dazu *Ohler*, Gemeinschaftsrechtlicher Rechtsschutz gegen personengerichtete Sanktionen des UN-Sicherheitsrats, EuZW 2008, S. 630 ff.; *Sauer*, Rechtsschutz gegen völkerrechtsdeterminiertes Gemeinschaftsrecht?, NJW 2008, S. 3685 ff.

79 VO 2201/2003/EG des Rates vom 27. 11. 2003 über die Zuständigkeit und die Anerkennung von Entscheidungen in Ehesachen und in Verfahren betreffend die elterliche Verantwortung, ABlEG Nr. L 338/1.

wenn der leibliche Vater eines Kindes das Sorgerecht für sein Kind nur durch Vereinbarung mit der Mutter des Kindes oder auf Grund gerichtlicher Entscheidungen erlangen kann.[80]

Grundrechtsdogmatisch werfen derartige Fallgestaltungen keine Besonderheiten auf. In der Sache geht es um eine Normenkontrolle, wie sie auch dem innerstaatlichen Recht geläufig ist.

2. Durchsetzung von Grundrechten

Die Durchsetzung von Unionsgrundrechten durch sekundäres Recht ist insbesondere in der *Leistungsdimension* und in der *Schutzpflichtendimension* der Grundrechte sowie im Bereich der *Diskriminierungsverbote* angezeigt. Jedenfalls bestimmte Leistungen und bestimmte Schutzmaßnahmen können aus strukturellen Gründen – da es fast stets valide Alternativen zu einer bestimmten Maßnahme oder auch Gegenrechte zu dem Begehrten gibt – kaum unmittelbar auf Unionsgrundrechte gestützt werden. Die Nützlichkeit des Sekundärrechts mögen drei Beispiele verdeutlichen:

- Im *Informationsfreiheitsrecht* (Art. 42 GRCh) konnte der beantragte Zugang zu Gutachten des Juristischen Dienstes der EU-Kommission nach Maßgabe der sog. Transparenzverordnung[81] durchgesetzt werden; der EuGH erkannte, dass die von der Kommission geltend gemachte Ausnahme (Art. 4 Abs. 2 VO 1049/2001/EG) nicht greift.[82]
- Im *Datenschutzrecht* (Art. 8 GRCh) forderte der EuGH die Unabhängigkeit der Datenschutzbeauftragten gegenüber dem Staat („Weisungsfreiheit") bei der Überwachung der Verarbeitung personenbezogener Daten im nichtöffentlichen Bereich auf Grund der Datenschutzrichtlinie[83] ein;[84] materielle Basis der (in der Sache nicht unumstrittenen) Entscheidung war die Gewährleistung eines hohen Niveaus an Grundrechtsschutz.[85]

---

80 EuGH, Rs. C-400/10 (McB.), JZ 2011, S. 145 (m. Anm. *Thym*) Tz. 50 ff.

81 Vgl. dazu Nachw. oben Fn. 48.

82 EuGH, Rs. C-506/08 P (MyTravel), EuZW 2012, S. 22 Tz. 111 ff. – Zuvor bereits in diesem Sinne EuGH, Rs. C-39/05 P (Turco), Slg. 2008, I-4723 Tz. 35 ff., 58 ff. = EuZW 2008, S. 507.

83 Vgl. dazu Nachw. oben Fn. 50.

84 Mittlerweile verlangt Art. 8 Abs. 3 GRCh, dass eine unabhängige Stelle im Datenschutzrecht besteht.

85 EuGH, Rs. C-518/07 (Kommission/Deutschland), Slg. 2010, I-1885 Tz. 22 ff. = EuZW 2010, S. 296 (m. Anm. *Roßnagel*) = MMR 2010, S. 352 (m. Anm. *Petri/Tinnefeld*) = JZ 2010, S. 784 (m. Anm. *Spiecker*); dazu *Bull*, Die „völlig unabhängige" Aufsichtsbehörde, EuZW 2010, S. 488 ff.; *Schild*, Die völlige Unabhängigkeit der Aufsichtsbehörden aus europarechtlicher Sicht, DuD 2010, S. 549 ff.; *Frenzel*, „Völlige Unabhängigkeit" im demokratischen Rechtsstaat, DÖV 2010, S. 925 ff.

- Im *europäischen Fahrerlaubnisrecht* hat der EuGH seine vormalige (skandalöse, da realitätsferne) Rechtsprechung[86] schrittweise gelockert,[87] sodass innerstaatliche Behörden nicht länger automatisch ausländische Führerscheindokumente als Beleg für die ordnungsgemäße Erteilung der Fahrerlaubnis anerkennen müssen;[88] die deutsche Rechtsprechung rezipiert zwar die grundrechtlich geschützte EU-Freizügigkeit (Art. 45 GRCh), sieht jedoch in der „Führerschein-Richtlinie"[89] zugleich die Umsetzung eines Schutzauftrags der GR-Charta bezüglich des Rechts auf Leben (Art. 2 Abs. 1 GRCh) und des Rechts auf körperliche Unversehrtheit (Art. 3 Abs. 1 GRCh), sodass dem „Führerscheintourismus" (durch Art. 11 Abs. 4 RL 2006/126/EG) wirksam begegnet werden könne.[90]

Dass das europäische Sekundärrecht zur Durchsetzung von *Diskriminierungsverboten* äußerst hilfreich ist, bedarf keiner Begründung. In Erinnerung zu rufen ist aber auch, dass der EuGH bei Fehlen entsprechender Richtlinien ein primärrechtlich verankertes Diskriminierungsverbot notfalls richterrechtlich durchzusetzen versteht.[91]

3. Ausgestaltung von Grundrechten und Ausgleich von Grundrechtskollisionen

Als (beinahe) unerlässlich kann das sekundäre Unionsrecht angesehen werden, wenn grundrechtlich Statusrechte, Bürgerrechte des status activus, soziale Grundrechte oder gar nur Grundsätze normiert werden; der *Ausgestaltungsbedarf* für die Handhabbarkeit der Grundrechte ist beträchtlich. Bei *Grundrechtskollisionen* könnte das Sekundärrecht eine Ausgleichs- und Schlichtungsfunktion übernehmen.

- *Soziale Rechte* werden in der GR-Charta vielfach nach Maßgabe des Unionsrechts und der einzelstaatlichen Rechtsvorschriften und Gepflogenheiten gewährt.[92] Mitunter zieht sich das Unionsrecht zurück und verweist für die Ausübung von Grundrechten auf Regelungen des inner-

---

86 Vgl. etwa EuGH, Rs. C-476/01 (Kapper), Slg. 2004, I-5205, NJW 2004, S. 1725; EuGH, Rs. C-227/05 (Halbritter), Slg. 2006, I-49, EuZW 2006, S. 412 = NJW 2006, S. 2137; EuGH, Rs. C-340/05 (Kremer), Slg. 2006, I-98, NJW 2007, S. 1863.

87 Vgl. z. B. EuGH, Rs. C-225/07 (Möginger), Slg. 2008, I-103, NJW 2009, S. 207; EuGH, Rs. C-1/07 (Weber), Slg. 2008, I-8583, NJW 2008, 3767.

88 Zur Rechtsprechungsentwicklung *Dauer*, Ablehnung der Anerkennung ausländischer EU/EWR-Fahrerlaubnisse nur bei vorheriger Entziehung der Fahrerlaubnis?, NJW 2010, S. 2758 ff.

89 RL 2006/126/EG des Europäischen Parlaments und des Rates vom 20. 12. 2006 über den Führerschein, ABlEU Nr. L 403/18.

90 BayVGH, NJW 2011, S. 1380 (1384 f.).

91 Vgl. dazu oben II. 3. a).

92 Einzelbeispiele dazu oben Fn. 30.

staatlichen Rechts; das gilt für etliche Freiheitsrechte in Bereichen fehlender EU-Rechtsetzungskompetenz.[93]
- Soweit eine Bestimmung der GR-Charta als „*Grundsatz*" zu qualifizieren ist, besteht ohnehin ein „Förderauftrag" (Art. 51 Abs. 1 Satz 2 GRCh). Soweit die Union eine Kompetenz hat und, wie z. B. beim Verbraucherschutz (Art. 38 GRCh), eine Querschnittsklausel (Art. 12 AEUV) hinzutritt, sollte das Entwicklungspotenzial für den Erlass von Sekundärrecht nicht unterschätzt werden.[94] Eingeschlossen darin ist die horizontale Wirkung z. B. verbraucherschützender Richtlinien.[95]
- Der Fall einer *Grundrechtskollision* ist auch für das EU-Recht nichts Ungewöhnliches. Sind Sekundärrechtsakte, die der Durchsetzung des jeweiligen Grundrechts dienen, nicht (richtig) aufeinander abgestimmt, kann es zu Schwierigkeiten bei der Rechtsanwendung kommen. Beim Antrag auf Zugang zu amtlichen Dokumenten der EU-Kommission, die ein Protokoll über das Treffen von EU-Beamten, Vertretern der britischen Regierung und einer Lobbyorganisation betrafen, hat sich der EuGH unlängst eine Fehlentscheidung geleistet: Der uneingeschränkte Zugang zu jenem Protokoll auf Grund der Transparenzverordnung sei zwingend ausgeschlossen, weil die Preisgabe personenbezogener Daten (Namen der Teilnehmer des Treffens) bei fehlender Einwilligung der Betroffenen nach der EU-Datenschutzverordnung unzulässig sei;[96] der Gerichtshof sucht keine praktische Konkordanz zwischen dem Grundrecht auf Informationsfreiheit (Art. 42 GRCh) und dem Grundrecht auf Datenschutz (Art. 8 GRCh) und er übersieht, dass Ausschlussgrund für den beantragten Dokumentenzugang nach der einschlägigen Verordnung „der Schutz der Privatsphäre und der Integrität des Einzelnen" ist (Art. 4 Abs. 1 lit. b VO 1049/2001/EG)[97] und nicht etwa der Schutz personenbezogener Daten.[98]

Die Konstellationen der Grundrechtsausgestaltung und der Kollisionsregelung beim Grundrechtsschutz zählen sicherlich zu „offenen Feldern" im

93 Beispiele: Art. 9 GRCh (Recht, eine Ehe einzugehen und eine Familie zu gründen); Art. 10 Abs. 2 GRCh (Recht der Wehrdienstverweigerung aus Gewissensgründen); Art. 14 Abs. 3 GRCh (Freiheit zur Gründung von Lehranstalten und Erziehungsrecht der Eltern).

94 Näher dazu *Mörsdorf*, Die Auswirkungen des neuen „Grundrechts auf Verbraucherschutz" gemäß Art. 38 GR-Ch auf das nationale Privatrecht, JZ 2010, S. 759 ff.

95 Vgl. zu dieser Problematik unten III. 4.

96 EuGH, Rs. C-28/08 P (Bavarian Lager), EuGRZ 2010, 469 Tz. 57 ff., 72 ff.; dazu *Sanner*, Der Schutz personenbezogener Daten beim Zugang zu Dokumenten der Unionsorgane, EuZW 2010, S. 774 ff.; zutreffende Kritik bei *Erd*, Lobbyismus vs. Datenschutz: Zugang zu Dokumenten der Gemeinschaftsorgane, K&R 2010, S. 562 ff.

97 Zutreffend die „erste Instanz" EuG, Rs. T-194/04 (Bavarian Lager), Slg. 2007, II-4523 Tz. 90 ff., 120 ff.

98 Näher dazu *Schoch*, Jahrbuch Informationsfreiheit (Fn. 47), S. 43 f.

Verhältnis zwischen Primär- und Sekundärrecht. Außerdem dürfte bestehendes Sekundärrecht in Bezug auf die GR-Charta vielfach Anpassungsnotwendigkeiten unterliegen.

4. Entfaltung der Grundrechte im Zivilrecht

Privatpersonen sind keine *Verpflichtungsadressaten* der GR-Charta (vgl. Art. 51 Abs. 1 Satz 1 GRCh). Deshalb besteht keine unmittelbare Drittwirkung der Unionsgrundrechte.[99] Dasselbe gilt für das Richtlinienrecht; sofern eine Berufung unmittelbar auf Richtlinien (entgegen Art. 288 Abs. 3 AEUV) von der Rechtsprechung als statthaft anerkannt ist, erfolgt dies zum Schutz gegenüber dem Mitgliedstaat, während der Richtlinie die horizontale Wirkung im Zivilrecht bislang versagt bleibt.[100]

Die Verknüpfung von Rechten der GR-Charta mit sekundärem Unionsrecht zeigt, dass und wie es zur Entfaltung der Grundrechte im Zivilrecht kommt:

- In der *Schutzpflichtendimension* der Grundrechte liegt die mittelbare Bindung Privater gleichsam in der Natur der Sache, wenn Sekundärrecht den grundrechtlichen Schutzauftrag erfüllt.[101] Schon wird z. B. die Schutzpflichtfunktion des Art. 8 GRCh bemüht, „um praeter legem die Vorgaben des unionsrechtlichen Datenschutzgrundrechts im deutschen Zivilverfahren umzusetzen".[102]
- Das *Verbot der Altersdiskriminierung* (Art. 21 Abs. 1 GRCh) zielt unter anderem auf das Berufsleben. Deshalb ist es nur konsequent, wenn dieses Diskriminierungsverbot in einem Rechtsstreit zwischen Privaten zur Entfaltung kommt.[103] Dasselbe gilt für das *Grundrecht auf Geschlechtergleichheit* (Art. 23 GRCh), wie das richterliche Verbot geschlechtsspezifischer Versicherungstarife gezeigt hat.[104]
- Der grundrechtlich fundierte *Verbraucherschutz* (Art. 38 GRCh) in einer marktwirtschaftlich ausgerichteten Gesellschaft macht im Interesse eines wirksamen Grundrechtsschutzes nur Sinn, wenn verbraucherschützen-

99 Hier zeigt sich eine Parallele zur (grundsätzlich) fehlenden unmittelbaren Drittwirkung der Grundfreiheiten; vgl. *Ehlers*, Europäische Grundrechte (Fn. 14), § 14 Rn. 54 i. V. m. § 7 Rn. 52.

100 Vgl. dazu (m. umfangr. Nachw.) *Ruffert*, in: Calliess/Ruffert (Fn. 10), Art. 288 AEUV Rn. 57.

101 *Jarass*, GRCh (Fn. 5), Art. 51 Rn. 25 ff.

102 So *Streinz/Michl*, Die Drittwirkung des europäischen Datenschutzgrundrechts (Art. 8 GRCh) im deutschen Privatrecht, EuZW 2011, S. 384 (386).

103 EuGH, Rs. C-555/07 (Kücükdeveci), Slg. 2010, I-365 Tz. 50 ff. = EuZW 2010, S. 177; erläuternd *Mörsdorf* (Fn. 13), NJW 2010, S. 1046 (1048); skeptisch zur Anwendung des Diskriminierungsverbots in horizontalen Rechtsverhältnissen zwischen Privaten *Kokott/Sobotta* (Fn. 12), EuGRZ 2010, S. 265 (271), die Entwicklung in diese Richtung (trotz Art. 51 GRCh) jedoch vorhersehend.

104 EuGH, Rs. C-236/09 (Test-Achats), JZ 2011, 732 Tz. 30; erhellend dazu die Anmerkung von *Kroll-Ludwigs*, JZ 2011, S. 734 (736 f.).

den Richtlinien auch eine Horizontalwirkung zuerkannt werden kann, sofern diese Richtlinie den primärrechtlichen Rechtssatz konkretisiert.[105]

Die skizzierten Konsequenzen stoßen in der Rechtswissenschaft vielfach auf Ablehnung und Widerstand.[106] Eine kategoriale Verweigerungshaltung dürfte indes kaum zielführend sein. Angezeigt ist die konstruktiv-kritische Begleitung und (Mit-)Formung der Grundrechtsentwicklung seitens der Wissenschaft, nachdem sich das BVerfG – wie eingangs erwähnt – aus dem Grundrechtsschutz in Bezug auf das EU-Recht weitgehend zurückgezogen hat.

5. Kompetenzerweiterung zu Gunsten der Europäischen Union

Die GR-Charta bekräftigt die bestehenden Zuständigkeiten und deren Grenzen bei der Durchführung des Unionsrechts (Art. 51 Abs. 1 Satz 2 GRCh). Sie betont zudem, dass weder neue Zuständigkeiten oder Aufgaben für die Union begründet noch die in den Verträgen festgelegten Zuständigkeiten und Aufgaben verändert würden (Art. 51 Abs. 2 GRCh). Es wäre indessen naiv, wollte man in diesen Bestimmungen eine Zementierung des status quo zur Zuständigkeitsordnung sehen.

Der EuGH hat seine Interpretationsmacht jüngst bei der erwähnten Kreation des „Unionsbürgerstatus" eindrucksvoll demonstriert. Mit der – rechtswidrigen richterlichen – Verselbstständigung dieses „Status" von der an das innerstaatliche Recht gekoppelten „Unionsbürgerschaft" (Art. 20 Abs. 1 AEUV) wurde ein entwicklungsoffener Nukleus geschaffen, der praktisch kompetenzbegründend wirken könnte.[107] Im Schrifttum ist schon darauf hingewiesen worden, dass nur noch die Verknüpfung mit dem Unionsgrundrecht des Art. 24 Abs. 3 GRCh (Anspruch des Kindes auf regelmäßige persönliche Beziehungen und direkte Kontakte zu beiden Elternteilen) fehlt, um gemäß Art. 4 Abs. 2 lit. j i. V. m. Art. 79 Abs. 2 AEUV unter Ausschaltung des bestehenden nationalen Familiennachzugsrechts ein unionales „weites Familiennachzugsrecht" zu normieren.[108]

Ein zusätzliches Entwicklungspotenzial liegt darin, dass die GR-Charta die Ableitung weiterer Grundrechte aus den gemeinsamen Verfassungsüberlieferungen der Mitgliedstaaten (und der EMRK) seitens des EuGH nicht ausschließt.[109] In der Rechtssache „Mangold" hat der Gerichtshof gezeigt, wozu er in dieser Hinsicht fähig ist: Kreation eines Unionsgrundrechts „Verbot der Altersdiskriminierung" als „allgemeiner Grundsatz des

105 *Mörsdorf* (Fn. 94), JZ 2010, S. 759 (766).

106 Heftige Kritik zuletzt von *Huber* (Fn. 9), NJW 2011, S. 2385 (2389 f.). – Anders demgegenüber *Seifert*, Die horizontale Wirkung von Grundrechten, EuZW 2011, S. 696 (700 ff.).

107 *Hailbronner/Thym* (Fn. 73), NJW 2011, S. 2008 (2009).

108 *Bergmann* (Fn. 28), VBlBW 2011, S. 169 (172).

109 *Kokott/Sobotta* (Fn. 12), EuGRZ 2010, S. 265 (271).

Gemeinschaftsrechts",[110] obwohl (a) der Gerichtshof einen derartigen Rechtssatz im mitgliedstaatlichen Verfassungsrecht kaum nachweisen konnte, (b) es um einen Streit zwischen Privaten ging und (c) die Vorwirkung einer noch nicht umgesetzten Richtlinie postuliert wurde.[111]

IV. Konsequenzen für den gerichtlichen Rechtsschutz

1. Institutionelle Rahmenbedingungen

Die abschließenden Bemerkungen zum gerichtlichen Rechtsschutz sollen lediglich anhand einiger punktueller Beobachtungen für prozessuale Konsequenzen des europäischen Grundrechtsschutzes sensibilisieren. Die institutionellen Rahmenbedingungen bleiben im Wesentlichen unverändert. Auf den „Rückzug" des BVerfG vom Grundrechtsschutz ist bereits hingewiesen worden.[112] Auf der anderen Seite muss festgestellt werden, dass es eine „Grundrechtsbeschwerde" zum EuGH nicht gibt.[113] Im Bereich der Gemeinsamen Außen- und Sicherheitspolitik gelten zwar die Grundrechte, eine Zuständigkeit des Gerichtshofs besteht jedoch grundsätzlich nicht (Art. 275 AEUV); folglich können beim EuGH Grundrechtsverstöße in diesem Bereich nicht geltend gemacht werden.[114]

2. Stärkung des EuGH

Der Präsident des EuGH hat kürzlich betont, der Gerichtshof werde sich nicht zum „Grundrechtsgericht der Europäischen Union" entwickeln; auch sei die Gefahr einer Ausdehnung des bereits vorhandenen Grundrechtsschutzes durch den EuGH „jedenfalls nicht evident".[115] Diese Einlassung mag der Beruhigung von Kritikern der EuGH-Rechtsprechung zum Grundrechtsschutz dienen (sollen), überzeugend ist sie kaum.[116]

---

110 EuGH, Rs. C-144/04 (Mangold), Slg. 2005, I-9981 Tz. 75 = EuZW 2006, S. 17 (m. Anm. *Reich*).

111 Zur Diskussion der „Mangold-Entscheidung" (Fn. 110) *Temming*, Freie Rechtsschöpfung oder nicht: Der Streit um die EuGH-Entscheidung Mangold spitzt sich zu, NJW 2008, S. 3404 ff. – Kritisch *Schwarze*, Zwischen Tradition und Zukunft: Die Rolle allgemeiner Rechtsgrundsätze im Recht der Europäischen Union, DVBl 2011, S. 721 (723): „recht apodiktische Behauptung des EuGH", Grundsatz des Verbots der Altersdiskriminierung sei „im konkreten Fall schwerlich zu belegen" gewesen.

112 Vgl. dazu oben I. 2. b).

113 Kritisch zu diesem Defizit *Schroeder* (Fn. 16), EuZW 2011, S. 462 (467).

114 *Jarass*, GRCh (Fn. 5), Einleitung Rn. 66.

115 *Skouris*, Medienrechtliche Fragen in der Rechtsprechung des EuGH, MMR 2011, S. 423 (426).

116 Erhellend das Reflexionspapier des EuGH vom 5. Mai 2010 „zu bestimmten Aspekten des Beitritts der Europäischen Union zur Europäischen Konvention zum Schutz der Menschenrechte und Grundfreiheiten", das geradezu eifersüchtig auf den Vorrang des EuGH gegenüber dem EGMR zur Prüfung der EMRK-Konformität von EU-Recht pocht.

Zutreffend ist im Schrifttum bemerkt worden, mehrschichtiger Grundrechtsschutz führe in föderalen oder vergleichbaren Gebilden regelmäßig zu Machtverschiebungen zu Gunsten der höheren Ebene.[117] Die innerstaatlichen Erfahrungen zum Grundrechtsschutz durch Bundes- sowie Landesverfassungsrecht bestätigen diese Beobachtung. Deshalb ist die „unitarisierende Wirkung einer umfassenden Grundrechtsentfaltung durch den EuGH auf der Basis der GRCh" nicht ausgeschlossen.[118] Hierzu hat der Gerichtshof sogar einen Auftrag: Er sichert die Wahrung des Unionsrecht (Art. 19 Abs. 1 UAbs. 1 Satz 2 EUV), und er hat wirksamen individuellen Rechtsschutz zu gewähren (Art. 47 GRCh).[119] Käme es zu Kompetenzüberschreitungen, würden (auch) diese vom BVerfG nicht mehr beanstandet; nur ein Kompetenzverstoß, der „hinreichend qualifiziert ist", soll der ultra-vires-Kontrolle unterliegen,[120] zum anderen gesteht das BVerfG dem EuGH – wovon Fachgerichte nicht einmal zu träumen wagen – einen (allerdings vom BVerfG frei erfundenen) „Anspruch auf Fehlertoleranz" zu.[121] In der Verbindung mit dem erwähnten Rückzug des BVerfG bei der Grundrechtskontrolle hat der EuGH damit „freie Bahn".

3. Dynamisierungspotenzial durch Interpretation

Die Tiefenwirkung der Grundrechte im Unionssystem wird, wie zutreffend festgestellt worden ist, maßgeblich von der Rechtsprechung des EuGH abhängen.[122] Die erwähnte Erfindung des „Unionsbürgerstatus" bestätigt dies. Zu ergänzen ist, dass jene Prognose auch für die Breitenwirkung gilt. Der „Hebel" dürfte in der Auslegung des Art. 51 GRCh liegen: Je umfassender der Anwendungsbereich der GR-Charta interpretiert wird, desto größer wird die Jurisdiktionsgewalt des EuGH; spiegelbildlich verringern sich die

117 *Temming* (Fn. 111), NJW 2008, S. 3404 (3406).

118 *Huber* (Fn. 9), NJW 2011, S. 2385 (2387), der dies als „ein nicht zu unterschätzendes Problem" qualifiziert.

119 Zu Art. 47 GRCh EuGH, Rs. C-279/09 (DEB), EuZW 2011, S. 137: Sicherung wirksamen Rechtsschutzes durch Gewährung notwendiger Prozesskostenhilfe; allg. *Jarass*, Bedeutung der EU-Rechtsschutzgewährleistung für nationale und EU-Gerichte, NJW 2011, S. 1393 ff.

120 Das ist schon deshalb nicht richtig, weil eine *Kompetenz* im Rechtssinne einem Hoheitsträger entweder zusteht oder nicht; tertium non datur. Deshalb kann eine Kompetenz(grenze) entweder nur eingehalten oder überschritten sein. Liegt ein Kompetenzverstoß vor, ist er nicht etwa deshalb keine Rechtsverletzung, weil er nicht „hinreichend qualifiziert" ist. Derartige „Weichmacher" sind der Kompetenzordnung fremd. „Offensichtlichkeit", „Erheblichkeit" oder „Evidenz" sagen nichts zum Handeln ultra vires aus, sondern beschreiben eventuelle Mühen beim Erkennen der Rechtsverletzung und bewerten den – gegebenen – Kompetenzverstoß.

121 BVerfGE 126, 286 (304 und 307) = NJW 2010, S. 3422 Tz. 61 und Tz. 66. – Man wüsste gern, auf welcher rechtlichen Grundlage dieser „Anspruch" beruhen soll.

122 *Schroeder* (Fn. 16), EuZW 2011, S. 462 (464).

Jurisdiktionskompetenzen der nationalen Verfassungsgerichte.[123] Das muss nicht gleich zu „Angst und Schrecken" führen, die Entwicklungsperspektive sollte man jedoch sehen.

Gleichsam als wirkungsmächtiges Vehikel zum Ausbau seiner Jurisdiktionsgewalt steht dem EuGH das Postulat der „ *Kohärenz*" zur Verfügung.[124] Für den Rechtsschutz hat der Kohärenzgedanke in Art. 19 EUV umfassend Ausdruck gefunden. Was daraus konkret folgt, ist einstweilen offen. Schon bislang hat der Gerichtshof jenes Postulat nicht sehr spezifisch ausgeformt,[125] aber er hat sich seiner, wenn es opportun erschien, bedient und z. B. für die Gewährung vorläufigen Rechtsschutzes mittels spezifischer Kohärenzanforderungen bei Sachverhalten mit Bezug zum Unionsrecht eine – von den EU-Kompetenzen nicht gedeckte –Unitarisierung des Kontrollmaßstabs im Eilverfahren bewirkt.[126] Warum sollte dies beim Grundrechtsschutz anders sein? Nun ist „Kohärenz" kein Titel, um Grenzen zu sprengen.[127] Aber wird sich der EuGH daran halten?

V. Schlussbemerkung

Die Entwicklung des europäischen Grundrechtsschutzes unter der Geltung der GR-Charta steht noch am Anfang. Im Vergleich mit dem vorherigen – durch die EMRK und die gemeinsamen Verfassungsüberlieferungen der Mitgliedstaaten gestützten – Richterrecht wird es „revolutionäre Umbrüche" kaum geben, wohl aber signifikante Neuakzentuierungen und spürbare Fortschreibungen. Die Hauptverantwortung dafür wird der EuGH tragen,[128] obwohl das „Modell eines Grundrechtsgerichts" – wie der Präsident des Gerichtshofs jüngst betont hat – nicht der Stellung des EuGH im institutionellen System der Europäischen Union entspricht.[129] Sollte der EuGH ein „Grundrechtsgericht wider Willen" werden? Ob der Rückzug des

123 *Bergmann* (Fn. 28), VBlBW 2011, S. 169 (173).

124 Umfassend hierzu *Schmidt-Aßmann*, Der Kohärenzgedanke in den EU-Verträgen: Rechtssatz, Programmsatz oder Beschwörungsformel?, in: Festschrift für Wahl, 2011, S. 819 ff.

125 Vgl. *Schmidt-Aßmann*, Kohärenz und Konsistenz des verwaltungsgerichtlichen Rechtsschutzes, Die Verwaltung 44 (2011), 105 (115 ff.).

126 Überblick dazu bei *Schoch*, in: ders./Schmidt-Aßmann/Pietzner, VwGO, Loseblattkommentar (Stand: September 2011), § 80 Rn. 392 ff.

127 *Schoch*, in: Hoffmann-Riem/Schmidt-Aßmann/Voßkuhle, Grundlagen des Verwaltungsrechts, Band III, § 50 Rn. 34 ff.

128 Als „Motor" will auch die EU-Kommission wirken, die in der GR-Charta ein „innovatives Instrument" sieht, das sie vor allem „für den Schutz personenbezogener Daten, die Rechte des Kindes, die Gleichstellung von Mann und Frau, die Nichtdiskriminierung, das geistige Eigentum und die Freizügigkeit" einsetzen will; Mitteilung der Kommission „Strategie zur wirksamen Umsetzung der Charta der Grundrechte durch die Europäische Union", KOM (2010) S. 573 endg.

129 *Skouris* (Fn. 115), MMR 2011, S. 423 (426).

BVerfG vom Grundrechtsschutz bei Sachverhalten mit europarechtlichem Bezug vor diesem Hintergrund auf Dauer tragfähig sein wird, muss sich erst noch erweisen.

Zwei absehbare Perspektiven sollte man im Blick haben: (1) Juristisch interessant wird es werden, wenn sich der EuGH in einer Serie von Entscheidungen substanziell zu den Freiheitsgrundrechten der Charta geäußert haben wird, die denen des Grundgesetzes (weitgehend) entsprechen;[130] zu welch „kleiner Münze" die Menschenwürde (Art. 1 CRCh) ausgeprägt werden kann, hat der Gerichtshof bereits gezeigt.[131] (2) Bei denjenigen Unionsgrundrechten, die aus deutscher Sicht keine oder nur wenige Parallelen im Grundgesetz finden (soziale Rechte, Unionsbürgerrechte, zum Teil auch Facetten des Gebots der Nichtdiskriminierung), darf schon heute davon ausgegangen werden, dass der EuGH unter Zuhilfenahme des effet utile und des „Kohärenzgebots" kraftvolle Durchsetzungsstrategien entwickeln wird;[132] das europäische Sekundärrecht könnte dabei eine wichtige instrumentelle Funktion übernehmen.

Auf das Ganze gesehen sollten die sich abzeichnenden Entwicklungen nicht mit Begriffen wie „Gefahr" oder „Bedrohung" konnotiert werden. Von „Untergangsszenarien" ist im vorliegenden Zusammenhang wenig zu halten. Für die Rechtswissenschaft geht es, zumal sich das BVerfG zurückgezogen hat, um eine Herausforderung. Sie zu bewältigen, setzt allerdings den wachen Blick und die kritische Analyse voraus. Beides sollten wir uns bei einem so wichtigen Thema wie der Durchsetzung von Unionsgrundrechten bewahren.

---

130 Es geht dabei vor allem um die Freiheitsgrundrechte der Art. 6 bis 19 GRCh sowie um die in Titel I (Art. 1 bis 5 GRCh) unter dem Topos „Würde des Menschen" zusammengefassten Grundrechte.

131 EuGH, RS. C-36/02 (Omega), Slg. 2004, I-9609 = EuZW 2004, S. 753 (m. Anm. *Bröhmer*): Laserdrome-Spiele als Verstoß gegen die Menschenwürde.

132 Hinzu könnte eine interpretatorische Konvergenz zwischen Grundrechten und Grundfreiheiten treten; vgl. dazu *Frenz*, Annäherung von europäischen Grundrechten und Grundfreiheiten, NVwZ 2011, S. 961 ff.; schon vor Inkrafttreten der GR-Charta die „Konvergenzthese" propagierend *Skouris*, Das Verhältnis von Grundfreiheiten und Grundrechten im europäischen Gemeinschaftsrecht, DÖV 2006, S. 89 ff.

Altersdiskriminierung als Problem? Die polnische Perspektive am Beispiel des öffentlichen Dienstes

Prof. Dr. Irena Lipowicz, Warschau

1. Europa wird älter – diese allgemeine Erkenntnis war lange eher Gegenstand der politischen Debatten als eine Sorge der Sozialwissenschaften und der Sozialpolitik.[1] Die Systeme der Altersversorgung sind nicht länger zeitgemäß, sie drohen zusammenzubrechen – lesen wir in der Literatur (aber auch in den Medien). Man hat oft genug betont, dass zu Zeiten von Bismarck die Rente ein kurzer, „bezahlter" Urlaub für die nicht mehr langen, eher wenigen Restjahre des Lebens der Arbeiter war; die Lebenserwartung besonders für Fabrikarbeiter war damals eher niedrig. Wenn man jetzt aber nach der Pensionierung zumeist noch 20 Jahre lebt und gleichsam die Zahl der jungen Menschen als Ergebnis der extrem niedrigen Geburtsrate immer kleiner wird, kann das alte System nicht mehr funktionieren. Polen hat zwar das Phänomen rechtzeitig erkannt und versuchte in einer radikalen Rentenreform (einer von vier großen Systemreformen) diesen neuen Herausforderungen zu begegnen.[2] Die Entwicklung der Situation war aber überraschend. Es schien damals, dass die Trennung der Rentenkasse vom Staat, die „Evakuierung" der Ersparnisse in die sicheren (wie es damals schien), offenen Investitionsfonds, der Krise der Altersversorgung vorbeugen kann.
   Anfang der 90er-Jahre resultierte die – im Falle der großen Betriebe gut begründete – Angst vor dem Systemwechsel in der „Massenflucht" der Arbeitnehmer, vor allem der Frauen, vor der Arbeitslosigkeit in die sichere Zukunft der meist kleinen Rente.
   Der tiefe Glaube, dass erst die marktwirtschaftlichen Mechanismen fast automatisch die Altersversorgung gewährleisten können, ist historisch zu begründen. Es ist kaum bekannt, dass 1989 die neue Solidarność-Regierung komplett leere Staatskassen vorgefunden hat – auch alle Altersversorgungsbeiträge waren verschwunden. Die Renten wurden ausschließlich aus laufenden Mitteln des Staatshaushalts ausbezahlt. Das bedeutete, dass das allgemeine Vertrauen in den Staat als Treuhänder extrem niedrig war. Die Banken, die internationalen Rentenfonds (vor

1 *E. Kryńska*, „Wydłużenie życia zawodowego na polskim rynku pracy" [„Die Verlängerung des Arbeitslebens auf dem polnischen Arbeitsmarkt"] in: „Polityka społeczna" [„Sozialpolitik"], 2006 Nr. 9, S. 2 ff.

2 *M. Góra*, „Systemy emerytalne" [„Rentensysteme"], Warschau 2003, S. 6 ff.

allem die amerikanischen wie AIG) schienen der Bevölkerung als eine Oase der Ruhe und der Sicherheit. Die Ironie der Geschichte besteht darin, dass dieser sichere Hafen sich als äußerst unsicher erwiesen hat. Bei der heutigen Krise versucht jetzt die Regierung, die Reform entsprechend zu verändern. Es zeigte sich auch, dass die Verwaltungskosten der Rentenfonds extrem hoch waren, aber die zu erwartende Rente der ganzen nächsten Generation extrem niedrig. Das Recht der Frauen, bei generell niedrigerem Einkommen früher in Rente zu gehen, wird zur Folge haben, dass sie sogar nur einen Teil der Rente der Männer bekommen werden. Die sozialen Folgen kann man sich vorstellen.

Zuerst durfte man – laut der Rechtsprechung – die Menschen, die schon ein Recht auf Auszahlung der Rente hatten, entlassen und andere, die keine auf Dauer gesicherten Mittel zum Überleben hatten (außer Arbeitslosengeld) beschäftigen. Mit der Zeit differenzierte man zwischen den beiden Gründen mehr. Es geht nun mehr darum, zu motivieren, die Arbeitszeit flexibel zu verlängern, aber auch darum, nicht ohne Grund entlassen zu werden.[3]

Der Versuch, die älteren Arbeitnehmer in ihrem Arbeitsverhältnis mit rechtlichen Instrumenten zu schützen, ist nicht ganz erfolgreich gewesen.[4] Zwar sind vier Jahre Kündigungsschutz vom Gesetzgeber gut gemeint, doch werden die älteren Arbeitnehmer jetzt oft „vorsichtshalber" ein paar Monate vor dem Anfang der 4-Jahres-Frist entlassen oder gar nicht eingestellt. Ein fester, regulärer, nicht befristeter Arbeitsvertrag wird immer seltener; aber gerade für die ältere Generation war diese Form die einzige „echte" Form der Beschäftigung, die ein Gefühl von Sicherheit geben kann. Die junge Generation musste erst lernen, mit dieser Tatsache zu leben, für die ältere ist es oft nicht zu begreifen.

Unter den verschiedenen Diskriminierungsformen der alten Menschen ist ihre Lage auf dem Arbeitsmarkt in Krisenzeiten besonders kompliziert. Es geht nicht nur um Probleme bei der Beschäftigung. Auch in Bezug auf Urlaub, Schulungen und Beförderungen werden Diskriminierungsfälle sichtbar.[5] Man muss dabei jedoch die andere ökonomische Lage unserer Länder in Betracht ziehen. Nach langen Jahren des Kommunismus sind die Renten so niedrig, dass die – auch vorzeitige – Flucht in den sicheren Hafen der Rente jetzt nur selten in Betracht

---

3 B. Szatur-Jaworska (Red.), „Zagrożenia praw osób starszych na rynku pracy" [„Gefahren für die Rechte der älteren Personen auf dem Arbeitsmarkt"], S. 19 ff., in: „Stan przestrzegania praw osób starszych w Polsce. Analiza i rekomendacje" [„Der Stand der Rechte von älteren Personen in Polen. Analyse und Empfehlungen"], Warschau 2008.

4 Ibidem S. 21.

5 G. Uścińska, „Kierunki rozwiązań w zakresie wieku emerytalnego" [„Lösungen im Bereich des Rentenalters"], in: „Prawo i zabezpieczenie społeczne" [„Arbeit und Sozialversicherung"], April 2011 Nr. 4, S. 3.

kommt. Die relativ gute Versorgung des Militärs und der Polizei wie auch der Bergarbeiter resultiert in einer höheren Zahl von Frührentnern nur in diesen Berufen. Die Entscheidung der Frauen für die Frührente ist – trotz der schlechteren Bezahlung – vor allem der traditionellen Funktion der Pflege der alten Eltern und der Enkelkinder geschuldet. Diskriminierung alter Menschen erscheint heute in verschiedenen neuen Formen – neuerdings vor allem in ihrer Rolle als Konsumenten: der gezielte Verkauf besonders riskanter Aktien an den älteren und in der Marktwirtschaft unerfahrenen Kunden durch die Banken, eine Beschwerde-Hotline, die eine „alte" Stimme automatisch an das Ende der Warteschleife setzt, für ein Modegeschäft bewusst ausgesuchte Musik, die alte Kunden besonders wirksam „vertreibt" – das alles sind nur kleine Beispiele.[6] Eine Rechtsprechung existiert in diesem Bereich noch kaum, selbst die Diskriminierung selbst wird bestritten. Deswegen möchte ich den Fokus dieses Referats vor allem auf die Situation der Menschen im Pensionsalter richten.

2. Gemäß der polnischen konstitutionellen Regelung besteht ein Diskriminierungsverbot „aus jedwedem Grund" (Art. 32), das heißt also auch aus Altersgründen. Das Alter, und somit auch die berufliche Erfahrung, die früher als so wertvoll für den Arbeitgeber und die Gesellschaft angesehen wurde, ist als Diskriminierungsgrund ein relativ neues Phänomen. Die technologische Entwicklung, die eine rasche Alterung der jahrelang angeeigneten Fähigkeiten verursacht, der Kult der Jugend, welcher vor allem in der Werbung und im Marketing von großem Wert ist – haben zur Folge, dass das Alter auf dem Arbeitsmarkt, aber auch in anderen gesellschaftlichen Umständen, oft als negativer Faktor gesehen wird. Die „Familienerosion" verstärkt die gesellschaftliche Isolierung älterer Menschen sowie ihre Verarmung noch. Menschen, die für ihre Altersversorgung noch im „alten System" gearbeitet haben, erhalten niedrige Renten und schlechte Zukunftsperspektiven. Der Zerfall von Mehrgenerationenfamilien und die digitale „Kluft" bezogen auf die ältesten Bürger macht sie manchmal zur Randgruppe der Kommunikation innerhalb der Gesellschaft. Obwohl es in Polen immer noch keine direkte Feindseligkeit den alten Menschen gegenüber gibt (nur wegen ihres Alters), wird die unaufhörliche Stimmung in den Medien und der Politik, welche Alter als „Problem" und Einkommensbelastung der schrumpfenden jungen Generation darstellen, letztendlich negative soziale und politische Effekte mit sich bringen. Statt die Erfahrung und das Arbeitsenga-

6 *T. D. Nelson* (Red.), „Ageism. Stereotyping and prejudice against older persons", MIT Press 2002, London-Cambridge/Mass.

gement der älteren Generation zu betonen, betont man vor allem die möglichen Gefahren.[7]

3. Die bahnbrechende Entscheidung des polnischen Obersten Gerichtshofs aus dem Jahr 2004 formulierte die Frage nach dem Charakter der Pensionsleistung: Ist sie die Summe der „geleisteten" Arbeit, d. h. eine direkt zustehende Leistung, oder ist sie eher eine Sozialversorgung? Im ersten Fall würde das Einkommen bei weiterer Anstellung fast verdoppelt werden, und die entnommenen Pensionsleistungen zur „privaten" Angelegenheit zwischen dem Bürger, der das Pensionsrecht erworben hat, und der Sozialversicherungsanstalt (ZUS). Der Arbeitgeber müsste nicht einmal darüber informiert sein, dass der Angestellte neben dem Gehalt auch noch eine vollständige Pensionsleistung erhält. Eine solche Situation hätte die Staatsfinanzen innerhalb von einigen Monaten in eine Krise und Gefährdungslage gebracht, sodass klar war, dass die Regelung geändert werden musste. In seiner Entscheidung vertritt das Verfassungsgericht die Sicht, dass der Staat bei weiterer Anstellung eines pensionierten Bürgers den Pensionsbetrag reduzieren kann.[8] Diese These wurde weder gesellschaftlich noch politisch stark bestritten, obwohl in der Realität natürlich Hunderte von Klagen derjenigen, die von dieser Regelung betroffen wurden, beim Bürgerbeauftragtenamt (Rzecznik Praw Obywatelskich) eingegangen sind, vor allem im Kontext der erworbenen Rechte sowie des Bürgervertrauens zu Staatsorganen. Das rechtliche Problem bleibt aber die Lage der Menschen, die bereits ihre Lebenspläne (und eine finanzielle Belastung) im Vertrauen auf diese Regulierung eingestellt haben. Es scheint, dass die Leistungen für diese beschränkte Zahl der Arbeitnehmer anders betrachtet werden müssen.
4. Art. 18 (3a) § 1 des Arbeitsgesetzbuches[9] verordnet Gleichbehandlung in allen Phasen des Arbeitsverhältnisses, d. h. in den folgenden Bereichen:
   - Aufnahme und Auflösung des Arbeitsverhältnisses,
   - Beschäftigungsbedingungen,

7 *J. T. Kowalski, P. Szukalski* (Red.), „Starość i starzenie się jako doświadczenie jednostek i zbiorowości ludzkich" [„Das Alter und das Altern als Erfahrung der einzelnen Person und der Gemeinschaft"], ZDUŁ, Łódź 2006, S. 3 ff.

8 Vgl. *B. Szatur-Jaworska* (Red.), „Zagrożenia praw osób starszych na rynku pracy" [„Gefahren für die Rechte der älteren Personen auf dem Arbeitsmarkt"], S. 19, in: „Stan przestrzegania praw osób starszych w Polsce. Analiza i rekomendacje" [„Der Stand der Rechte von älteren Personen in Polen. Analyse und Empfehlungen"], Warschau 2008.

9 Gesetzblatt vom Jahr 1998 Nr. 21, Pos. 94 mit späteren Änderungen; vergl. *B. Szatur-Jaworska* (Red.), „Stan przestrzegania praw osób starszych w Polsce. Analiza i rekomendacje" [„Der Stand der Rechte von älteren Personen in Polen. Analyse und Empfehlungen"], Warschau 2008, S. 108–109.

- Beförderung,
- Zugang zu Schulungen

unabhängig von Geschlecht, Alter, Behinderung, Rasse, Religion, Staatsangehörigkeit, politischen Überzeugungen, Gewerkschaftsangehörigkeit, ethnischer Herkunft, Glaubensbekenntnis, sexueller Orientierung, der Beschäftigung für bestimmte oder unbestimmte Zeit sowie, ob es sich um Voll- oder Teilzeitarbeit handelt.

Der Katalog ist offen und die Rechtsprechung – obwohl immer noch spärlich – unterscheidet stufenweise aktive und passive Diskriminierungen unter Angabe konkreter Beispiele. Das Alter kam als Grund einer Diskriminierung relativ spät ins Bewusstsein.

Die Entscheidung des Obersten Gerichtshofes von 2004 über das Recht zur Pension wurde zum hauptsächlichen Änderungsfaktor und zu einer regelrechten „Revolution" in der Betrachtung der Diskriminierung aufgrund des Alters. Das „In-Pension-Gehen" schien eine altangesehene und geheiligte Tradition zu sein, die – besonders im Fall der öffentlichen Beamten – außer Frage steht. Zunächst hat man nicht zugeben wollen, dass es sich um einen menschenrechtlich relevanten Aspekt handelt. Schockierend schien die Frage, ob der Arbeitgeber überhaupt jemanden in Pension „schicken" kann.

In den Entscheidungen des Obersten Gerichtshofes, die immer noch voneinander abweichen (daher die rechtsbezogene Fragestellung des Bürgerbeauftragten, um die Rechtsprechung zu vereinheitlichen), kommen allmählich wichtige Formulierungen zum Vorschein. Die Grundthesen lauten:

„Ein übermäßig vereinfachtes Verständnis des Pensionsrisikos (Altersrisikos) als Versicherungsrisiko, welches in der Annahme besteht, dass es lediglich mit Behinderungsvermutung in Verbindung steht, ist inakzeptabel"[10],

„Das Pensionsalter verpflichtet nicht, sondern berechtigt zur Inanspruchnahme der Pensionsleistung. Dabei wurde festgestellt, dass der Arbeitgeber sich generell nicht darauf berufen kann, dass es ihm um die Verringerung der Arbeitslosenzahl in der Republik Polen geht, da dieses in keinem Zusammenhang mit einem konkreten Arbeitsverhältnis steht und der Arbeitgeber zur sozialen Diagnose und zur „Vertretung" der staatlichen Behörden nicht berechtigt ist"[11].

Das Pensionsalter und der Erwerb des Rechts zur Pensionsleistung als solches rechtfertigt die Kündigung des Arbeitsvertrags nicht, jedoch kann es – unter Berücksichtigung aller Umstände, die sich auf den individuellen Fall beziehen – ein berechtigtes Kriterium für die Auswahl

---

10 Gerichtsentscheidung vom 4. November 2004, I PK 7/04.

11 Gerichtsentscheidung vom 4. November 2004, I PK 7/04.

eines Arbeitnehmers zu einer Kündigung darstellen, die durch die ökonomische Situation des Arbeitgebers oder andere objektive Umstände motiviert ist.[12]

Die Rechtsprechung war, wie man sieht, widersprüchlich, deshalb hat der frühere Bürgerbeauftragte eine Rechtsfrage erhoben, mit dem Ziel, die Rechtsprechung zu vereinheitlichen.

5. Ein besonderer Grund der Diskriminierung ist die Kombination des Alters und des Geschlechts. In dem Antrag vom 27. November 2007 forderte der Bürgerbeauftragte das Gericht auf, zu überlegen, ob der Art. 24 Abschnitt 1 des Gesetzes vom 17. Dezember 1998 über Pensionen und Renten aus der Sozialversicherungsanstalt[13] mit den Art. 32 und 33 der Verfassung übereinstimmt. Der angefochtene Artikel bestimmt ein allgemeines Pensionsalter für die Versicherten, die nach dem 31. Dezember 1948 geboren wurden, von mindestens 60 Jahre bei Frauen und mindestens 65 Jahre bei Männern.[14]

   Bei der Formulierung der Anfechtung der oben genannten Regelungen wegen ihrer möglichen Verfassungswidrigkeit erstellte der damalige Bürgerbeauftragte eine ausführliche Analyse des polnischen Pensionssystems, unter besonderer Berücksichtigung der Reform des Pensionssystems, die 1998 durchgeführt worden ist. Die These lautete, dass die im neuen System enthaltene Differenzierung des Pensionsalters in Bezug auf das Geschlecht eine Diskriminierung der Frauen im Sozialversicherungssystem zur Folge hat. Ein niedrigeres Pensionsalter der Frauen, und somit auch die kürzere Zeit ihrer Versicherung, führt zu einer Situation, in der Frauen die Mittel für ihre spätere Pensionsleistung während einer kürzeren Zeit ansammeln und dann diese Pensionsleistung eine längere Zeit beziehen, was wesentliche Unterschiede in der Pensionshöhe im Vergleich zu Männern verursacht. Wie groß diese Unterschiede sind, wissen wir erst heute: Diese können bis zu 50 % betragen. Die vom Verfassungsgericht durchgeführte Analyse der bestehenden gesetzlichen Verhältnisse und der Rechtsprechung führte aber zu dem Ergebnis, dass der „Art. 24 Abschnitt 1 des Pensionsgesetzes mit den Artikeln 32 und 33 der Verfassung übereinstimmt"[15]. Das unterschiedliche Pensionsalter der Frauen und Männer im allgemeinen Pensionssystem, das ab dem 1. Januar 1999 gilt, ist „keine Eigenschaft, die

12 Urteil des Hohen Gerichts, vom 19. März 2008, I PK 219/07, vergl. *P. Bocianowski*, „Wiek emerytalny jako przyczyna rozwiązania stosunku pracy w orzecznictwie ETS" [„Das Rentenalter als Ursache der Beendigung eines Arbeitsverhältnisses in der Rechtsprechung des EuGH"], in: „Prawo i zabezpieczenie społeczne" [„Recht und Sozialversicherung"], 2011 Nr. 1.

13 Gesetzblatt vom Jahr 2004 Nr. 39, Pos. 353 mit späteren Änderungen.

14 vgl. *I. Jędrasik-Jankowska*, „Emerytura i inne świadczenia związane z wiekiem" [„Die Rente und andere mit dem Alter verbundene Leistungen"], Warschau 2007, S. 2ff.

15 Gesetzblatt vom Jahr 2004 Nr. 39, Pos. 353 mit späteren Änderungen.

eine Ungleichbehandlung von Frauen verursacht“[16]. Die erwähnte Differenzierung kann noch immer mit der Notwendigkeit begründet werden, die bestehenden sozialen Unterschiede zwischen Frauen und Männern zu reduzieren, wie das Verfassungsgericht feststellte. „Man muss an dieser Stelle jedoch zugeben, dass die besprochene Situation einen dynamischen Charakter aufweist. Zurzeit kann man eine Verringerung der oben genannten sozialen (funktionellen) Differenzen beobachten. Andererseits sind die biologischen Unterschiede zwischen den Geschlechtern objektiv und daher werden sie immer auftreten. In der Zukunft wird dies jedoch immer weniger als Begründung für Unterscheidungen nach dem Geschlecht herhalten können, die in rechtlichen Regelungen zum Pensionsalter – welche sich auf die Gesamtheit der Bürger beziehen – angewandt wird, da diese Unterscheidung in mehreren Berufen keinen oder einen geringeren Einfluss auf die Gesundheitsgefährdung und Qualität der Arbeit ausübt als früher.“ – lesen wir in diesem Urteil.

Der Verfassungsgerichtshof betonte, dass es auch wichtig ist, anzumerken, dass die Reformen, die im Pensionsaltersausgleich bestehen, sich entweder gerade in der Planungsphase befinden, zurzeit in mehreren europäischen Ländern eingeführt oder gerade zum Abschluss gebracht werden. Die Änderungen in dieser Richtung werden in Anbetracht des EU-Rechts und des internationalen Rechts auch von bestimmten Ländern als ein zu erreichendes Ziel gesehen.

Im Ergebnis beschloss das Verfassungsgericht einen Antrag an den Sejm der Republik Polen im Wege des Art. 4 Abschnitt 2 des Gesetzes über das Verfassungsgericht zu stellen, der sich auf die Zweckmäßigkeit der Gesetzgebungstätigkeiten bezieht, die zum allmählichen Ausgleich des Pensionsalters der Frauen und Männer führen soll. Besonders interessant finde ich, dass der Verfassungsgerichtshof die historische Entwicklung erkannte, aber keine endgültigen Konsequenzen gezogen hat.

In dieser Situation formulierte mein Vorgänger eine rechtsbezogene Frage an den Obersten Gerichtshof. Der Beschluss vom 21. Januar 2009[17] wurde in Antwort auf die Frage des Bürgerbeauftragten verabschiedet, die sich darauf bezog, ob die Erreichung des Pensionsalters und der Erwerb des Pensionsanspruchs die einzige Voraussetzung für die Kündigung des Arbeitsverhältnisses mit einem weiblichen oder einem männlichen Mitarbeiter darstellen kann und dabei keine Mitarbeiterdiskriminierung aus Geschlechts- oder Altersgründen darstellt. Bei der Ver-

16 Das Urteil des Verfassungsgerichts vom 15. Juli 2010, K 63/07, vergl. *T. Szumlicz*, „Emerytura dla kobiet – otoczenie kontra system“ [„Rente für Frauen – die Umgebung contra das System“], in: *P. Błędowski* (Red.), „Problematyka społeczna wobec problemów współczesności“ [„Sozialpolitik angesichts der gegenwärtigen Probleme“], Verlag Handelshochschule Warschau 2001.

17 Der Beschluss vom 21. Januar 2009, Aktenzeichen II PZP 13/08.

abschiedung des oben genannten Beschlusses erkannte der Oberste Gerichtshof, dass gemäß Artikel 45 Absatz 1 des Gesetzes vom 26. Juni 1974 – Arbeitsgesetzbuch[18] **die Erreichung des Pensionsalters und der Erwerb des Pensionsanspruchs nicht die einzige Voraussetzung für die Kündigung des Arbeitsverhältnisses durch den Arbeitgeber darstellen darf.** Der Oberste Gerichtshof erkannte auch, dass die Arbeitgeberpraxis, die in der Kündigung der Arbeitsverträge nach dem Kriterium der Erreichung des Pensionsalters und des Erwerbs des Pensionsanspruchs besteht, eine Diskriminierung aufgrund des Geschlechts darstellt. Es war eine bahnbrechende Entscheidung. Wir lesen dort: „es ist eine indirekte Diskriminierungsform gemäß Artikel 18 Absatz 4 des Arbeitsgesetzbuches, da die Arbeitgeber bei der Kündigung der Arbeitsverträge sich nicht auf das Geschlechtskriterium beziehen, sondern auf das Kriterium des erreichten Pensionsalters und des Erwerbs des Pensionsanspruchs. Dieses Kriterium ist jedoch diskriminierend, da es in der Praxis wegen der bestehenden Pensionsaltersgrenze die angestellten Frauen in eine ungünstige Lage im Vergleich zu Männern bringt, da sie für Frauen niedriger ist." Der Inhalt der Entscheidung wurde von der öffentlichen Meinung nur schwer akzeptiert. Zu stark war ein Stereotyp verwurzelt, das eine kürzere Arbeitszeit der Frauen als Privileg ansieht. Die späteren dramatischen Folgen sind noch nicht allgemein bekannt.

6. Die Dienstordnung wird oft zu Recht als Symbol der Tradition gesehen. Es können auch die in Dienstordnungen (Polizei, Regierungsschutzbüro, Grenzschutz, Feuerwehr) enthaltenen Vorschriften, welche auf den Erwerb des Pensionsanspruchs und auf entsprechende Dienstzeit als eigenständige Voraussetzungen für Dienstentlassung deuten, als Diskriminierung aufgrund des Alters bewertet werden. Die starke Aufteilung des Verwaltungsapparats in die einzelnen Ressorts hatte hier schlimme Folgen.

   Der Bürgerbeauftragte formulierte einen Antrag an den Premierminister, in dem betont wurde, dass die in Dienstordnungen enthaltenen Vorschriften, die auf den Erwerb des Pensionsanspruchs und auf entsprechende Dienstzeit als eigenständige Voraussetzung für Dienstentlassung deuten, als Altersdiskriminierung bewertet werden können. Gemäß Art. 41 Abs. 2 Punkt 4 des Gesetzes vom 6. April 1990 über die Polizei[19] darf ein Polizist entlassen werden im Fall (...) des Erwerbs eines Pensionsanspruchs aufgrund des Abschlusses einer 30-jährigen Dienstzeit. Gleiche Lösungen wurden durch den Gesetzgeber in Bezug auf die

18 Gesetzblatt vom Jahr 1998 Nr. 21, Pos. 94 mit späteren Änderungen. Allgemein zum Thema *M. Góra*, „Systemy emerytalne" [„Rentensysteme"], Warschau 2003.

19 Gesetzblatt vom Jahr 2007 Nr. 43, Pos. 277 mit späteren Änderungen.

Angestellten des Regierungsschutzbüros[20], des Grenzschutzdienstes[21] und der Feuerwehr[22] vorgesehen. Ähnliche Lösungen (Erwerb des Pensionsanspruchs in vollem Ausmaß, der in separaten Vorschriften bestimmt ist) beziehen sich auf die Angestellten der Agentur für Innere Sicherheit und die Nachrichtendienstagentur[23], des Zentralen Anti-Korruptionsbüros[24], des Militärischen Nachrichtendienstes und Militärischen Spionageabwehrdienstes[25]. Im Fall des Vollzugsdienstes wurde an Stelle der Bezeichnung, dass der Angestellte vom Dienst wegen des Abschlusses eines 30. Pensionsdienstes entlassen werden kann, die Regel eingeführt, dass eine Entlassung im Fall der Erreichung einer 30-jährigen Dienstzeit im Vollzugsdienst erfolgen kann[26].
Laut Art. 111 Abs. 1 Punkt 5 des Gesetzes vom 11. September 2003 über den Berufssoldatendienst[27] wird der Berufssoldat vom Wehrdienst entlassen, wenn er das 60. Lebensjahr vollendet. Der Verteidigungsminister kann in den durch Bedürfnisse der Streitkräfte begründeten Fällen einen anderen Termin der Entlassung vom beruflichen Wehrdienst für diejenigen Berufssoldaten bestimmen, die ihren Dienst im Wehrdienstgrad eines Generals (Admirals) ausüben, oder die für Dienststellen in internationalen Organisationen bzw. internationalen Abwehrstrukturen bestimmt, oder für Dienststellen des Generalstabchefs der polnischen Armee, des Befehlshabers der jeweiligen Teilstreitkräfte, des Operationsbefehlshabers der Streitkräfte oder des Leiters des Aufsichtsamts für militärische Unterstützung berufen wurden und die aufgrund des Art. 111 Punkt 5 mit ihrer schriftlichen Einwilligung entlassen werden sollten. In solchen Fällen darf das Datum der Entlassung vom beruflichen Wehrdienst den Tag der Vollendung des 63. Lebensjahrs durch den Berufssoldaten nicht überschreiten. Jahrzehntelang hat man eine

20 Art. 35 Abs. 2 Punkt 4 des Gesetzes vom 16. März 2001 über das Regierungsschutzbüro, Gesetzblatt vom Jahr 2004 Nr. 163, Pos. 1712 mit späteren Änderungen.

21 Art. 45 Abs. 2 Punkt 4 des Gesetzes vom 12. Oktober 1990 über den Grenzschutzdienst, Gesetzblatt vom Jahr 2005 Nr. 234, Pos. 1997 mit späteren Änderungen.

22 Art. 43 Abs. 3 Punkt 3 des Gesetzes vom 24. August 1991 über die Feuerwehr, Gesetzblatt vom Jahr 2009 Nr. 12, Pos. 68 mit späteren Änderungen.

23 Art. 60 Abs. 2 Punkt 4 des Gesetzes vom 24. Mai 2002 über die Agentur für Innere Sicherheit und die Nachrichtendienstagentur, Gesetzblatt vom Jahr 2010 Nr. 29, Pos. 154 mit späteren Änderungen.

24 Art. 64 Abs. 2 Punkt 4 des Gesetzes vom 9. Juni 2006 über das Zentrale Anti-Korruptionsbüro, Gesetzblatt Nr. 104, Pos. 708 mit späteren Änderungen.

25 Art. 19 Abs. 2 Punkt 5 des Gesetzes vom 9. Juni 2006 über den Dienst der Angestellten des Militärischen Nachrichtendienstes und des Militärischen Spionageabwehrdienstes, Gesetzblatt Nr. 104, Pos. 710 mit späteren Änderungen.

26 Art. 96 Abs. 2 Punkt 3 des Gesetzes vom 9. Februar 2010 über Vollzugsdienst, Gesetzblatt Nr. 79, Pos. 523 mit späteren Änderungen.

27 Gesetzblatt vom Jahr 2010 Nr. 90, Pos. 593 mit späteren Änderungen.

solche Lösung für naturgemäß gehalten. Jetzt kommt die Zeit, die grundsätzlichen Fragen zu diesem Punkt zu stellen.

Die Fragen der Übereinstimmung des Art. 41 Abs. 2 Punkt 4 in Verbindung mit Art. 45 Abs. 3 des Gesetzes vom 6. April 1990 über Polizei mit den EU-Regelungen – in diesem Fall mit der Richtlinie des Rates Nr. 2000/78/WE vom 27. November 2000, die allgemeine Rahmenbedingungen für Gleichstellung im Bereich der Beschäftigung bestimmt[28] – wurden insbesondere zum Gegenstand der Überlegungen des Obersten Verwaltungsgerichts in Bezug auf das rechtskräftige Urteil[29].

In der Begründung des Urteils hatte der Oberste Verwaltungsgerichtshof darauf hingewiesen, dass die oben genannte Richtlinie sich auf die uniformierten Dienste bezieht. In dem Gesetz zur Polizei gibt es jedoch keine entsprechenden Beschlüsse und keine Bezeichnung für den Bereich der Anwendungsausnahme. Das Oberste Verwaltungsgericht äußerte seine Meinung zu dem Wortlaut der Ziffer 1 der Richtlinie und des Art. 3, der das Diskriminierungsverbot u. a. aufgrund des Alters beinhaltet. Das Gericht deutete auch darauf hin, dass Art. 6 Abs. 1 der Richtlinie die Möglichkeit zulässt, dass die Mitgliedstaaten eine unterschiedliche Behandlung aufgrund des Alters als keine Ungleichstellung anerkennen, wenn es innerhalb der nationalen Gesetzgebung objektiv und rational durch ein mit den Vorschriften übereinstimmendes Ziel begründet wird, wobei es sich vor allem um die Ziele der Beschäftigungs-, Arbeitsmarkt- und Berufsbildungspolitik handelt, und nur im Fall, wo die Mittel, die diesem Zweck dienen sollen, als notwendig und zutreffend anerkannt werden.

Eine derartige besondere Behandlung kann unter anderem darin bestehen, dass spezielle Voraussetzungen für den Zugang zur Beschäftigung und zur beruflichen Bildung eingeführt werden, einschließlich der Entlassungs- und Auszeichnungsbedingungen für junge sowie ältere Mitarbeiter und Menschen, die für den Unterhalt anderer Personen sorgen müssen, um ihre berufliche Integration zu unterstützen oder um sie zu schützen.[30]

Das Oberste Verwaltungsgericht deutete auf den Wortlaut der Ziffer 18 der Präambel dieser Richtlinie hin, die feststellt, dass insbesondere von den Streitkräften, der Polizei, dem Vollzugsdienst oder Rettungsdienst nicht verlangt wird, dass sie Mitarbeiter anstellen oder weiter beschäfti-

28 Gesetzblatt EG L 303, vom 2. Dezember 2000, S. 16; Amtsblatt der EU, Polnische Sonderausgabe, Abschnitt 5, Band 4, S. 79, herausgegeben aufgrund des Art. 13 EUV.

29 Urteil vom 15. Dezember 2009, I OSK 649/09.

30 *J. Barcz*, „Zakaz dyskryminacji ze względu na wiek w prawie UE w świetle wyroku TS z 19. 01. 2010 spr. C-555/-7 Seda Kücükdeveci" [„Diskriminierungsverbot aufgrund des Alters im EU-Recht im Lichte des Urteils des Gerichtshofs vom 19. 01. 2010 Rechtssache C-555/07 Seda Kücükdeveci"], Europäische Gerichtsübersicht 9/2010 S. 11 ff.

gen, die nicht über die entsprechenden Fähigkeiten verfügen, um unter Berücksichtigung des aus Rechtsvorschriften folgenden Zwecks der Erhaltung operationeller Bereitschaft dieser Dienste ihren potenziellen Pflichten nachkommen zu können.

Andererseits, im Lichte der Ziffer 19 der Präambel dieser Richtlinie, dürfen wegen der Voraussetzungen für die Erhaltung der Effektivität der Streitkräfte die Richtlinienvorschriften im Bereich der Behinderung und des Alters in den gesamten Streitkräften oder innerhalb der Teilstreitkräfte durch die Mitgliedstaaten nicht eingehalten werden. Die Mitgliedstaaten, die sich hierfür entscheiden, sind jedoch dazu verpflichtet, den Anwendungsbereich einer solchen Ausnahme festzusetzen.

Somit lässt die Richtlinie die Entlassung eines Beamten der uniformierten Dienste zu, jedoch nur in einem solchen Fall, in dem sein Alter dem Beamten nicht mehr erlaubt, seinen beruflichen Pflichten nachzukommen, mit welchen er unter Berücksichtigung des aus den Rechtsvorschriften folgenden Zwecks der Erhaltung von operationeller Bereitschaft des jeweiligen Dienstes beauftragt werden kann.

In der Auffassung des Bürgerbeauftragten wäre es erwünscht, entsprechende Vorschriften zur Präzisierung des Bereichs der möglichen Ausnahmen von der Richtlinienanwendung in die Dienstordnungen einzubeziehen, sowie die Umstände darzulegen, in denen die Entlassung eines Beamten vom Dienst als kein Fall von Diskriminierung wegen des Alters angesehen werden könnte.

7. Man muss die Tatsache wahrnehmen, dass die Zeit des hohen Alters ökonomisch immer wertvoller für die Gesellschaft Europas wird. Man denkt zwar immer noch in den Kategorien „Konkurrenz" der Arbeitslosigkeit (vor allem Jugendarbeitslosigkeit) – in der Überzeugung, dass ältere Arbeitnehmer den jüngeren die Arbeit „wegnehmen". Die Untersuchungen zeigen aber, dass auch wegen der längeren Berufserfahrung dieser Mechanismus nicht so einfach ist (vielleicht mit der Ausnahme von Hochschulen) und dass wir es hier lediglich mit einem Stereotyp zu tun haben.[31] Die fehlende Beschäftigung der älteren Arbeitnehmer auf Grund einer zu steifen Regulierung der Altersgrenze steigert nur die Notwendigkeit, immer neue Immigranten zu suchen oder die Produktion ins Ausland zu verlegen. Seltener (wegen der Automatisierung der Produktion und des Fortschritts der Informationsgesellschaft) werden die Fälle, in denen man am Arbeitsplatz tatsächlich große physische Kraft und ungestörte, tadellose Gesundheit braucht. Der Gesetzgeber (und die Gerichte) nehmen zu Recht an, dass z. B. die Arbeit eines Bal-

31 Vgl. z. B. „Seniorzy w pracy 2000–2005" [„Senioren in der Arbeit"], in: „Służba pracownicza" [„Der Arbeitsdienst"], 2007 S. 4.

letttänzers, eines Flugzeugpiloten oder eines Mitglieds der Antiterroreinheit besondere Fähigkeiten erfordern und daher eine niedrigere Rentengrenze rechtfertigen. Sonst kämpfen immer öfter ältere Arbeitnehmer um das Recht, den Arbeitsplatz behalten zu dürfen. Eine völlig neue Erscheinung ist in Polen auch ein Kampf der chronisch kranken Älteren um einen Arbeitsplatz. Moderne Therapien ermöglichen heute oft sogar das Weiterarbeiten bei einigen Krebserkrankungen unter der Bedingung, dass das Arbeitsverhältnis flexibel gestaltet ist. Diese Flexibilität ist im Rechtssystem jedoch noch sehr mangelhaft.[32]

Das Recht, über die traditionelle Altersgrenze hinweg weiter zu arbeiten wird also zunehmend als ein Privileg verstanden. Die individuelle Lebensplanung wird mit der Zeit hoffentlich immer mehr respektiert. Als Hauptgrund für das Beenden einer Arbeitstätigkeit wird die schlechte psychophysische Kondition konkreter Person angenommen (auch des Beamten, des Notars oder des Hochschullehrers). Diese schlechte, altersbedingte Kondition kann – nach polnischer Rechtsprechung – jedoch nicht mehr nur deswegen vermutet werden, weil eine Person ein bestimmtes Alter erreicht habe. Der Arbeitgeber darf die bloße Erreichung der Altersgrenze nicht als Grund für eine Kündigung nehmen. Es gab eine kurze Zeit, in der man zwei Gründe unterschieden hatte: Es ging bei der Kündigung also nicht um die Erreichung der Altersgrenze, sondern um die Erwerbung des Rechts auf die Rente. Man glaubte, wenn man eine Reduktion der Zahl der Arbeitnehmer durchführen muss, darf der Arbeitgeber sich die Menschen zur Entlassung „aussuchen".

Es ist klar, dass der Automatismus, mit dem die Rente vollzogen wurde, wesentlich bequemer für den Arbeitgeber war. Es kostet viel mehr Mühe, über die Tatsache zu verhandeln, ob man schon „rentenreif" ist. In Zeiten, in denen jedes Jahr der Arbeit für eine spätere Rente immer wichtiger für den Staat wird, ist damit aber den Rechten älterer Menschen gut gedient.[33]

---

32 *H. Meenan*, „Age Discrimination in Europe: late bloomer or wall-flower?" Konferenzmaterialien Kopenhagen 2006.

33 *G. Uścińska*, „Kierunki rozwiązań w zakresie wieku emerytalnego" [„Lösungen im Bereich des Rentenalters"], in: „Prawo i zabezpieczenie społeczne" [„Arbeit und Sozialversicherung"], April 2011 Nr. 4, S. 2–3.

Altersdiskriminierung als Problem? Die deutsche Perspektive am Beispiel des öffentlichen Dienstes

Prof. Dr. Jens Kersten, München

I. Einleitung

„Ich hatte geglaubt," – so schreibt André Glucksmann 2007 in seinen Erinnerungen – „dass die Jugend in der Ungewissheit aufblüht. Ich muss mich getäuscht haben. Als ich kürzlich die Place de la Concorde überquerte, schwenkten die Studenten der Grandes Écoles, also die künftige Elite Frankreichs, Spruchbänder und skandierten Parolen. Ich traute weder meinen Ohren noch meinen Augen, dass die Zwanzigjährigen sich für eine Rente mit sechzig heiser schrien."[1] Der Streit um das Renteneintrittsalter, den Glucksmann beschreibt, hat Frankreich politisch erschüttert. In der Bundesrepublik wurde der Konflikt um die Anhebung der Altersgrenze für den Ruhestand nicht in vergleichbarer Weise hart geführt. Doch auch diese Auseinandersetzung hat gezeigt, wie zentral Altersgrenzen nicht nur für das persönliche Leben der Bürgerinnen und Bürger, sondern zugleich auch für die soziale Kohäsion, die wirtschaftliche Prosperität und nicht zuletzt auch die politische Legitimation in unserer Gesellschaft sind. Dies gilt umso mehr, als in den Zeiten des demografischen Wandels Altersgrenzen sehr schnell mit Gerechtigkeitsfragen individueller Freiheit, gesellschaftlicher Teilhabe und politischer Herrschaft verbunden werden: „Generationengerechtigkeit" ist hier das zentrale Stichwort.[2]

Ist aber deshalb die Altersdiskriminierung ein Problem? Altersdiskriminierung ist – jedenfalls im Arbeits- und Dienstrecht – in der Regel kein Problem einer Diskriminierung im Sinn von Zurückstufung, Herabsetzung und Nichtachtung von Personen. Dies wird deutlich, wenn man sich den normativen Kontext vergegenwärtigt, in den etwa die europäische Anti-Diskriminierungs-Richtlinie 2000/78/EG und daran anknüpfend § 1 Allgemeines Gleichbehandlungsgesetz (AGG) das Alter stellen: In der Formulierung des Art. 1 Richtlinie 2000/78/EG soll ein allgemeiner Rahmen geschaffen werden, um die Diskriminierung wegen der Religion oder der Weltanschauung, einer Behinderung, des Alters oder der sexuellen Ausrichtung in Beschäftigung und Beruf zu bekämpfen. Das Alter nimmt im Kreis dieser Diskrimi-

1 *A. Glucksmann*, Wut eines Kindes, Zorn eines Lebens. Erinnerungen, 2007, S. 19.

2 Vgl. *W. Kahl*, Staatsziel Nachhaltigkeit und Generationengerechtigkeit, DÖV 2009, S. 2ff.; konkret für das Beamtenrecht *R. Summer*, Die Altersgrenze für den Eintritt in den Ruhestand – Probleme durch Europarecht, ZBR 2007, S. 368 (371): „Generationengerechtigkeit als Gestaltungsziel".

nierungsverbote aus mindestens zwei Gründen eine Sonderstellung ein:[3] Erstens lässt sich „das" Alter nicht eindeutig bestimmen. Es verändert sich. Religion, Sexualität oder Behinderung konstituieren die Persönlichkeit mit, weil sie einen Menschen unverändert oder jedenfalls nicht einfach oder oft veränderbar prägen. Durch Religion, Sexualität oder Behinderung ist eine Person festgelegt oder legt sich fest und unterscheidet sich in dieser Festlegung von anderen. Dies ist beim Alter nicht der Fall: Jeder altert individuell und damit zugleich unterschiedlich in körperlicher, psychischer und emotionaler Hinsicht.[4] Im Altern unterscheiden sich die Menschen folglich nicht in ihrer Festlegung, sondern in ihrer Veränderung. Zweitens werden Ungleichbehandlungen von Personen aufgrund ihrer Religion, Sexualität, Behinderung oder auch ethnischen Zugehörigkeit individuell wie gesellschaftlich anders wahrgenommen als Ungleichbehandlungen aufgrund des Alters: Ungleichbehandlungen aufgrund von Religion, Sexualität, Behinderung oder ethnischer Zugehörigkeit werden individuell wie kollektiv grundsätzlich als soziale Ausgrenzung empfunden und deshalb negativ bewertet. Wegen dieser prinzipiell negativen Konnotation ist denn auch im allgemeinen Sprachgebrauch von „Diskriminierung" im Sinn von Zurückstufung, Herabsetzung und Nichtachtung von Personen und Gruppen die Rede. Bei Ungleichbehandlungen aufgrund des Alters lässt sich ein solcher Grundsatz aber nicht aufstellen: Ein und dieselbe Altersregelung kann von den Betroffenen positiv wie negativ wahrgenommen werden: So wird beispielsweise das zwangsweise Ausscheiden aus dem Berufsleben mit Erreichen der Altersgrenze von 65 oder 67 Jahren von den einen als sehr positiv empfunden, weil sie nun in einen versorgten Ruhestand treten. Andere bewerten diese Altersgrenze als „Zwangsruhestand" sehr negativ, weil sie sich noch arbeitsfähig fühlen, aber ihre Berufstätigkeit so nicht mehr fortsetzen können. Der Grund für diese ambivalente Bewertung von Altersgrenzen liegt darin, dass das „Alter" nicht schlicht in der Zunahme von Jahreszahlen besteht. Vielmehr ist „Altern" ein komplexer Prozess für Körper, Psyche und Emotion des Individuums, der sich in sozialen, wirtschaftlichen und vor allem auch technischen sowie medizinischen Kontexten entfaltet, also aus dem individuellen und sozialen Spannungsverhältnis einer Person zu ihrer Umwelt lebt. Im Gegensatz zu Religion, Sexualität, Behinderung oder ethnischer Zugehörigkeit geht es demnach bei Altersregelungen typischerweise nicht so sehr um eindeutig benennbare, negativ konnotierte Diskriminierungen, sondern vielmehr um die Suche nach angemessenen Differenzierungen.

3 Vgl. hierzu und zum Folgenden *J. A. Kämmerer*, Deutsches Beamtenrecht und Verbot der Altersdiskriminierung: Zwischen Irrelevanz und Ignoranz, ZBR 2008, S. 325 (326).

4 Vgl. *A. Nussberger*, Altersgrenzen als Problem des Verfassungsrechts, JZ 2002, S. 524 (531 f.); Akademiegruppe „Altern in Deutschland", Gewonnene Jahre, in: Nova Acta Leopoldina NF 107, Nr. 371 (2009), S. 9 (39 ff.).

Das rechtliche Grundproblem, das mit der Altersdiskriminierung – oder eben vielleicht doch besser: einer angemessenen Altersdifferenzierung – verbunden ist, hat das Bundesverfassungsgericht in seiner wiederholten Beschäftigung mit Altersgrenzen auf den Punkt gebracht: „Jede gesetzliche Regelung der Altersgrenzen muss generalisieren und enthält daher auch unvermeidbare Härten. Daraus sich ergebende Unebenheiten, Friktionen und Mängel müssen in Kauf genommen werden, solange sich für die Gesamtregelung ein plausibler und sachlich vertretbarer Grund anführen lässt."[5] Die zentrale Herausforderung der Altersdiskriminierung besteht also im Spannungsverhältnis von Individualisierung und Generalisierung:[6] Jeder erlebt sein Alter individuell, aber das Arbeits- und Dienstrecht *kann* generalisierende Altersgrenzen aus sozialen, wirtschaftlichen, politischen und funktionalen Gründen einführen. Aber wichtig ist: Das Arbeits- und Dienstrecht *kann* generalisieren, *muss* aber nicht generalisieren. Es ist sicherlich auch im Hinblick auf das Alter eine vollkommen individualisierte Gestaltung des Arbeitslebens denkbar. Doch die personalwirtschaftlichen Kosten für eine solche Altersindividualisierung wären hoch:[7] Sie würden beispielsweise für den jeweils individuellen Eintritt in den Ruhestand einen jeweils individuellen Nachweis der Arbeits- bzw. Dienstunfähigkeit des Arbeitnehmers bzw. des Beamten durch seinen Arbeitgeber bzw. Dienstherrn erfordern. Dies ist für die Arbeitnehmer bzw. die Beamten unter Umständen erniedrigend und für den Arbeitgeber bzw. den Dienstherrn sehr kostenintensiv. Darüber hinaus sorgen sie für Streit in Betrieb und Amt, der sich in Rechtsstreitigkeiten vor Gericht fortsetzt.

Wenn aber die Ökonomie unserer Arbeitswelt bei realistischer Betrachtung wohl nicht ohne generalisierende Altersgrenzen auskommt, dann liegt die Funktion des Verbots der Altersdiskriminierung darin, eine angemessene Altersdifferenzierung in unserer sozialen Welt sicherzustellen, deren Kriterium die individuelle Freiheitsentfaltung der Bürgerinnen und Bürger aller Altersgruppen im Arbeitsleben ist. Die europa- und gleichstellungs- sowie verfassungs- und verwaltungsrechtlichen Probleme des Verbots der Altersdiskriminierung bzw. die Anforderungen einer angemessenen Altersdifferenzierung im Spannungsverhältnis von Individualisierung und Generalisierung von Altersgrenzen sollen im Folgenden am Beispiel des öffentlichen Diensts und – noch enger – des Beamtenrechts diskutiert werden, also einem Rechtsgebiet, das durch eine unüberschaubare Fülle tradierter

5 BVerfG, NVwZ 2008, S. 1233 (1233); vgl. auch BVerfGE 76, 256 (295); BVerfGE 103, 310 (320); BVerfGE 110, 339 (364 f.).

6 Vgl. darüber hinaus *J. F. Lindner*, Die Ausweitung des Diskriminierungsschutzes durch den EuGH, NJW 2008, S. 2750 (2751): Tendenz zur „Transindividualisierung".

7 Vgl. hierzu und zum Folgenden VGH Kassel, NVwZ 2010, S. 140 (143); EuGH, Rs. C-45/09 (Rosenbladt), NJW 2010, S. 3767 (3768 f. [Rn. 43]).

Altersgrenzen gekennzeichnet ist, die es kritisch zu hinterfragen gilt.[8] Dazu soll zunächst die Kontur des vor allem durch das Europarecht ausdifferenzierten Verbots der Altersdiskriminierung nachgezeichnet werden (II.), um sodann dessen Einfluss auf das deutsche Beamtenrecht zu beschreiben und anhand von funktions- und statusbezogenen Altersgrenzen beispielhaft zu veranschaulichen (III.).

II. Europarechtlich konturiertes Verbot der Altersdiskriminierung

Das Verbot der Altersdiskriminierung wurde 2000 durch die Richtlinie 2000/78/EG zur Festlegung eines allgemeinen Rahmens für die Verwirklichung der Gleichbehandlung in Beschäftigung und Beruf in das Europarecht eingeführt und 2006 in der Bundesrepublik durch das Allgemeine Gleichbehandlungsgesetz umgesetzt. Grundsätzlich sind sowohl nach Art. 1 Richtlinie 2000/78/EG als auch nach § 1 AGG Benachteiligungen aus Gründen des Alters zu bekämpfen bzw. zu verhindern und zu beseitigen. Dieses grundsätzliche Verbot einer Ungleichbehandlung aus Altersgründen gilt für alle Personen in privaten und öffentlichen Bereichen (Art. 3 Abs. 1 Richtlinie 2000/78/EG, § 2, § 24 AGG).[9]

Allerdings kann eine unterschiedliche Behandlung aufgrund des Alters in zwei Fällen gerechtfertigt sein (Erwägungsgrund 25 Richtlinie 2000/78/EG): Eine Ungleichbehandlung wegen des Alters ist erstens aufgrund beruflicher Anforderungen möglich (Art. 4 Richtlinie 2000/78/EG). Dies ist immer dann zu bejahen, wenn das Alter wegen der Art oder der Bedingungen der auszuübenden Tätigkeit eine wesentliche und entscheidende berufliche Anforderung darstellt, sofern der Zweck rechtmäßig und die Anforderung angemessen ist. Daneben kann zweitens ein „sozialpolitischer" Rechtfertigungsgrund eine Altersdifferenzierung legitimieren (Art. 6 Abs. 1 UAbs. 1 Richtlinie 2000/78/EG). Dies ist insbesondere in Anknüpfung an ein Ziel aus den Bereichen Beschäftigungspolitik, Arbeitsmarkt und berufliche Bildung möglich, sofern die Mittel zur Erreichung dieses Ziels angemessen und erforderlich sind. Welche Ungleichbehandlungen aufgrund des Alters in diesem Sinn gerechtfertigt sein können, zählt Art. 6 Abs. 1 UAbs. 2 Richtlinie 2000/78/EG beispielhaft auf: So ist etwa eine Festlegung besonderer Bedingungen für den Zugang zur Beschäftigung

8 Vgl. zur Anwendung des Verbots der Altersdiskriminierung auf Tarifbeschäftigte *U. Battis/J. Nebel*, Auswirkungen des Allgemeinen Gleichbehandlungsgesetzes auf das öffentliche Dienstrecht, in: P. Hanau/J. T. Thau/H. P. Westermann (Hrsg.), Gegen den Strich. Festschrift für K. Adomeit, 2008, S. 1 (20 ff., bes. S. 23); insbesondere auch BAG, NZA 2010, S. 961 ff.; *A. Freckmann*, BAT-Vergütung altersdiskriminierend?, BB 2010, S. 1602 f.

9 Vgl. EuGH, Rs. C-88/08 (Hütter), NVwZ 2009, S. 1089 (1090 [Rn. 34]); EuGH, Rs. C-229/08 (Wolf), NVwZ 2010, S. 244 (245 [Rn. 26]).

und zur beruflichen Bildung sowie besonderer Beschäftigungs- und Arbeitsbedingungen möglich, um die berufliche Eingliederung von Jugendlichen, älteren Beschäftigten und Personen mit Fürsorgepflichten zu fördern oder deren Schutz sicherzustellen (Art. 6 Abs. 1 UAbs. 2 lit. a Richtlinie 2000/78/EG). Aber auch die Festlegung von Mindestanforderungen an das Alter, die Berufserfahrung oder das Dienstalter für den Zugang zu Beschäftigung oder für bestimmte mit der Beschäftigung verbundene Vorteile können einen Grund für eine Altersdifferenzierung darstellen (Art. 6 Abs. 1 UAbs. 1 lit. b Richtlinie 2000/78/EG). Schließlich kommt auch die Festsetzung eines Höchstalters für die Einstellung aufgrund der spezifischen Ausbildungsanforderungen eines bestimmten Arbeitsplatzes oder der Notwendigkeit einer angemessenen Beschäftigungszeit vor dem Eintritt in den Ruhestand als akzeptierter Altersdifferenzierungsgrund in Betracht (Art. 6 Abs. 1 UAbs. 1 lit. c Richtlinie 2000/78/EG).

Das Allgemeine Gleichbehandlungsgesetz hat diese europarechtlichen Vorgaben für die Rechtfertigung einer Ungleichbehandlung aus Altersgründen im Wesentlichen inhaltsgleich umgesetzt: In Anknüpfung an Art. 4 Richtlinie 2000/78/EG regelt § 8 AGG die Zulässigkeit unterschiedlicher Behandlung wegen beruflicher Anforderungen. § 10 AGG greift die europarechtlichen Vorgaben des Art. 6 Richtlinie 2000/78/EG zur Rechtfertigung einer Altersdifferenzierung durch „sozialpolitische“ Ziele auf:[10] Nach § 10 Satz 1 AGG ist eine unterschiedliche Behandlung wegen des Alters zulässig, wenn sie objektiv und angemessen und durch ein legitimes Ziel gerechtfertigt ist. Darüber hinaus muss laut § 10 Satz 2 AGG das Mittel zur Erreichung dieses Ziels angemessen und erforderlich sein. In Anlehnung an Art. 6 Abs. 1 UAbs. 2 Richtlinie 2000/78/EG zählt auch § 10 Satz 3 AGG einige Beispielsfälle auf, die eine unterschiedliche Behandlung aufgrund des Alters rechtfertigen können. Danach sind insbesondere Vereinbarungen möglich, die eine Beendigung des Beschäftigungsverhältnisses ohne Kündigung zu einem Zeitpunkt vorsehen, zu dem der oder die Beschäftigte eine Rente wegen Alters beantragen kann (§ 10 Satz 3 Nr. 5 Hs. 1 AGG).

1. Verbot der Altersdiskriminierung als allgemeiner Grundsatz des Unionsrechts

Wie wichtig dem EuGH das Verbot der Altersdiskriminierung und vor allem die Konkretisierung der beiden Ausnahmeregelungen aufgrund beruflicher und „sozialpolitischer“ Anforderungen ist, beweisen die Fülle seiner Entscheidungen zur Altersdiskriminierung seit 2005 in den Rechtsachen

10 Vgl. EuGH, Rs. C-45/09 (Rosenbladt), NJW 2010, S. 3767 (3768 [Rn. 39]), zur im Wesentlichen inhaltsgleichen Umsetzung des Art. 6 Richtlinie 2000/78/EG durch § 10 AGG.

Mangold,[11] *Cadmann*,[12] *Palacios*,[13] *Age Concern England*,[14] *Hütter*,[15] *Wolf*,[16] *Kücükdeveci*,[17] *Petersen*,[18] *Rosenbladt*,[19] *Andersen*,[20] *Georgiev*,[21] *Fuchs*[22] sowie *Prigge*, *Fromm* und *Lambach* gegen die *Deutsche Lufthansa AG*.[23] Seit seiner Entscheidung in der Rechtssache *Mangold* begreift der EuGH das Verbot der Altersdiskriminierung als einen allgemeinen Grundsatz des Gemeinschafts- bzw. Unionsrechts.[24] Die unzureichende dogmatische Begründung dieser rechtlichen Anknüpfung des Verbots der Altersdiskriminierung in der Rechtssache *Mangold* wurde nachdrücklich kritisiert.[25] In Reaktion auf diese Kritik hat der EuGH in der Rechtssache *Kücükdeveci* die Begründung „nachgeschoben", das Verbot der Altersdiskriminierung sei als allgemeiner Grundsatz eine Ausprägung des allgemein akzeptierten Gleichheitssatzes.[26] Darüber hinaus verweist der EuGH auf das Verbot der Altersdiskriminierung in Art. 21 Abs. 1 der Charta der Grundrechte der Europäischen Union (CGEU)[27] und stellt – in der Rechtssache *Fuchs* – einen direkten Zusammenhang zwischen dem Verbot der Altersdiskriminierung und dem in Art. 15 Abs. 1 CGEU gewährleisteten Recht zu arbeiten her.[28] Doch auch diese Begründungen haben insbesondere das Bundesverfassungsgericht nicht sonderlich beeindruckt, das die Einordnung des Verbots der Altersdiskriminierung als allgemeinen Grundsatz des Unionsrechts in *Honeywell* ausdrücklich offen gelassen hat.[29] Ungeachtet dieser

11 Vgl. EuGH, Rs. C-144/04 (Mangold), NJW 2005, S. 3695 ff.

12 Vgl. EuGH, Rs. C-17/05 (Cadmann), NJW 2007, S. 47 ff.

13 Vgl. EuGH, Rs. C-411/05 (Palacios), NJW 2007, S. 3339 ff.

14 Vgl. EuGH, Rs. C-388/07 (Age Concern England), NZA 2009, S. 305 ff.

15 Vgl. EuGH, Rs. C-88/08 (Hütter), NVwZ 2009, S. 1089 ff.

16 Vgl. EuGH, Rs. C-229/00 (Wolf), NVwZ 2010, S. 244 ff.

17 Vgl. EuGH, Rs. C-555/07 (Kücükdeveci), NZA 2010, S. 85 ff.

18 Vgl. EuGH, Rs. C-341/08 (Petersen), NJW 2010, S. 587 ff.

19 Vgl. EuGH, Rs. C-45/09 (Rosenbladt), NJW 2010, S. 3767 ff.

20 Vgl. EuGH, Rs. C-499/08 (Andersen), NZA 2010, S. 1341 ff.

21 Vgl. EuGH, Rs. C-250/09, C-268/09 (Georgiev), NJW 2011, S. 42 ff.

22 Vgl. EuGH, Rs. C-159/10, C-160/10 (Fuchs), NVwZ 2011, S. 1249 ff.

23 Vgl. EuGH, Rs. C-447/09 (Prigge).

24 Vgl. EuGH, Rs. C-144/04 (Mangold), NJW 2005, S. 3695 (3698 [Rn. 75]); EuGH, Rs. C-555/07 (Kücükdeveci), NZA 2010, S. 85 (86 [Rn. 21], 88 [Rn. 50]); EuGH, Rs. C-447/09 (Prigge) Rn. 38.

25 Vgl. *V. Rieble/A. Zedler*, Altersdiskriminierung in Tarifverträgen, ZfA 2006, S. 273 (280 ff.); *R. Streinz/C. Herrmann*, Der Fall Mangold – eine „kopernikanische Wende im Europarecht"?, RdA 2007, S. 165 (168); *U. Preis*, Schlangenlinien in der Rechtsprechung des EuGH zur Altersdiskriminierung, NZA 2010, S. 1323; *K. Adomeit/J. Mohr*, AGG, 2007, § 1, Rn. 172; *Ulrike Wendeling-Schröder*, in: ders./Axel Stein, AGG, 2008, § 1, Rn. 69 ff.; jew.m. w. N.

26 Vgl. EuGH, Rs. C-555/07 (Kücükdeveci), NZA 2010, S. 85 (88 [Rn. 50]).

27 Vgl. EuGH, Rs. C-388/07 (Age Concern England), NZA 2009, S. 305 (307 f. [Rn. 40]); EuGH, Rs. C-555/07 (Kücükdeveci), NZA 2010, S. 85 (86 [Rn. 22]); EuGH, Rs. C-447/09 (Prigge) Rn. 38.

28 Vgl. EuGH, Rs. C-159/10, C-160/10 (Fuchs), NVwZ 2011, S. 1249 (1251 [Rn. 62]).

29 Vgl. BVerfG (Honeywell), NJW 2010, S. 3422 (3426).

andauernden Auseinandersetzung sieht der EuGH in der Richtlinie 2000/78/EG eine sekundärrechtliche Konkretisierung des primärrechtlichen Verbots der Altersdiskriminierung. Dementsprechend knüpft das Verbot in Art. 1 Richtlinie 2000/78/EG – und auch des § 1 AGG – an das konkrete Lebensalter eines Menschen und nicht an dessen Betagtheit an.[30] Es werden deshalb Menschen jedes Lebensalters vor einer Altersdiskriminierung geschützt, also auch junge Menschen,[31] selbst wenn rein faktisch der arbeits- und dienstrechtliche Wirkungsschwerpunkt des Verbots der Altersdiskriminierung im Schutz Älterer im Arbeitsleben liegt.[32]

2. „Legitime" Ziele einer altersbedingten Ungleichbehandlung

In seiner Rechtsprechung hat der EuGH sich insbesondere mit den Möglichkeiten und Grenzen von Altersungleichbehandlungen aufgrund von beruflichen Anforderungen (Art. 4 Richtlinie 2000/78/EG) und zur Erreichung „sozialpolitischer" Ziele (Art. 6 Richtlinie 2000/78/EG) auseinandergesetzt. Grundsätzlich räumt der EuGH den nationalen Gesetzgebern einen breiten Ermessensspielraum für die Gestaltung von Ausnahmeregelungen ein, die eine Altersdifferenzierung legitimieren. Dieser weite Gestaltungsspielraum bezieht sich im Fall der „sozialpolitischen" Rechtfertigung einer Ungleichbehandlung aus Altersgründen im Sinn des Art. 6 Richtlinie 2000/78/EG sowohl auf die Auswahl eines legitimen Ziels (unter mehreren legitimen Zielen) im Bereich der Arbeits- und Sozialpolitik[33] als auch auf die Wahl der Maßnahme, mit der dieses Ziel erreicht werden soll.[34]

---

30 Vgl. BT-Drs. 16/1780, S. 31; *Battis/Nebel* (Fn. 8), S. 14; *J.-H. Bauer/B. Göpfert/S. Krieger*, AGG, 3. Aufl. 2011, § 1, Rn. 45.

31 Vgl. *Rieble/Zedler*, ZfA 2006, S. 273 (283); *J.-H. Bauer*, Altersdiskriminierung – oder: Der Arbeitgeber zwischen Skylla und Charybdis, in: Hanau/Thau/Westermann (Fn. 8), S. 25 (27); *Adomeit/Mohr* (Fn. 25), § 1 AGG, Rn. 118; *W. Däubler*, in: ders./M. Bertzbach (Hrsg.), AGG, 2. Aufl. 2008, § 1, Rn. 85.

32 Vgl. EuGH, Rs. C-144/04 (Mangold), NJW 2005, S. 3695 (3697 [Rn. 59]); *R. Gutmann*, Beamtenrecht und Altersdiskriminierung, VBlBW 2006, S. 339; *Bauer* (Fn. 31), S. 27; *Adomeit/Mohr* (Fn. 25), § 1 AGG, Rn. 108.

33 Vgl. EuGH, Rs. C-411/05 (Palacios), NJW 2007, S. 3339 (3341 [Rn. 68]); EuGH, Rs. C-388/07 (Age Concern England), NZA 2009, S. 305 (309 [Rn. 52]); EuGH, Rs. C-45/09 (Rosenbladt), NJW 2010, S. 3767 (3768 [Rn. 40f.]); EuGH, Rs. C-250/09, C-268/09 (Georgiev), NJW 2011, S. 42 (44 [Rn. 50]).

34 Vgl. EuGH, Rs. C-144/04 (Mangold), NJW 2005, S. 3695 (3697 [Rn. 63]); EuGH, Rs. C-388/07 (Age Concern England), NZA 2009, S. 305 (308 [Rn. 51]); EuGH, Rs. C-88/08 (Hütter), NVwZ 2009, S. 1089 (1091 [Rn. 45]); EuGH, Rs. C-341/08 (Petersen), NJW 2010, S. 587 (591 [Rn. 75]); EuGH, Rs. C-555/07 (Kücükdeveci), NZA 2010, S. 85 (87 [Rn. 38]); EuGH, Rs. C-45/09 (Rosenbladt), NJW 2010, S. 3767 (3768 [Rn. 41]); EuGH, Rs. C-499/08 (Andersen), NZA 2010, S. 1341 (1342 [Rn. 33]).

a) Berufsbezogene Altersdifferenzierung

Im Fall der berufsbezogenen Altersregelungen im Sinn des Art. 4 Richtlinie 2000/78/EG liegt das legitime Ziel einer Ungleichbehandlung in den Bedingungen, die bei der Ausübung eines bestimmten Berufs zu erfüllen sind und ihren Ausdruck im Lebensalter finden. Typischerweise ist dies bei körperlichen Anforderungen der Fall. Eine optimale Gesundheitsverfassung kann insbesondere für Tätigkeiten erforderlich sein, die einen besonderen Körpereinsatz voraussetzen (Polizeivollzugs-, Feuerwehr- und Militärdienst) oder mit besonderen körperlichen Konditionsanforderungen verbunden sind (Piloten). Insofern stellt auch Erwägungsgrund 18 Richtlinie 2000/78/EG ausdrücklich klar, dass „mit dieser Richtlinie den Streitkräften sowie der Polizei, den Haftanstalten oder den Notfalldiensten unter Berücksichtigung des rechtmäßigen Ziels, die Einsatzbereitschaft dieser Dienste zu wahren, nicht zur Auflage gemacht werden [darf], Personen einzustellen oder weiter zu beschäftigen, die nicht den jeweiligen Anforderungen entsprechen, um sämtliche Aufgaben zu erfüllen, die ihnen übertragen werden können.“[35]

b) „Sozialpolitische" Altersdifferenzierung

Im Fall einer „sozialpolitischen“ Altersungleichbehandlung im Sinn des Art. 6 Richtlinie 2000/78/EG genügt dem EuGH nicht die allgemeine Behauptung, eine bestimmte, nach dem Lebensalter differenzierende Maßnahme verfolge ein legitimes Ziel.[36] Vielmehr lässt der EuGH nur Allgemeinwohlbelange zur Rechtfertigung von Altersdifferenzierungen zu.[37] Rein „private“ Interessen des Arbeitgebers wie beispielsweise die Reduzierung der Kosten oder die Verbesserung der Wettbewerbsfähigkeit sollen demnach nicht in der Lage sein, eine Ungleichbehandlung aufgrund des Lebensalters zu legitimieren.[38] Allerdings will der EuGH in diesen Fällen nicht ausschließen, „dass eine nationale Rechtsvorschrift bei der Verfolgung der genannten rechtmäßigen Ziele den Arbeitgebern einen gewissen

35 Klammerzusatz durch den Verfasser; vgl. auch *J. Kühling/K. Bertelsmann*, Höchstaltersgrenzen bei der Einstellung von Beamten, NVwZ 2010, S. 87 (88).

36 Vgl. EuGH, Rs. C-388/07 (Age Concern England), NZA 2009, S. 305 (308 f. [Rn. 51]); EuGH, Rs. C-159/10, C-160/10 (Fuchs), NVwZ 2011, S. 1249 (1252 [Rn. 77]).

37 Vgl. EuGH, Rs. C-144/04 (Mangold), NJW 2005, S. 3695 (3698 [Rn. 60]); EuGH, Rs. C-388/07 (Age Concern England), NZA 2009, S. 305 (308 [Rn. 46]).

38 Vgl. EuGH, Rs. C-388/07 (Age Concern England), NZA 2009, S. 305 (308 [Rn. 46]); hierzu *A. von Weschpfennig*, Professor auf Zeit – rechtliche Grenzen von Befristungen an staatlichen Hochschulen bei der Erstberufung im Lichte der Altersdiskriminierung, WissR 43 (2010), S. 250 (265); *H.-J. Bauschke*, Altersgrenzen im öffentlichen Dienst – Konfliktbereich zwischen nationalen und europäischen Rechtsquellen unter Berücksichtigung neuerer Rechtsprechung, ZTR 2009, S. 622 (629); *T. von Roetteken*, Altersgrenzen im öffentlichen Dienst nach dem Urteil des EuGH vom 16. 7. 2007 (Palacois de la Villa), ZTR 2008, S. 350 (354).

Grad an Flexibilität einräumt."[39] Dies bedeutet: Der nationale Gesetzgeber kann in Verbindung mit einem Gemeinwohlbelang durchaus auch „private" Interessen des Arbeitgebers – wie insbesondere Kostenersparnisse – bei der Rechtfertigung einer Altersungleichbehandlung berücksichtigen.[40]

Bei der Ausübung ihres weiten Gestaltungsermessens sind die Mitgliedstaaten nicht auf die in Art. 6 Abs. 1 Richtlinie 2000/78/EG ausdrücklich genannten Ziele zur Rechtfertigung einer Ungleichbehandlung beschränkt. Die Aufzählung der „sozialpolitischen" Rechtsfertigungsgründe in Art. 6 Abs. 1 UAbs. 1 sowie der Fallgruppen in Art. 6 Abs. 1 UAbs. 2 Richtlinie 2000/78/EG erfolgen nur beispielhaft („insbesondere") und entfalten aufgrund dessen nur „Hinweischarakter"[41]. Deshalb sieht es der EuGH in der Rechtssache *Rosenbladt* auch zu Recht als unproblematisch an, dass Altershöchstgrenzen, die automatisch zu einer Beendigung des Arbeitsverhältnisses führen, nicht ausdrücklich im Rahmen der Fallgruppen des Art. 6 Abs. 1 UAbs. 2 Richtlinie 2000/78/EG genannt sind.[42] Darüber hinaus fordert die Regelung des Art. 6 Richtlinie 2000/78/EG bei der Richtlinienumsetzung keine abschließende Aufzählung von legitimen Zielen und Fallgruppen, die eine Differenzierung nach dem Lebensalter erlauben können.[43] Schließlich hält es der EuGH nicht für erforderlich, dass der Gesetzgeber in seiner Gesetzesbegründung für jede einzelne Altersgrenze ausdrücklich deren legitimen Zweck angibt, da sich dieser auch aus dem Regelungskontext erschließen kann.[44]

3. Verhältnismäßigkeit

Eine Ungleichbehandlung ist jedoch nur dann nach Art. 6 Abs. 1 UAbs. 1 Richtlinie 2000/78/EG bzw. § 10 Satz 2 AGG gerechtfertigt, wenn die gewählten Mittel zur Erreichung des legitimen Ziels „angemessen und erforderlich" und folglich verhältnismäßig sind.[45] Dabei kommt es für die rechtliche „Haltbarkeit" von Altersgrenzen ganz entscheidend darauf an, welche Anforderungen an diese Verhältnismäßigkeitsprüfung zu stellen

39 EuGH, Rs. C-388/07 (Age Concern England), NZA 2009, S. 305 (308 [Rn. 46]); vgl. EuGH, Rs. C-159/10, C-160/10 (Fuchs), NVwZ 2011, S. 1249 (1251 [Rn. 52]).

40 Vgl. EuGH, Rs. C-159/10, C-160/10 (Fuchs), NVwZ 2011, S. 1249 (1252 [Rn. 69ff., bes. 73ff.]).

41 EuGH, Rs. C-388/07 (Age Concern England), NZA 2009, S. 305 (308 [Rn. 43], 309 [Rn. 52]); EuGH, Rs. C-45/09 (Rosenbladt), NJW 2010, S. 3767 (3768 [Rn. 40]); *Kämmerer*, ZBR 2008, S. 325 (328); *Bauer* (Fn. 31), S. 30.

42 Vgl. EuGH, Rs. C-45/09 (Rosenbladt), NJW 2010, S. 3767 (3768 [Rn. 40]).

43 Vgl. EuGH, Rs. C-388/07 (Age Concern England), NZA 2009, S. 305 (308 [Rn. 43]).

44 Vgl. EuGH, Rs. C-411/05 (Palacios), NJW 2007, S. 3339 (3340 [Rn. 56f.]); EuGH, Rs. C-388/07 (Age Concern England), NZA 2009, S. 305 (308 [Rn. 44f.]); EuGH, Rs. C-341/08 (Petersen), NJW 2010, S. 587 (589 [Rn. 40]); EuGH, Rs. C-250/09, C-268/09 (Georgiev), NJW 2011, S. 42 (44 [Rn. 40]); EuGH, Rs. C-159/10, C-160/10 (Fuchs), NVwZ 2011, S. 1249 (1250 [Rn. 39]).

45 Vgl. EuGH, Rs. C-144/04 (Mangold), NJW 2005, S. 3695 (3697 [Rn. 63]); EuGH, Rs. C-411/05 (Palacios), NJW 2007, S. 3339 (3341 [Rn. 68]).

sind. Ulrich Preis hat im Hinblick auf die gerichtliche Kontrolldichte der Verhältnismäßigkeit von „Schlangenlinien in der Rechtsprechung des EuGH zur Altersdiskriminierung“[46] gesprochen; und in der Tat differenziert der EuGH bei der Verhältnismäßigkeitskontrolle zwischen berufsbezogenen und „sozialpolitischen“ Altersgrenzen, wobei er im letzteren Fall noch einmal zwischen bereichsspezifischen und allgemeinen Altersgrenzen unterscheidet.[47]

a) Berufsbezogene Altersdifferenzierung

Berufsbezogene Altersdifferenzierungen im Sinn des Art. 4 Richtlinie 2000/78/EG unterwirft der EuGH einer „strengen“ Verhältnismäßigkeitsprüfung.[48] So hat er in der Rechtssache *Wolf* eine Altershöchstgrenze von 30 Jahren für die Einstellung von Feuerwehrleuten aufgrund deren körperlicher Belastung als angemessen akzeptiert:[49] Die für den feuerwehrtechnischen Dienst notwendige körperliche Leistungskraft hängt unmittelbar mit dem Lebensalter zusammen und ist für das Funktionieren der Berufsfeuerwehr erforderlich.[50] In der Rechtssache *Prigge, Fromm* und *Lambach* gegen die *Deutsche Lufthansa AG* hat der EuGH seiner Überprüfung der Altershöchstgrenze für das Ausscheiden von Piloten aus dem Arbeitsleben ebenfalls einen strengen Maßstab zugrunde gelegt. Zu dessen Begründung wies er auf Erwägungsgrund 23 Richtlinie 2000/78/EG hin, der Ungleichbehandlungen nur unter „sehr begrenzten Bedingungen“[51] gestatte, sodass Art. 4 Richtlinie 2000/78/EG eng auszulegen sei.[52] In der Anwendung dieser strengen Anforderungen bestätigt der EuGH grundsätzlich die Möglichkeit einer belastungsbedingten Altershöchstgrenze für den Zwangsruhestand von Piloten insbesondere mit dem Hinweis auf die Flugsicherheit.[53] Doch das Gericht sah die konkrete Festsetzung dieser berufsbedingten Altershöchstgrenze auf 60 Jahre als unverhältnismäßig an, da andere nationale sowie internationale Regelungen von einer leistungsbedingten Altershöchstgrenze von 65 Jahren für Piloten ausgehen.[54]

---

46 *Preis*, NZA 2010, S. 1323; vgl. auch *Bauschke*, ZTR 2009, S. 622 (628).

47 Vgl. *Preis*, NZA 2010, S. 1323 (1327).

48 Vgl. *Preis*, NZA 2010, S. 1323 (1327).

49 Vgl. EuGH, Rs. C-229/08 (Wolf), NVwZ 2010, S. 244 (247 [Rn. 42 ff.]); hierzu *Preis*, NZA 2010, S. 1323 (1327).

50 Vgl. EuGH, Rs. C-229/08 (Wolf), NVwZ 2010, S. 244 (246 f. [Rn. 34 ff.]).

51 Vgl. EuGH, Rs. C-447/09 (Prigge) Rn. 71.

52 Vgl. EuGH, Rs. C-447/09 (Prigge) Rn. 72.

53 Vgl. EuGH, Rs. C-447/09 (Prigge) Rn. 68.

54 Vgl. EuGH, Rs. C-447/09 (Prigge) Rn. 73 ff.

b) „Sozialpolitische“ Altersdifferenzierung I: Bereichsspezifische Altersgrenzen

Auch „sozialpolitische“ Altersdifferenzierungen, die sich auf bestimmte Bereiche des Arbeitslebens – also beispielsweise bestimmte Berufsgruppen – beziehen, misst der EuGH an einem „strengen“ Verhältnismäßigkeitsmaßstab,[55] der auf eine an der konkreten Arbeitsmarktstruktur sowie der persönlichen Situation der Betroffenen ausgerichteten Prüfung der Zweck-Mittel-Relation[56] unter Berücksichtigung aller einschlägigen Gesichtspunkte und der Regelungsalternativen abstellt.[57] Im Rahmen dieser hohen Kontrolldichte legt der EuGH auf eine konsistente, kohärente und systematische Regelungsgestaltung und Interessenabwägung Wert,[58] die auch nicht zu einer Aushöhlung des grundsätzlichen Verbots der Altersdiskriminierung[59] oder zu Missbrauch führen darf.[60] Beispiele für die Anwendung dieses strengen Prüfungsmaßstabs für bereichsspezifische Altersgrenzen sind etwa die Rechtssachen *Mangold* und *Petersen*. In der Rechtssache *Mangold* rügte der EuGH die sachgrundlose Befristungsmöglichkeit bei Arbeitnehmern, die nach dem deutschen Teilzeit- und Befristungsrecht ab dem 52. Lebensjahr zulässig war, als eine unverhältnismäßige Verkürzung arbeitsrechtlichen Schutzes für einen erheblichen Teil des Berufslebens und ordnete diese Altersgrenze folglich als Altersdiskriminierung ein.[61] In der Rechtssache *Petersen* hielt der EuGH die Altersgrenze von 68 Jahren für Ärzte in der gesetzlichen Krankenversicherung für inkonsistent und unverhältnismäßig, da die private Krankenversicherung keine entsprechende Altersgrenze vorsah. Programmatische Bedeutung entfalten in diesem Zusammenhang die Ausführungen des EuGH zum Stellenwert der generationengerechten Verteilung von Berufschancen in der Abwägung: „Folglich kann, wenn eine Maßnahme [...] die Verteilung der Berufschancen zwischen den Generationen innerhalb der Berufsgruppe der Vertragsärzte zum

---

55 Vgl. EuGH, Rs. C-144/04 (Mangold), NJW 2005, S. 3695 (3697 [Rn. 65]); EuGH, Rs. C-388/07 (Age Concern England), NZA 2009, S. 305 (308 [Rn. 50]); EuGH, Rs. C-555/07 (Kücükdeveci), NZA 2010, S. 85 (87 ff. [Rn. 32 ff.]); EuGH, Rs. C-341/08 (Petersen), NJW 2010, S. 587 (591 f. [Rn. 69 ff.]); EuGH, Rs. C-499/08 (Andersen), NZA 2010, S. 1341 (1342 f. [Rn. 33 ff.]); demgegenüber offener EuGH, Rs. C-17/05 (Cadmann), NJW 2007, S. 47 (48 f. [Rn. 34 ff.]); hierzu *Battis/Nebel* (Fn. 8), S. 15; hierzu *Bauer* (Fn. 31), S. 30; *Preis*, NZA 2010, S. 1323 (1324).

56 Vgl. EuGH, Rs. C-144/04 (Mangold), NJW 2005, S. 3695 (3697 [Rn. 65]).

57 Vgl. EuGH, Rs. C-388/07 (Age Concern England), NZA 2009, S. 305 (308 [Rn. 50]).

58 Vgl. EuGH, Rs. C-88/08 (Hütter), NVwZ 2009, S. 1089 (1091 [Rn. 46 ff.]); EuGH, Rs. C-341/08 (Petersen), NJW 2010, S. 587 (591 f. [Rn. 75 ff.]); EuGH, Rs. C-159/10, C-160/10 (Fuchs), NVwZ 2011, S. 1249 (1253 [Rn. 84 f.]).

59 Vgl. EuGH, Rs. C-388/07 (Age Concern England), NZA 2009, S. 305 (308 [Rn. 51]); EuGH, Rs. C-499/08 (Andersen), NZA 2010, S. 1341 (1342 f. [Rn. 33 ff.]); EuGH, Rs. C-159/10, C-160/10 (Fuchs), NVwZ 2011, S. 1249 (1251 [Rn. 62]); hierzu *Preis*, NZA 2010, S. 1323 (1327).

60 Vgl. EuGH, Rs. C-499/08 (Andersen), NZA 2010, S. 1341 (1343 [Rn. 39]).

61 Vgl. EuGH, Rs. C-144/04 (Mangold), NJW 2005, S. 3695 (3697 ([Rn. 64]).

Ziel hat, die sich daraus ergebenden Ungleichbehandlungen wegen Alters als durch dieses Ziel objektiv und vernünftigerweise gerechtfertigt und die Mittel zur Verwirklichung dieses Ziels als angemessen und erforderlich angesehen werden, sofern eine Situation gegeben ist, in der die Zahl der Vertragsärzte überhöht ist oder die latente Gefahr besteht, dass eine solche Situation eintritt."[62]

c) „Sozialpolitische" Altersdifferenzierung II: „Allgemeine" Altersgrenzen

Demgegenüber räumt der EuGH dem nationalen Gesetzgeber bei der Überprüfung allgemein geltender Altersgrenzen – wie dem automatischen Eintritt in den Ruhestand mit 65 oder 67 Jahren – einen weiten Gestaltungs- und Ermessenspielraum ein.[63] Diesen unterwirft der EuGH im Rahmen der „sozialpolitischen" Rechtfertigung nach Art. 6 Richtlinie 2000/78/EG „nur" einer Willkürprüfung. Beispiele hierfür sind die Rechtssache *Palacios*,[64] für Universitätsprofessoren die Rechtssache *Georgiev*[65] und für Beamte die Rechtssache *Fuchs*.[66] In diesen Entscheidungen hat der EuGH Zwangsversetzungen in den Ruhestand mit 65 Jahren gebilligt, da für die ausscheidenden Arbeitnehmer eine angemessene Altersversorgung gewährleistet war. In der Rechtssache *Palacios* erschien dem EuGH die Annahme des spanischen Gesetzgebers „nicht unvernünftig"[67], durch eine Zwangsruhestandsregelung im Rahmen der nationalen Beschäftigungspolitik Vollbeschäftigung durch Begünstigung des Zugangs junger Menschen zum Arbeitsmarkt zu erreichen. Diesen Willkürmaßstab legte der EuGH auch in der Rechtssache *Georgiev* zugrunde, um in der Anwendung der zwingenden Altersgrenze von 65 Jahren auf Universitätsprofessoren ebenfalls nichts „Unvernünftiges" zuerkennen,[68] da dies durch die Sicherung der Qualität in Forschung und Lehre und das Ziel gerechtfertigt sei, „die Professorenstellen optimal auf die Generationen zu verteilen, und zwar insbesondere durch Einstellung junger Professoren."[69] In der Rechtssache *Fuchs* bestätigte der EuGH diesen weiten, „nur" durch eine Willkürprüfung kontrollierten Ermessenspielraum der Mitgliedstaaten bei der Gestaltung von Altershöchstgrenzen, die Beamte automatisch aus dem öffentlichen Dienst

62 Vgl. EuGH, Rs. C-341/08 (Petersen), NJW 2010, S. 587 (592 [Rn. 77] [Klammerzusatz durch den Verfasser]).

63 Vgl. hierzu und zum Folgenden auch *J.-H. Bauer/S. Krieger*, Das Orakel von Luxemburg: Altersgrenzen für Arbeitsverhältnisse zulässig – oder doch nicht?, NJW 2007, S. 3672 (3675); *Preis*, NZA 2010, S. 1323 (1324).

64 Vgl. EuGH, Rs. C-411/05 (Palacios), NJW 2007, S. 3339 (3341 [Rn. 70 ff., bes. Rn. 73, 77]).

65 Vgl. EuGH, Rs. C-250/09, C-268/09 (Georgiev), NJW 2011, S. 42 (45 [Rn. 54]).

66 Vgl. EuGH, Rs. C-159/10, C-160/10 (Fuchs), NVwZ 2011, S. 1249 (1251 [Rn. 64]).

67 EuGH, Rs. C-411/05 (Palacios), NJW 2007, S. 3339 (3341 [Rn. 72]).

68 Vgl. EuGH, Rs. C-250/09, C-268/09 (Georgiev), NJW 2011, S. 42 (45 [Rn. 51 f.]).

69 EuGH, Rs. C-250/09, C-268/09 (Georgiev), NJW 2011, S. 42 (44 [Rn. 45]).

entlassen und vor allem unter dem Gesichtspunkt einer ausgeglichenen Alterstruktur in der Behörde gerechtfertigt sein können.[70]

Ein Zwang, aus Altergründen in den Ruhestand zu treten, soll jedoch – so der EuGH in der Rechtssache *Rosenbladt* – dann unverhältnismäßig sein, wenn für die betroffenen Arbeitnehmer danach keine angemessene Alterssicherung gewährleistet ist.[71] Indem der EuGH in der Rechtssache *Rosenbladt* die Zwangsruhestandsregelung im Fall einer gesetzlichen Altersversorgung von monatlich 253,19 Euro im Ergebnis nicht als Altersdiskriminierung einordnete, bestätigte er nicht nur die grundsätzliche Zulässigkeit allgemeiner Altersgrenzen für das Ausscheiden aus dem Arbeitsleben. Vielmehr konturierte er auch den weiten Gestaltungs- und Ermessensspielraum der Mitgliedstaaten bei allgemeinen Altersgrenzen näher, die zu einem automatischen Ausscheiden aus dem Berufsleben führen. Dabei weist der EuGH darauf hin, „dass die automatische Beendigung der Arbeitsverhältnisse von Beschäftigten, die das Alter und die Beitragszahlung betreffenden Voraussetzungen für den Bezug einer Altersrente erfüllen, seit Langem Teil des Arbeitsrechts zahlreicher Mitgliedstaaten und in den Beziehungen des Arbeitslebens weithin üblich ist. Dieser Mechanismus beruht auf einem Ausgleich zwischen politischen, wirtschaftlichen, sozialen, demografischen und/oder haushaltsbezogenen Erwägungen und hängt von der Entscheidung ab, die Lebensarbeitzeit der Arbeitnehmer zu verlängern oder, im Gegenteil, deren früheren Eintritt in den Ruhestand vorzusehen."[72] In der konkreten Einschätzung der für die Entscheidung der Rechtssache *Rosenbladt* ausschlaggebenden deutschen Rechtslage bestätigte der EuGH[73] das Vorbringen der Bundesregierung, dass die automatische Beendigung des Arbeitsverhältnisses bei Erreichen des Rentenalters des Beschäftigten „Ausdruck eines in Deutschland seit vielen Jahren bestehenden politischen und sozialen Konsenses sei. Dieser Konsens beruhe vor allem auf dem Gedanken einer Arbeitsteilung zwischen den Generationen. Die Beendigung des Arbeitsverhältnisses dieser Beschäftigten komme unmittelbar den jüngeren Arbeitnehmern zugute, indem sie ihre vor dem Hintergrund anhaltender Arbeitslosigkeit schwierige berufliche Integration begünstige. Die Rechte der älteren Arbeitnehmer genössen zudem angemessenen Schutz. Die meisten von ihnen wollten nämlich nach Erreichen des Rentenalters nicht länger arbeiten, da ihnen nach dem Verlust ihres Arbeitsentgelts die Rente einen Einkom-

70 Vgl. EuGH, Rs. C-159/10, C-160/10 (Fuchs), NVwZ 2011, S. 1249 (1251 [Rn. 60 f.], 1252 [Rn. 66]).

71 Vgl. EuGH, Rs. C-45/09 (Rosenbladt), NJW 2010, S. 3767 (3770 f. [Rn. 71 ff.]); EuGH, Rs. C-159/10, C-160/10 (Fuchs), NVwZ 2011, S. 1249 (1252 [Rn. 66]).

72 EuGH, Rs. C-45/09 (Rosenbladt), NJW 2010, S. 3767 (3769 [Rn. 44]); vgl. auch EuGH, Rs. C-159/10, C-160/10 (Fuchs), NVwZ 2011, S. 1249 (1251 f. [Rn. 65], 1253 [Rn. 81]).

73 Vgl. EuGH, Rs. C-45/09 (Rosenbladt), NJW 2010, S. 3767 (3769 [Rn. 44 f.], 3770 [Rn. 62]).

mensersatz biete. Für die automatische Beendigung des Arbeitsverhältnisses spreche zudem, dass Arbeitgeber ihren Beschäftigten nicht unter Führung eines Nachweises kündigen müssten, dass diese nicht länger arbeitsfähig seien, was für Menschen fortgeschrittenen Alters demütigend sein könne."[74]

Auf diese Weise reduziert der EuGH die richterliche Kontrolldichte für allgemein geltende Altershöchstgrenzen auf eine Willkürprüfung, die allein im Fall einer „unvernünftigen" Regelung zu einer gleichstellungsrechtlichen Beanstandung wegen Altersdiskriminierung führt.[75] Darüber hinaus unterstreicht das Gericht im Rahmen dieser Willkürkontrolle zugleich, dass in der Entscheidung über die Lebensarbeitszeit „ein Ausgleich zwischen politischen, wirtschaftlichen, sozialen, demografischen und/oder haushaltsbezogenen Erwägungen" zu finden ist und folglich die abzuwägenden Interessen denkbar weit gestreut sind. Damit sind nicht nur die Anerkennung von soziokulturellen Traditionen[76] sowie die „bessere Beschäftigungsverteilung zwischen den Generationen"[77] verbunden. Vielmehr findet im Gegensatz zu der oben beschriebenen Reduzierung der akzeptierten legitimen Ziele eine Einengung des Abwägungsspielraums im Hinblick auf einen Ausschluss haushaltsrechtlicher Erwägungen für die Legitimation allgemeiner Altersgrenzen in der Rechtssache *Rosenbladt* gerade nicht statt.[78] Dies hat der EuGH auch in der Rechtssache *Fuchs* bestätigt, in der das Gericht Haushaltsgesichtspunkte in Verbindung mit anderen Gemeinwohlbelangen als Abwägungsgesichtspunkt zur Begründung allgemeiner Altershöchstgrenzen für die Entlassung von Beamten ausdrücklich zugelassen hat.[79]

d) Gründe für die Differenzierung der richterlichen Kontrolldichte

„Tiefere Gründe"[80] für diese Differenzierung der richterlichen Kontrolldichte bei der Bewertung von Altersdifferenzierungen vermutet Ulrich Preis darin, dass der EuGH in seinem neuralgischen Kooperationsverhältnis mit dem Bundesverfassungsgericht sowie dem Bundesarbeitsgericht strategisch agieren will:[81] Im Fall allgemeiner Altersregelungen respektiere der EuGH die rechts- und soziokulturell in den Mitgliedstaaten ver-

74 EuGH, Rs. C-45/09 (Rosenbladt), NJW 2010, S. 3767 (3768 f. [Rn. 43]).
75 Vgl. *Preis*, NZA 2010, S. 1323 (1325).
76 Vgl. *J.-H. Bauer/A. von Medem*, Anmerkung zu EuGH, Urt. v. 12. 10. 2010, Rs. C-45/09 – Rosenbladt, NZA 2010, S. 3771 (3772); *Preis*, NZA 2010, S. 1323 (1324).
77 EuGH, Rs. C-45/09 (Rosenbladt), NJW 2010, S. 3767 (3770 [Rn. 62]); vgl. auch EuGH, Rs. C-159/10, C-160/10 (Fuchs), NVwZ 2011, S. 1249 (1251 [Rn. 57]).
78 Vgl. *Bauer/von Medem*, NZA 2010, S. 3771 (3772).
79 Vgl. EuGH, Rs. C-159/10, C-160/10 (Fuchs), NVwZ 2011, S. 1249 (1252 [Rn. 69 ff., bes. 73 ff.]).
80 *Preis*, NZA 2010, S. 1323 (1328).
81 Vgl. hierzu und zum Folgenden *Preis*, NZA 2010, S. 1323 (1328).

wurzelten Regelungen, während er die vielen kleinen und widersprüchlichen Altersgrenzen verwerfe, wenn rechtspolitisch weniger auf dem Spiel stehe. Für diese Erklärung mag in der Tat einiges sprechen: zum einen, dass insbesondere die Rechtsache *Mangold* zu einem umstrittenen Meilenstein im Verhältnis von Bundesverfassungsgericht und EuGH geworden ist;[82] zum anderen, dass das Bundesverfassungsgericht in seinem Lissabon-Urteil die Bedeutung „nationaler Hausgüter“ für die Identität des Verfassungsstaats unterstrichen hat.[83] Doch letztlich geht diese Erklärung der differenzierten Kontrolldichte des EuGH in Fragen der Altersdiskriminierung nicht ohne spekulative Momente auf. Deshalb liegt es nahe, den Grund für die Differenzierung der richterlichen Kontrolldichte nicht (nur) im Verhältnis der Judikativen im Mehrebenensystem, sondern in der funktionalen Gewaltenteilung zwischen Gesetzgeber und Gerichtsbarkeit zu sehen. Berufsbezogene und bereichsspezifische Altersgrenzen sind auf konkrete Arbeitssituationen und Arbeitsbereiche bezogen, die in Verbindung mit den Regelungszielen des Gesetzgebers den Gerichten eine dichte Kontrolle der Zweck-Mittel-Relationen erlauben. Die richterliche Kontrolle kann im Rahmen der Anwendung des Grundsatzes der Verhältnismäßigkeit „streng“ erfolgen, ohne dass die Gerichtsbarkeit ihre Kompetenzgrenzen zulasten des Gesetzgebers verschiebt. Im Vergleich dazu ist die Abwägung notwendigerweise abstrakter, die einer allgemein geltenden Altersgrenze wie dem Zwangsruhestandsalter mit 65 oder 67 Jahren zugrunde liegt. Wie der EuGH in den Rechtssachen *Rosenbladt* und *Fuchs* betont hat, fließen in diese Abwägung politische, wirtschaftliche, soziale, demografische und haushaltsbezogene Erwägungen ein.[84] Diesen hyperkomplexen Interessenausgleich muss der demokratische Gesetzgeber finden. Die Gerichtsbarkeit kann ihn nur einer Willkürprüfung unterwerfen, wenn sie nicht in die gesetzgeberische Gestaltungskompetenz übergreifen und den Grundsatz der Gewaltenteilung verletzen will.

III. Altersdiskriminierung und Beamtenrecht

Das Beamtenrecht ist durch eine unüberschaubare Vielzahl von Altersregelungen und Altersgrenzen gekennzeichnet: Altersgrenzen für die Beam-

82 Vgl. BVerfG (Honeywell), NJW 2010, S. 3422 ff..

83 Vgl. BVerfG (Lissabon), NJW 2009, S. 2267 (2274 f., 2287 ff.); zu Recht krit. *M. Ruffert*, An den Grenzen des Integrationsverfassungsrechts: Das Urteil des Bundesverfassungsgerichts zum Vertrag von Lissabon, DVBl. 2009, S. 1197 (1202 ff.).

84 Vgl. oben II.3.c.

tenernennung,[85] für den Ruhestand,[86] für Arbeitszeitregelungen,[87] für Altersteilzeit,[88] für die Beförderung[89] und viele mehr.[90]

1. Ambivalenzen

Das Verhältnis von Altersdiskriminierung und Beamtenrecht ist ambivalent. Einerseits scheinen die Rechtsprechung und der Gesetzgeber das europäische Verbot der Altersdiskriminierung für überflüssig zu halten, andererseits entfaltet es aber durchaus eine „subkutane" Wirkung im deutschen Dienstrecht.

Die Verwaltungsgerichtsbarkeit bewertet behauptete Fälle der Altersdiskriminierung zweigleisig:[91] Zum einen werden sie an der Verfassung und konkret an Art. 33 Abs. 2 GG gemessen, nach dem für den Zugang zu öffentlichen Ämtern die Grundsätze der Eignung, Befähigung und Leistung gelten. Zum anderen prüft die Verwaltungsgerichtsbarkeit mögliche Altersdiskriminierungen am Allgemeinen Gleichbehandlungsgesetz und damit anhand der soeben entfalteten europarechtlichen Vorgaben.[92] Diese sind nach Art. 3 Abs. 1 Richtlinie 2000/78/EG bzw. § 24 AGG auch auf Beamte anwendbar,[93] wobei die spezifische Rechtsstellung der Beamten zu berück-

---

85 Vgl. unten III.2.

86 Vgl. unten III.2. zu Altersgrenzen im Fall von Wahlämtern OVG Koblenz, Beschl. v. 20. 9. 2006, NJW 2006, S. 3658 f.; zu Recht krit. *Gutmann*, VBlBW 2006, S. 339; *R. Göbel-Zimmermann*, Die Umsetzung der EU-Antidiskriminierungsrichtlinien durch das Allgemeine Gleichbehandlungsgesetz, in: R. Fritz (Hrsg.), Im Geiste der Demokratie und des sozialen Verständnisses. Festschrift 20 Jahre Verwaltungsgericht Gießen, 2007, S. 587 (598); *S. R. Laskowski*, in: U. Rust/J. Falke (Hrsg.), AGG, 2007, § 24, Rn. 30.

87 Vgl. § 21 AzUVO BW, Art. 100 Abs. 2 BayBG, § 2 BayAZV, § 1 HAZVO, § 73 BG NW, § 2 AZVO NW, § 101 Abs. 3 SächsBG.

88 Vgl. § 93 BBG, § 70 BG BW, Art. 91 BayBG, § 111 BG Bln, § 133 BG Bbg, § 63 BG Brem, § 85 b HBG, § 65 BG MV, § 65 BG NW, § 80e BG RhPf, § 66 BG LSA, § 143a SächsBG, § 63 BG SH, § 75 BG Th.

89 Vgl. § 19 Abs. 2 Nr. 3 HBG, § 33 Abs. 3 und Abs. 6 SächsBG; zu Altersbeförderungsgrenzen VGH Kassel, LKRZ 2011, S. 234 ff.; VGH Mannheim, IÖD 2011, S. 147 ff.; krit. *M. Baßlsperger*, Altersdiskriminierung durch Beamtenrecht – Rechtsprobleme und Lösungsansätze nach Inkrafttreten des Beamtenstatusgesetzes, ZBR 2008, S. 339 (349).

90 Vgl. *Baßlsperger*, ZBR 2008, S. 339 (342 ff.); *M. Mahlmann*, Gleichbehandlungsschutz im öffentlichen Dienst – ein Überblick, ZBR 2007, S. 325 (330).

91 Vgl. hierzu und zum Folgenden BVerwGE 133, 143 (145 f. [Rn. 9 ff.], 146 ff. [Rn. 13 ff.]); BVerwG, NVwZ 2010, S. 251 (252 ff. [Rn. 20 ff.], 254 [Rn. 32]); OVG Berlin-Brandenburg, Urt. v. 4. 5. 2011, 4 B 53.09, juris, Rn. 22 ff., 30 ff.

92 Vgl. oben II.

93 Vgl. BVerwGE 133, 143 (147 [Rn. 14]); BVerwG, NVwZ 2010, S. 251 (254 [Rn. 32]); VGH Kassel, NVwZ 2010, S. 140 (141); VGH München, BeckRS 2011, 45860, Rn. 39; OVG Berlin-Brandenburg, Urt. v. 4. 5. 2011, 4 B 53.09, juris, Rn. 31; *Gutmann*, VBlBW 2006, S. 339; *Kämmerer*, ZBR 2008, S. 325 (326); *Battis/Nebel* (Fn. 8), S. 2, 11 ff.; *Göbel-Zimmermann* (Fn. 86), S. 593 f.

sichtigen ist.[94] Dieser „Prüfungsvorrang", den die Verwaltungsgerichte der Verfassung vor dem Gleichstellungsrecht in Fragen der Altersdiskriminierung einräumt, lässt sich durchaus programmatisch verstehen: Eigentlich – so lautet die Botschaft – brauchen wir das Gleichstellungsrecht nicht, um die Fälle der Altersdiskriminierung zu lösen: Die verfassungsrechtlichen Grundsätze des Art. 33 Abs. 2 GG – Eignung, Befähigung und Leistung – genügen. Dies scheint nicht nur die Auffassung der Rechtsprechung, sondern auch die des Gesetzgebers zu sein: Sowohl das Beamtenstatusgesetz (BeamtenStG) von 2008 als auch die große Novelle des Bundesbeamtengesetzes (BBG) von 2009 haben das Verbot der Altersdiskriminierung nicht in ihre Aufzählung der verpönten Ernennungskriterien aufgenommen (§ 9 BeamtenStG, § 9 Satz 1 BBG). In den Beamtengesetzen der Länder finden sich ebenfalls keine ausdrücklichen Verbote der Altersdiskriminierung. Auch dies zeigt, dass der Bundes- und die Landesgesetzgeber dem Diskriminierungsmerkmal des Alters offenbar keine größere Bedeutung beimessen.[95]

Doch diese defensive „Ignoranz"[96] des bundesrepublikanischen Beamtenrechts heißt nicht, dass das Verbot der Altersdiskriminierung keine Wirkung im deutschen Dienstrecht entfalten würde: In der Rechtspolitik entspricht der Übergang zu Leistungs- und Erfahrungskriterien im Besoldungsrecht (§§ 27 f. BBesG) dem Grundgedanken des europarechtlich konturierten Verbots der Altersdiskriminierung.[97] In der Rechtspraxis sind aufgrund der europäischen Gleichstellungspolitik und insbesondere durch die äußerst aktive Rechtsprechung des EuGH in Fragen der Altersdiskriminierung Beamtinnen und Beamte für altersdiskriminierende Sachverhalte sensibilisiert und machen diese gerichtlich geltend. Und in der Rechtsgeltung mag die Verwaltungsgerichtsbarkeit die damit aufgeworfenen Fragen der Altersdiskriminierung primär anhand des beamtenrechtlichen Eignungs-, Befähigungs- und Leistungsgrundsatzes bewerten. Doch dem Anwendungsvorrang europäischen bzw. europäisierten Gleichstellungsrechts kann die Rechtsprechung damit nicht entgehen,[98] selbst wenn sie Letzteres „nur" nachrangig prüft.

---

94 Vgl. *Bauer/Göpfert/Krieger* (Fn. 30), § 24 AGG, Rn. 5 ff.; krit. *Kämmerer*, ZBR 2008, S. 325 (327): § 24 AGG als „kryptische Sonderregelung".

95 Vgl. *Kämmerer*, ZBR 2008, S. 325 (328).

96 Vgl. insofern auch den pointierten Untertitel des Aufsatzes von *J. A. Kämmerer* zum Verhältnis des deutschen Beamtenrechts zum Verbot der Altersdiskriminierung: „Zwischen Irrelevanz und Ignoranz", ZBR 2008, S. 325.

97 Vgl. *Kämmerer*, ZBR 2008, S. 325 (335, 337); *U. Battis*, BBG, 4. Aufl. 2009, Einleitung, Rn. 30.

98 Vgl. EuGH, Rs. C-341/08 (Petersen), NJW 2010, S. 587 (592 [Rn. 81]); EuGH, Rs. C-250/09, C-268/09 (Georgiev), NJW 2011, S. 42 (46 [Rn. 72]); VGH München, BeckRS 2011, 45860, Rn. 37; *Kämmerer*, ZBR 2008, S. 325 (327).

2. Beispielsfälle

Dieser ambivalente Einfluss des Verbots der Altersdiskriminierung auf das Beamtenrecht soll im Folgenden beispielhaft anhand von funktions- und statusbezogenen Altersgrenzen diskutiert werden.

a) Funktionsbezogene Altersgrenzen

Beamtenrechtliche Funktionsaltersgrenzen sind Altersgrenzen, die durch die Ausübung des konkreten Amtes nahegelegt werden. Sie bestehen beispielsweise im Polizeivollzugs- und Feuerwehrdienst.[99] Prüft man diese funktionsbezogenen Altersgrenzen zweistufig, also zunächst am Verfassungs- und sodann am Gleichstellungsrecht, so sind sie rechtmäßig:

Verfassungsrechtlich begreift die Verwaltungsgerichtsbarkeit funktionsbezogene Altersgrenzen als Ausdruck der Eignung im Sinn des Art. 33 Abs. 2 GG. Nach der Auffassung des Bundesverwaltungsgerichts stellt das Alter dann ein Eignungskriterium im Sinn des Art. 33 Abs. 2 GG dar, „wenn daraus geschlossen werden kann, dass Bewerber typischerweise den Anforderungen des Amtes nicht mehr genügen, wenn sie ein bestimmtes Alter überschritten haben."[100] Dies liegt insbesondere bei Ämtern und Laufbahnen nahe, die mit erhöhten körperlichen Anforderungen verbunden sind, wie etwa der Polizeivollzugs-, der Feuerwehr- und auch der Militärdienst.

Beamtenrechtliche Funktionsaltersgrenzen sind jedoch nicht nur verfassungs-, sondern auch gleichstellungsrechtlich gerechtfertigt. Es handelt sich bei ihnen um berufsbezogene Altersanforderungen (Art. 4 Richtlinie 2000/78/EG) bzw. um eine zulässige unterschiedliche Behandlung wegen beruflicher Anforderungen (§ 8 AGG). Der EuGH hat diese in der Rechtssache *Wolf* im Hinblick auf das Einstellungshöchstalter von Feuerwehrleuten und in der Rechtssache *Prigge* im Hinblick auf das Entlassungshöchstalter von Piloten für zulässig gehalten, wenn die Altersgrenze Ausdruck einer körperlichen Leistungsanforderung an die ausgeübte berufliche Funktion ist.[101] Eine Beschränkung des insofern bestehenden Einschätzungsspielraums des nationalen Gesetzgebers besteht – ausweislich der Rechtssache *Prigge* – aber dahingehend, dass durch einen rechtsvergleichenden

99 Vgl. § 36 Abs. 3 BG BW: 62. Lebensjahr, Art. 129 BayBG: 62. Lebensjahr, § 104 BG Bln: 61., 62. oder 63. Lebensjahr, § 110 BG Bbg: 60. Lebensjahr, § 108 BG Brem: 60. Lebensjahr, § 108 BG HH: 60. Lebensjahr, § 194 HBG: 62. Lebensjahr, § 108 BG MV: 62. bzw. 64. Lebensjahr, § 115 BG NW: 62. Lebensjahr, § 208 BG RhPf: zwischen 60. Lebensjahr und 61. Lebensjahr plus acht Monate, § 128 BG Saar: 60. Lebensjahr, § 151 SächsBG: 60. Lebensjahr, § 106 BG LSA: 60. Lebensjahr, § 117 BG Th: 60. Lebensjahr, § 108 BG SH: 62. Lebensjahr.

100 BVerwGE 133, 143 (145 [Rn. 9]); vgl. auch BVerwG, NVwZ 2010, S. 251 (252 [Rn. 21]); BVerwG, NVwZ-RR 2011, S. 329 (329 [Rn. 7]); BVerwG, Beschl. v. 28. 3. 2011, 2 B 48/11, juris, Rn. 7; BVerwG, Beschl. v. 4. 4. 2011, 2 B 55/11, juris, Rn. 7; OVG Berlin-Brandenburg, Urt. v. 4. 5. 2011, 4 B 53.09, juris, Rn. 23; *Baßlsperger*, ZBR 2008, S. 339 (345).

101 Vgl. hierzu und zum Folgenden oben II.2.a., II.3.a.

Blick auf divergierende Altersgrenzen anderer Dienstherrn für die gleiche Funktion die gesetzgeberische Einschätzungsprärogative in Frage gestellt werden kann. Würde beispielsweise eine funktionsbezogene Altershöchstgrenze für die Begründung eines Beamtenverhältnisses für ein Amt, das mit hoher körperlicher Belastung verbunden ist, in der Mehrheit der Bundesländer bei 35 Jahren liegen, so würde eine entsprechende Funktionsaltersgrenze von 25 Jahren in einem Bundesland eine Altersdiskriminierung darstellen, da der Einschätzungsspielraum des entsprechenden Landesgesetzgebers bei einer so großen Altersdifferenz jedenfalls überschritten wird. Entsprechendes gilt für die substanzielle Divergenz von Altershöchstgrenzen, die sich auf die Entlassung eines Beamten beziehen, der eine körperlich belastende Tätigkeit ausübt.

b) Statusbezogene Altersgrenzen

Statusbezogene Altersgrenzen sind solche, die nicht auf die konkrete Funktion eines konkreten Amts bezogenen sind, sondern ganz allgemein für die Begründung und die Beendigung von Beamtenverhältnissen gelten.

aa) Begründung des Beamtenverhältnisses

Statusbezogene Altershöchstgrenzen für die Begründung von Beamtenverhältnissen werden vom Gesetzgeber in der Regel möglichst niedrig angesetzt, damit der Staat möglichst lange von der Arbeit „seiner" Beamten profitieren kann.[102] Während der Bund keine Altershöchstgrenzen für die Begründung eines Beamtenverhältnisses (mehr) kennt, sind Altersgrenzen für die Beamtenernennung in den Ländern unterschiedlich ausgestaltet:[103] So gilt in Bayern eine Altershöchstgrenze von 45 Jahren (Art. 23 Abs. 1 Satz 1 BayBG), wobei die oberste Dienstbehörde Ausnahmen zulassen kann (Art. 23 Abs. 1 Satz 2 BayBG). In Nordrhein-Westfalen liegt die Ernennungsgrenze bei 40 Jahren (§§ 18, 22, 29, 39, 52 Abs. 1 LBV NW). Daneben bestehen in den Ländern Altersdifferenzierungen für die Einstellung in den Vorbereitungsdienst, die für alle Laufbahnen einheitlich oder nach Laufbahnen differenziert ausgestaltet sein können.[104] Darüber hinaus finden sich in Bund und Ländern spezielle Altersregelungen für besondere Laufbahnen, wie Polizei, Feuerwehr und Hochschullehrer.[105] Soweit Altershöchstgrenzen für die Begründung eines Beamtenverhältnisses bestehen, kann ein Bewerber nicht mehr zum Beamten ernannt werden, wenn er dieses Alter überschreitet, es sei denn, eine Ausnahmeregelung ist erfüllt, die

---

102 Vgl. BVerwGE 133, 143 (145 [Rn. 10], 148 [Rn. 16]); BVerwG, NVwZ 2010, S. 251 (252 [Rn. 22], 253 [Rn. 30]); OVG Berlin-Brandenburg, Urt. v. 4. 5. 2011, 4 B 53.09, juris, Rn. 24.

103 Vgl. hierzu und zum Folgenden *Battis/Nebel* (Fn. 8), S. 15 f.; *Kühling/Bertelsmann*, NVwZ 2010, S. 87 f.

104 Vgl. *Kühling/Bertelsmann*, NVwZ 2010, S. 87 f. m. umf. N.

105 Vgl. *Kühling/Bertelsmann*, NVwZ 2010, S. 87 f. m. umf. N.

etwa Kindererziehungs-, häusliche Pflege- oder Wehrdienst- bzw. Zivildienstzeiten berücksichtigt. Die Verwaltungsgerichtsbarkeit würdigt auch diese statusbezogenen Altershöchstgrenzen für die Begründung eines Beamtenverhältnisses zweistufig am verfassungs- und am gleichstellungsrechtlichen Maßstab:

In verfassungsrechtlicher Hinsicht werden statusbezogene Altersgrenzen bei der Begründung eines Beamtenverhältnisses als eine Einschränkung des Leistungsgrundsatzes des Art. 33 Abs. 2 GG gewertet.[106] Der Leistungsgrundsatz des Art. 33 Abs. 2 GG ist vorbehaltlos gewährleistet,[107] sodass er nur durch kollidierendes Verfassungsrecht unter Wahrung des Verhältnismäßigkeitsgrundsatzes eingeschränkt werden kann.[108] Eine solche Einschränkung wird von der Rechtsprechung mit Blick auf das Lebenszeitprinzip als einem hergebrachten Grundsatz des Berufsbeamtentums im Sinn des Art. 33 Abs. 5 GG als rechtmäßig betrachtet. Nach dem Lebenszeitprinzip ist das Beamtenverhältnis ein lebenslanges Dienst- und Treueverhältnis, das die amtsangemessene Versorgung des Beamten bis zu seinem Lebensende einschließt. Damit ergibt sich aus dem Lebenszeitgrundsatz das „Prinzip der Jüngstenauswahl"[109]: In Anbetracht der Dauerhaftigkeit des Beamtenverhältnisses kann der Gesetzgeber über eine Altersgrenze ein angemessenes Verhältnis von Arbeitsleistung und Versorgungsansprüchen sicherstellen.[110] In diesem Regelungszusammenhang ist es ihm auch möglich, ausgewogenen Altersstrukturen in der Verwaltung Rechnung zu tragen.[111] An die Umsetzung dieses „Prinzips der Jüngstenauswahl" stellt das Bundesverwaltungsgericht formelle und materielle Anforderungen: In formeller Hinsicht muss entsprechend dem Vorbehalt des Gesetzes die Festlegung der Altersgrenze auf gesetzlicher Grundlage erfolgen; sie kann dem Verord-

106 Vgl. BVerwGE 133, 143 (145 f. [Rn. 9 f.]); BVerwG, NVwZ 2010, S. 251 (252 [Rn. 20 f.]); BVerwG, NVwZ-RR 2011, S. 329 (329 [Rn. 7]); BVerwG, Beschl. v. 28. 3. 2011, 2 B 48/11, juris, Rn. 7; BVerwG, Beschl. v. 4. 4. 2011, 2 B 55/11, juris, Rn. 7; OVG Berlin-Brandenburg, Urt. v. 4. 5. 2011, 4 B 53.09, juris, Rn. 23.

107 Vgl. BVerwG, NVwZ 2010, S. 251 (252 [Rn. 21]); BVerwG, NVwZ-RR 2011, S. 329 (329 [Rn. 7]); BVerwG, Beschl. v. 28. 3. 2011, 2 B 48/11, juris, Rn. 7; OVG Berlin-Brandenburg, Urt. v. 4. 5. 2011, 4 B 53.09, juris, Rn. 23.

108 Vgl. BVerwGE 133, 143 (145 [Rn. 9 f.], 148 [Rn. 16]); BVerwG, NVwZ 2010, S. 251 (252 [Rn. 22]); BVerwG, NVwZ-RR 2011, S. 329 (329 [Rn. 7]); BVerwG, Beschl. v. 28. 3. 2011, 2 B 48/11, juris, Rn. 7; BVerwG, Beschl. v. 4. 4. 2011, 2 B 55/11, juris, Rn. 7; OVG Berlin-Brandenburg, Urt. v. 4. 5. 2011, 4 B 53.09, juris, Rn. 23.

109 BVerwG, NVwZ 2010, S. 251 (253 [Rn. 28]).

110 Vgl. BVerwGE 133, 143 (146 [Rn. 12], 148 [Rn. 16], 149 f. [Rn. 19 ff.]); BVerwG, NVwZ 2010, S. 251 (252 [Rn. 22], 253 [Rn. 30]); BVerwG, NVwZ-RR 2011, S. 329 (329 f. [Rn. 7 f.]); BVerwG, Beschl. v. 28. 3. 2011, 2 B 48/11, juris, Rn. 7 f.; BVerwG, Beschl. v. 4. 4. 2011, 2 B 55/11, juris, Rn. 7 f.; OVG Berlin-Brandenburg, Urt. v. 4. 5. 2011, 4 B 53.09, juris, Rn. 24; OVG Koblenz, Urt. v. 13. 4. 2011, 2 A 10068/11.IVG, 2 A 10068/11, juris, I.2.b.aa.

111 Vgl. BVerwGE 133, 143 (146 [Rn. 12]); BVerwG, NVwZ 2010, S. 251 (252 [Rn. 22], 253 [Rn. 30]); OVG Berlin-Brandenburg, Urt. v. 4. 5. 2011, 4 B 53.09, juris, Rn. 24.

nungsgeber überantwortet, aber nicht der Verwaltungspraxis überlassen werden.[112] Darüber hinaus muss die Altersgrenze klar und präzise geregelt sein; es dürfen der Verwaltung keine unangemessenen Spielräume eröffnet werden, die den Gesetzesvorbehalt wiederum zur Disposition der Verwaltungspraxis stellen.[113] In materieller Hinsicht hat der Gesetzgeber bei der Festlegung der Altersgrenze den grundsätzlich gleichen Zugangsanspruch aller Bürgerinnen und Bürger zu einem öffentlichen Amt verhältnismäßig einzuschränken. Dies heißt konkret, dass ein zeitlicher „Sicherheitszuschlag“[114] vorzusehen ist, der es den Bürgerinnen und Bürgern erlaubt, die festgesetzte Zeitgrenze in ihre Lebensplanung einzubeziehen[115] – und dies auch dann, wenn die Bürgerinnen und Bürger einen individuellen und ungewöhnlichen Lebens- und Bildungsweg gehen möchten.[116] Zugleich sind Kindererziehungs-, häusliche Pflege-, Wehr- und Zivildienstzeiten sowie Härtefälle als gesetzliche Ausnahmeregelungen zu berücksichtigen,[117] wobei die Rechtsprechung den Grundsatz aufstellt: Je weiter die Ausnahmeregelungen reichen, desto niedriger kann die Altersgrenze angesetzt werden.[118]

Werden diese Anforderungen berücksichtigt, so sieht die Verwaltungsgerichtsbarkeit diese Form der statusbezogenen Altersgrenze nicht nur verfassungsrechtlich, sondern – in einem zweiten Prüfungsschritt – auch als gleichstellungsrechtlich gerechtfertigt an. Die statusbezogene Altersgrenze für die Begründung eines Beamtenverhältnisses fällt grundsätzlich unter Art. 6 Abs. 1 UAbs. 2 lit. b Richtlinie 2000/78/EG und § 10 Satz 3 Nr. 2 AGG, die eine Festlegung von Mindestanforderungen an das Alter für den Zugang zu Beschäftigung grundsätzlich zulassen.[119] Auch erlauben Art. 6 Abs. 1 UAbs. 2 lit. c Richtlinie 2000/78/EG und § 10 Satz 3 Nr. 3 AGG, eine „angemessene Beschäftigungszeit vor dem Eintritt in den Ruhestand“ vorzusehen. Darüber hinaus ist die Altershöchstgrenze für die Begründung

112 Vgl. BVerwGE 133, 143 (145 f. [Rn. 9 ff.], 151 f. [Rn. 25]); BVerwG, NVwZ 2010, S. 251 (252 [Rn. 23]); BVerwG, NVwZ-RR 2011, S. 329 (329 [Rn. 8]); BVerwG, Beschl. v. 28. 3. 2011, 2 B 48/11, juris, Rn. 8; OVG Berlin-Brandenburg, Urt. v. 4. 5. 2011, 4 B 53.09, juris, Rn. 23, 26; OVG Koblenz, Urt. v. 13. 4. 2011, 2 A 10068/11.IVG, 2 A 10068/11, juris, I.2.a.

113 Vgl. BVerwGE 133, 143 (152 [Rn. 27]); BVerwG, NVwZ 2010, S. 251 (253 [Rn. 26]); BVerwG, NVwZ-RR 2011, S. 329 (330 [Rn. 10 f.]); OVG Berlin-Brandenburg, Urt. v. 4. 5. 2011, 4 B 53.09, juris, Rn. 26; OVG Koblenz, Urt. v. 13. 4. 2011, 2 A 10068/11.IVG, 2 A 10068/11, juris, I.2.a.

114 BVerwG, NVwZ 2010, S. 251 (252 [Rn. 28]).

115 Vgl. OVG Berlin-Brandenburg, Urt. v. 4. 5. 2011, 4 B 53.09, juris, Rn. 27.

116 Vgl. BVerwG, NVwZ 2010, S. 251 (252 [Rn. 24], 253 [Rn. 26, 28]).

117 Vgl. BVerwGE 133, 143 (150 [Rn. 22]); BVerwG, NVwZ 2010, S. 251 (252 [Rn. 24], 253 [Rn. 26, 29]); BVerwG, NVwZ-RR 2011, S. 329 (330 [Rn. 9]); OVG Berlin-Brandenburg, Urt. v. 4. 5. 2011, 4 B 53.09, juris, Rn. 27.

118 Vgl. BVerwGE 133, 143 (150 [Rn. 22]); BVerwG, NVwZ 2010, S. 251 (253 [Rn. 27]).

119 Vgl. *Battis/Nebel* (Fn. 8), S. 16; a. A. *Kühling/Bertelsmann*, NVwZ 2010, S. 87 (89 f.).

eines Beamtenverhältnisses – als angemessener Ausgleich zwischen Arbeitsleistung und Versorgungsansprüchen bei der Begründung des Beamtenverhältnisses – durch drei legitime Ziele im Sinn des Art. 6 Abs. 1 UAbs. 1 Richtlinie 2000/78/EG und des § 10 Satz 1 AGG gerechtfertigt:[120] Der erste Rechtfertigungsgrund ist das Lebenszeitprinzip, das als Besonderheit des Beamtenrechts nach § 24 AGG bei der Anwendung des Gleichstellungsrechts zu berücksichtigen ist: Es garantiert die effektive, sparsame und vor allem auch loyale Verwaltung des demokratischen Verfassungsstaats als Gemeinwohlbelang. Der zweite Rechtfertigungsgrund besteht in der Gewährleistung ausgeglichener Altersstrukturen in der Verwaltung. In diesem Zusammenhang weist die Rechtsprechung zu Recht die Kritik zurück, es sei keine objektive Bestimmung des Ziels einer ausgewogenen Altersstruktur möglich.[121] Objektivität im Sinn des § 10 Satz 1 AGG bedeutet nach der Auffassung der Verwaltungsgerichtsbarkeit nicht, dass das Ziel durch exakte Zahlen und Statistiken belegt sein müsste, sondern es genügt das Vorliegen eines zusätzlichen Differenzierungsgrundes, der eben nicht im Alter besteht.[122] Auch der EuGH hält eine exakte statistische Bezifferung einer ausgewogenen Altersstruktur in der Rechtssache *Fuchs* aufgrund der prognostischen Entscheidungsanteile und der politischen Entscheidungswertungen nicht für erforderlich.[123] Den dritten Rechtfertigungsgrund bildet das Ziel einer sparsamen Haushaltsführung, die im Fall des Staates keinen „privaten" Belang des Arbeitgebers darstellt,[124] sondern im öffentlichen Interesse liegt und bei allgemeinen Altersgrenzen auch vom EuGH in den Rechtssachen *Rosenbladt* und *Fuchs* in Verbindung mit anderen Gemeinwohlinteressen als Abwägungsbelang ausdrücklich akzeptiert wird.[125] Diese drei Ziele werden auch verhältnismäßig im Sinn des Gleichstellungsrechts umgesetzt, da der bereits verfassungsrechtlich zu fordernde zeitliche „Sicherheitszuschlag" sowie die notwendigen Ausnahmeregelungen die Interessen aller Bewerberinnen und Bewerber angemessen und zumutbar berücksichtigen.[126]

120 Vgl. hierzu und zum Folgenden BVerwGE 133, 143 (148 [Rn. 16f.], 150 [Rn. 21]); OVG Koblenz, Urt. v. 13. 4. 2011, 2 A 10068/11.IVG, 2 A 10068/11, juris, I.2.b.bb.; OVG Berlin-Brandenburg, Urt. v. 4. 5. 2011, 4 B 53.09, juris, Rn. 33, 35ff.; a. A. *Kühling/Bertelsmann*, NVwZ 2010, S. 87 (90ff.).

121 Vgl. v. *Roetteken*, ZTR 2008, S. 350 (353f., 356); wohl auch *Kämmerer*, ZBR 2008, S. 325 (332).

122 Vgl. speziell BVerwGE 133, 143 (148 [Rn. 17]); OVG Berlin-Brandenburg, Urt. v. 4. 5. 2011, 4 B 53.09, juris, Rn. 33.

123 Vgl. EuGH, Rs. C-159/10, C-160/10 (Fuchs), NVwZ 2011, S. 1249 (1253 [Rn. 81]).

124 Vgl. in diesem Sinn aber *v. Roetteken*, ZTR 2008, S. 350 (353f., 356).

125 Vgl. oben II.2.b.

126 Vgl. OVG Koblenz, Urt. v. 13. 4. 2011, 2 A 10068/11.IVG, 2 A 10068/11, juris, I.2.b.bb.(2)(c); OVG Berlin-Brandenburg, Urt. v. 4. 5. 2011, 4 B 53.09, juris, Rn. 39.

bb) Beendigung des Beamtenverhältnisses

Das Beamtenverhältnis endet mit dem Erreichen der Altersgrenze. Die Regelaltersgrenze liegt für Bundesbeamte bei 67 Lebensjahren (§ 51 BBG).[127]

Nach der Rechtsauffassung des OVG Koblenz von 2006 ergibt sich die gleichstellungsrechtliche Unbedenklichkeit von allgemeinen Altershöchstgrenzen für die Beendigung des Beamtenverhältnisses bereits aus Erwägungsgrund 14 Richtlinie 2000/78/EG, nach dem die Richtlinie die einzelstaatlichen Bestimmungen über die Festsetzung der Altersgrenzen für den Eintritt in den Ruhestand nicht berührt.[128] Doch der EuGH hat dem zu Recht widersprochen: Der Erwägungsgrund 14 beschränkt sich „auf die Klarstellung, dass die Richtlinie nicht die Zuständigkeit der Mitgliedstaaten tangiert, das Alter für den Eintritt in den Ruhestand zu bestimmen, und steht in keiner Weise der Anwendung der Richtlinie auf nationale Maßnahmen entgegen, mit denen die Bedingungen geregelt werden, unter denen ein Arbeitsvertrag endet, wenn das auf diese Weise festgesetzte Ruhestandsalter erreicht wird."[129]

Nach der Auffassung des rechtspolitisch äußerst aktiven VG Frankfurt am Main stellen aber generalisierende Altersgrenzen für den Zwangsruhestand einen Verstoß gegen das Verbot der Altersdiskriminierung dar.[130] Seiner Auffassung nach sind § 25 BeamtenStG in Verbindung mit § 50 Abs. 1 Hessisches Beamtengesetz (HBG) europarechtswidrig. Das Verwaltungsgericht gab damit dem Begehren eines Oberstaatsanwalts recht, der seinen Eintritt in den Ruhestand um ein Jahr hinausschieben wollte, und ordnete die pauschale Altersgrenze von 65 Jahren als Altersdiskriminierung ein. Zur Begründung seiner Entscheidung legte das VG Frankfurt – vor allem mit der Bezugnahme auf die Entscheidung des EuGH in der Rechtssache *Age Concern England* – einen strengen Maßstab und eine strenge Verhältnismäßigkeitsprüfung zugrunde. Dabei unterstrich das Verwaltungsgericht,

---

127 Vgl. § 36 BG BW: 67. Lebensjahr, Art. 62 BayBG: 67. Lebensjahr, § 38 BG Bln: 65. Lebensjahr, § 35 BG, § 45 BG Bbg: 65. Lebensjahr, Brem: 65. Lebensjahr, § 35 BG HH: 67. Lebensjahr, § 50 HBG: 67. Lebensjahr, § 35 BG MV: 67. Lebensjahr, § 31 BG NW: 67. Lebensjahr, § 54 BG RhPf: 65. Lebensjahr, § 43 BG Saar: 65. Lebensjahr, § 49 SächsBG: 65. Lebensjahr, § 39 BG LSA: 65. Lebensjahr, § 35 BG SH: 67. Lebensjahr, § 43 BG Th: 65. Lebensjahr.

128 Vgl. OVG Koblenz, NJW 2006, S. 3658 (3659).

129 EuGH, Rs. C-411/05 (Palacios), NJW 2007, S. 3339 (3339 f. [Rn. 44]); vgl. auch EuGH, Rs. C-388/07 (Age Concern England), NZA 2009, S. 305 (306 [Rn. 25]); VGH Kassel, NVwZ 2010, S. 140 (141); zustimmend *Kämmerer*, ZBR 2008, S. 325 (332 m. w. N.).

130 Vgl. hierzu und zum Folgenden VG Frankfurt, ZBR 2009, S. 422 (423 ff.); ferner in diesem Sinn *A. Rombach*, „Age Concern Germany": Zur gemeinschaftsrechtlichen (Un-)Zulässigkeit von Altershöchstgrenzen im öffentlichen Dienst, NVwZ 2010, S. 102 ff.; *K. Bertelsmann*, Zwangsweise Beendigung des Arbeitsverhältnisses mit 65, in: C. Hohmann-Dennhardt/M. Körner/R. Zimmer (Hrsg.), Geschlechtergerechtigkeit. Festschrift für H. Pfarr, 2010, S. 170 (176 ff.).

dass die pauschale Vermutung der Dienstunfähigkeit nach Eintritt der Altersgrenze in der Tradition der Rechtsprechung des Reichsgerichts[131] den gerontologischen Befund individuellen Alterns ignoriere und nicht spezifischen beruflichen Anforderungen Rechnung trage. Gerade der Gesetzgeber zeige mit der Anhebung der Regeldienstzeit von 65 auf 67 Jahre, dass insofern nicht von starren Grenzen der Dienstunfähigkeit ausgegangen werden dürfe. Des Weiteren sei der historischen Entwicklung der Altersgrenzen seit der Weimarer Republik keine einheitliche Begründung zu entnehmen. Soweit kostensparender Personalabbau die Altershöchstgrenze legitimiere, könne sich der Gesetzgeber nicht darauf berufen, da bei Zugrundelegung der Rechtsprechung des EuGH in der Rechtssache *Age Concern England* die Kostenersparnis keinen Allgemeinwohlbelang darstelle, der eine pauschale Altershöchstgrenze zu rechtfertigen in der Lage sei. Analoges gelte für die personalwirtschaftliche Planungssicherheit des öffentlichen Arbeitgebers. Soweit die pauschale Altersgrenze für ältere Mitarbeiter mit der Einstellung junger Bewerber begründet werde, sei dies nicht kohärent, weil ein direkter Zusammenhang zwischen altersbedingter Entlassung und Einstellung nicht gewährleistet sei. Und schließlich fehle es dem Kriterium eines günstigen Altersaufbaus der Verwaltung an der von Art. 6 Abs. 1 UAbs. 1 Richtlinie 2000/78/EG geforderten Objektivierbarkeit.

Doch der VGH Kassel hat diese Entscheidung des VG Frankfurt nicht bestätigt: Zu Recht nicht, denn das VG Frankfurt hat seiner Entscheidung nicht den richtigen Prüfungsmaßstab zugrunde gelegt.[132] Der EuGH reduziert in den Rechtssachen *Palacios*, *Rosenbladt*, *Georgiev* und *Fuchs* die richterliche Kontrolldichte im Fall von allgemeinen Altersgrenzen auf eine Willkürprüfung, um dem nationalen Gesetzgeber einen größeren Spielraum bei der Berücksichtigung soziokultureller, arbeitsmarktpolitischer, personalwirtschaftlicher, haushaltsbezogener und demografisch indizierter Strukturentscheidungen zu eröffnen.[133] Insofern hält auch die beamtenrechtliche Altershöchstgrenze nach der Rechtsprechung des VGH Kassel den Anforderungen des Gleichstellungsrechts stand. Vollkommen zutreffend kann der VGH Kassel zur Begründung seiner Entscheidung auf eine tradierte, gelebte, also soziokulturelle und damit nicht willkürliche Praxis der generalisierenden Altershöchstgrenze im deutschen Beamten-, aber auch Sozialversicherungsrecht verweisen.[134] Er kann auf den gesellschaftli-

131 Vgl. RG, RGZ 104, 58 (62).

132 Vgl. hierzu und zum Folgenden VGH Kassel, NVwZ 2010, S. 140 ff.; vgl. entsprechend VGH München, BeckRS 2011, 45860, Rn. 37 ff., im Hinblick auf ein Hinausschieben der Altersgrenze für Professoren entschieden; kritisch *Rombach*, NVwZ 2010, S. 102 ff.

133 Vgl. oben II.3.c.

134 Vgl. hierzu und zum Folgenden VGH Kassel, NVwZ 2010, S. 140 ff.; kritisch *Rombach*, NVwZ 2010, S. 102 ff.

chen Konsens abstellen, dass auch junge Berufseinsteiger durch das Ausscheiden älterer Arbeitnehmer beschäftigungspolitisch integriert werden. Er kann auf die generalisierende Einschätzungsprärogative des Gesetzgebers für die Bewertung der altersbedingten Leistungsfähigkeit im Beamtenverhältnis hinweisen, gerade unter sich wandelnden sozialen, medizinischen und technischen Bedingungen – Stichwort: Anhebung der Altersgrenze von 65 auf 67 Jahre. Er kann die Schaffung eines günstigen Altersaufbaus in der Beamtenschaft zur Steigerung deren Leistungsfähigkeit im Hinblick auf die Weitergabe von Erfahrungswissen, die Motivation von aufsteigenden Nachrückern durch altersbedingt frei werdende Stellen und eine kontinuierliche Personalpolitik berücksichtigen. Er kann in der öffentlichen Verwaltung auch mögliche Kostenreduzierungen und Ressourcenschonung nicht als einziges Interesse, wohl aber in Verbindung mit den weiteren Allgemeinwohlbelangen in die Abwägung einbeziehen. Er kann reflektieren, dass eine jeweils individuelle Feststellung der Dienstunfähigkeit zu behördeninternen Auseinandersetzungen und Rechtsstreitigkeiten führen würde, die auch dem öffentlichen Ansehen der Beamtenschaft Schaden zufügen. Und schließlich kann er auf die individuelle Verhältnismäßigkeit der generalisierenden Altersregelung verweisen, die allen Beamten – ganz entsprechend den in *Palacios*, *Rosenbladt*, *Georgiev* und *Fuchs* aufgestellten Grundsätzen – eine angemessene Altersversorgung sichert.

Dementsprechend hat auch der EuGH in der Rechtssache *Fuchs* festgestellt, dass die allgemeine Altershöchstgrenze für die Auflösung des Beamtenverhältnisses in § 50 Abs. 1 HBG keinen Fall der Altersdiskriminierung darstellt und folglich nicht europarechtswidrig ist: Der EuGH sah die Altershöchstgrenze durch eine Vielzahl legitimer Zwecke im Sinn des Art. 6 Abs. 1 UAbs. 1 Richtlinie 2000/78/EG gerechtfertigt: den Zugang junger Menschen zu Ämtern,[135] das „Interesse einer Verteilung der Beschäftigung zwischen den Generationen“[136], die Leistungsfähigkeit der Verwaltung,[137] den Erfahrungsaustausch in einer altersdifferenzierten Personalstruktur,[138] die Optimierung der Personalplanung,[139] die Vermeidung von Rechtsstreitigkeiten über die Fähigkeit eines Beamten, seine Tätigkeit

135 Vgl. EuGH, Rs. C-159/10, C-160/10 (Fuchs), NVwZ 2011, S. 1249 (1250 [Rn. 49], 1251 [Rn. 60, 64], 1252, [Rn. 66, 75], 1253 [Rn. 90]).; ferner *Mahlmann*, in: Däubler/Bertzbach (Fn. 31), § 24 AGG, Rn. 32.

136 Vgl. EuGH, Rs. C-159/10, C-160/10 (Fuchs), NVwZ 2011, S. 1249 (1251 [Rn. 64]).

137 Vgl. EuGH, Rs. C-159/10, C-160/10 (Fuchs), NVwZ 2011, S. 1249 (1250f. [Rn. 50], 1253 [Rn. 90]).

138 Vgl. EuGH, Rs. C-159/10, C-160/10 (Fuchs), NVwZ 2011, S. 1249 (1250 [Rn. 49], 1252 [Rn. 68, 75]); ferner *Mahlmann*, in: Däubler/Bertzbach (Fn. 31), § 24 AGG, Rn. 34.

139 Vgl. EuGH, Rs. C-159/10, C-160/10 (Fuchs), NVwZ 2011, S. 1249 (1250f. [Rn. 50], 1251 [Rn. 60], 1252 [Rn. 68, 75], 1253 [Rn. 90]).

noch weiter auszuüben,[140] und in Verbindung mit diesen Gemeinwohlbelangen die Einsparung von Haushaltsmitteln.[141] Im Hinblick auf die Anforderungen, die an eine Substantiierung insbesondere einer altersgerechten Personalstruktur zu stellen sind, wies der EuGH auf die sehr komplexe Abwägung wirtschaftlicher, sozialer, demografischer und haushaltsbezogener Aspekte hin:[142] Die Entscheidungsgrundlage kann „vorhandene und nachprüfbare Daten, aber auch Prognosen umfassen, die sich naturgemäß auch als falsch erweisen können und daher eine gewisse Unsicherheit bergen. Die Maßnahme kann außerdem auf politischen Erwägungen beruhen, die oftmals einen Ausgleich zwischen verschiedenen denkbaren Lösungen implizieren und es ebenfalls nicht erlauben, das gewünschte Ergebnis als sicher zu betrachten.“[143] Aus diesem Grund verlangt der EuGH keinen genauen statistischen und zahlenbasierten Nachweis für eine ausgewogene Alterstruktur in der Verwaltung und fordert die nationalen Gerichte auf, sich auf eine Willkürprüfung zu beschränken. Aufgrund der amtsangemessenen Ruhestandsbezüge ordnete der EuGH auch die Regelung des § 50 Abs. 1 HBG als individuell verhältnismäßig ein.[144] In der Möglichkeit, den Eintritt in den Ruhestand nach § 50 Abs. 3 HBG im öffentlichen Interesse um jeweils ein Jahr bis längstens zur Vollendung des 68. Lebensjahrs hinauszuschieben, sah der Gerichtshof keine Inkohärenz.[145]

IV. Fazit

Ist Altersdiskriminierung ein Problem? Die Wirkung des europäischen Verbots der Altersdiskriminierung auf das deutsche Beamtenrecht wird als „mager“ und „harmlos“,[146] als „juristische Bombe mit nasser Lunte“[147] und als „Diskriminierungsverbot zweiter Klasse“[148] mit „drittklassiger Wirkung“[149] bezeichnet. Doch dieses Urteil ist aus zwei Gründen zu hart: Zum einen gelten im deutschen Beamtenrecht unmittelbar die Grundrechte, die klassischen Diskriminierungsverbote sowie der Leistungsgrundsatz, die

140 Vgl. EuGH, Rs. C-159/10, C-160/10 (Fuchs), NVwZ 2011, S. 1249 (1250 f. [Rn. 50], 1252 [Rn. 68, 75]).

141 Vgl. EuGH, Rs. C-159/10, C-160/10 (Fuchs), NVwZ 2011, S. 1249 (1252 [Rn. 69 ff., 73 ff.]).

142 Vgl. EuGH, Rs. C-159/10, C-160/10 (Fuchs), NVwZ 2011, S. 1249 (1253 [Rn. 81]).

143 EuGH, Rs. C-159/10, C-160/10 (Fuchs), NVwZ 2011, S. 1249 (1253 [Rn. 81]).

144 Vgl. EuGH, Rs. C-159/10, C-160/10 (Fuchs), NVwZ 2011, S. 1249 (1252 [Rn. 67 f.]).

145 Vgl. EuGH, Rs. C-159/10, C-160/10 (Fuchs), NVwZ 2011, S. 1249 (1253 [Rn. 84], 1254 [Rn. 94 f.]).

146 Vgl. *Kämmerer*, ZBR 2008, S. 325 (338).

147 *Kämmerer*, ZBR 2008, S. 325 (329).

148 *M. Schmidt/D. Senne*, Das gemeinschaftsrechtliche Verbot der Altersdiskriminierung und seine Bedeutung für das deutsche Arbeitsrecht, RdA 2002, S. 80 (89).

149 Vgl. *Kämmerer*, ZBR 2008, S. 325 (339).

bereits viele Fallgestaltungen des Verbots der Altersdiskriminierung auffangen.[150] Vor diesem Hintergrund entfaltet das europarechtliche Verbot der Altersdiskriminierung aber dennoch seine „subkutane“ Wirkung, die sich vor allem in der Aufspürung und Abschaffung nicht leistungsbezogener Altersgrenzen – etwa im Besoldungsrecht – zeigt, sowie in der Rationalisierung und Veränderung angemessener Altersgrenzen liegt. Enttäuscht wird also nur derjenige sein, der sich eine Revolution des deutschen Dienstrechts durch das europäisch indizierte Verbot der Altersdiskriminierung versprochen hat. Doch das Recht der Altersdifferenzierung ist nicht revolutionär und taugt deshalb auch nicht für die Place de la Concorde. Wer unbedingt die Revolution im deutschen Dienstrecht miterleben möchte, der kann sie gegenwärtig in der Legitimation des Beamtenstreiks durch die europarechtlich hyperventilierenden Verwaltungsgerichte Düsseldorf und Kassel verfolgen.[151] Aber die Revolution ist – wie immer – ein Thema für sich …

150 Vgl. *Battis/Nebel* (Fn. 8), S. 6.

151 Vgl. VG Düsseldorf, AuR 2011, 74 ff.; VG Kassel, ZBR 2011, S. 386 ff.; a. A. OVG Münster, Urteil v. 7. 3. 2012 – 3d A 317/11.0, juris; hierzu zu Recht krit. *J. F. Lindner*, Dürfen Beamte doch streiken?, DÖV 2011, S. 305 ff.; U. Battis, Streikrecht für Beamte?, ZBR 2011, S. 397 ff.; P. Gooren, Das Ende des Beamtenstreikverbots, ZBR 2011, S. 400 ff.: jew.m. w. N.

Diskriminierung aufgrund der sexuellen Ausrichtung: Verfassungs- und verwaltungsrechtliche Perspektiven aus deutscher Sicht

Prof. Dr. Heinrich Wolff, Europa-Universität Viadrina Frankfurt (Oder)

I. Einführung

Die letzten zehn Jahre waren für Menschen mit gleichgeschlechtlicher Ausrichtung und dauerhaftem Bindungswunsch in Deutschland sehr ereignisreich. Das einfache Recht stellt mit der sog. gleichgeschlechtlichen Lebensgemeinschaft, im folgenden „Partnerschaft", jetzt ein Institut bereit, das homosexuellen oder gleichgeschlechtlichen Paaren eine rechtliche Anerkennung ihrer Partnerschaft ermöglicht, die der Ehe weitgehend angeglichen ist.

II. Die Entwicklung

1. Die Gründungsphase

Die Entwicklung der Lebenspartnerschaft vollzog sich bisher in drei Phasen. Der Meilenstein war zunächst das Gesetz zur Beendigung der Diskriminierung gleichgeschlechtlicher Lebensgemeinschaften: Lebenspartnerschaften vom 16. 2. 2001 (in Kraft getreten am 1. 8. 2001). Darin enthalten war als Art. 1 das Gesetz über die Eingetragene Lebenspartnerschaft (Lebenspartnerschaftsgesetz – LPartG).[1] Das LPartG gibt der gleichgeschlechtlichen Lebensgemeinschaft einen rechtlichen Rahmen. Während des Gesetzgebungsverfahrens beschloss der Bundestag, die weitergehenden Regelungen zur Gleichstellung der Lebenspartnerschaft, die der Zustimmung des Bundestages bedurften, aus dem Gesetz auszugliedern und in ein Lebenspartnerschafts-Ergänzungsgesetz zusammenzufassen, das dann später wegen fehlender Zustimmung des Bundestags nicht in Kraft trat. Im Lebenspartnerschafts-Ergänzungsgesetz sollte unter anderem die Zuständigkeit der Standesbeamten für die Eintragung der Lebenspartnerschaft begründet werden, im Beamtenrecht sollten die für Ehegatten bestimmten Normen auf Lebenspartner zur Anwendung kommen, wie etwa Auswirkungen auf Trennungsgeld und Ortszuschlag, und schließlich sollte die Möglichkeit des Ehegattensplittings eröffnet werden. Das Inkrafttreten des Lebenspartnerschaftsgesetzes, nicht aber des Lebenspartnerschafts-Ergän-

1 BGBl I S. 1696; s. dazu BT-Drs. 14/3751.

zungsgesetzes beruhte auf den damaligen politischen Kräfteverhältnissen. Zum Zeitpunkt der Einführung des Lebenspartnerschaftsgesetzes waren die politischen Mehrheiten im Bundestag einerseits und im Bundesrat andererseits unterschiedlich. Während der Bundestag mehrheitlich von der Koalition der SPD und den Grünen getragen wurde, die in dieser Frage fortschrittlich waren, hatte im Bundesrat eine von der CDU/CSU bestimmte Mehrheit das Sagen, der die Besonderheiten der Ehe besonders am Herzen lagen und die die Angleichung der gleichgeschlechtlichen Lebenspartnerschaft mit der Ehe ablehnte.

2. Die Expansionsphase

Die zweite Phase der Entwicklung wurde durch die Entscheidung des Bundesverfassungsgerichts angestoßen,[2] mit der es die Verfassungsmäßigkeit des Lebenspartnerschaftsgesetzes uneingeschränkt bejahte. Relevant waren dabei vor allem zwei Fragen. Art. 6 Abs. 1 GG stellt die Ehe und Familie unter besonderen Schutz des Staates. Darin liegt ein Förderungsgebot zu Gunsten der Ehe. Die Frage war nun, ob dieses Förderungsgebot auch einen Konkurrenzschutz gegenüber anderen heterosexuellen oder gleichgeschlechtlichen Gemeinschaften dergestalt enthält, dass es dem Gesetzgeber untersagt ist, ein Institut auszuformen, das eheähnlich ist, aber keine Ehe darstellt. Das Bundesverfassungsgericht verneinte ein aus Art. 6 Abs. 1 GG herzuleitendes Abstandsgebot.[3] Aus der Förderpflicht für ein Institut folgt noch kein Förderverbot für ein anderes, parallel ausgestaltetes Institut. Weiter war die kompetenzrechtliche Frage streitig, ob der Gesetzgeber berechtigt sei, eine in seinen Augen zusammenhängende Materie allein aus politisch-taktischen Gründen in zwei Teile aufzuspalten. Das Bundesverfassungsgericht gestand dem Gesetzgeber diesen Freiraum zu.[4]

Nach dieser Grundsatzentscheidung weitete der Gesetzgeber das Lebenspartnerschaftsgesetz erheblich aus. Mit dem Gesetz zur Überarbeitung des Lebenspartnerschaftsrechts (LPartGÜG) vom 15. 12. 2004 (BGBl I 2004, S. 3396), in Kraft getreten am 1. 1. 2005, wurden unter anderem die Verlöbnismöglichkeit eingeführt, der gesetzliche Güterstand der Zugewinngemeinschaft vorgesehen, der Versorgungsausgleich normiert und die Stiefkindadoption zugelassen.

2 BVerfGE 105, 313 (348 ff.).
3 BVerfGE 105, 313 (348 ff.).
4 BVerfGE 105, 313 (338 ff.).

III. Die gegenwärtige Ausgestaltung

1. Weitgehende Gemeinsamkeiten

Das Lebenspartnerschaftsgesetz begründet in seiner gegenwärtigen Fassung ein eigenständiges Rechtsinstitut der eingetragenen Lebenspartnerschaft gleichgeschlechtlicher Partner.[5] Es regelt deren rechtliche Beziehungen zueinander für die Dauer des Bestehens der Partnerschaft über unterhalts-, namens- und vermögensrechtliche Fragen bis hin zur Regelung sorgerechtlicher Befugnisse. Dem überlebenden Lebenspartner wird ein gesetzliches Erbrecht eingeräumt und es werden Regelungen für die Trennung der Partner sowie die Aufhebung der Gemeinschaft normiert. Nach Aufhebung der Partnerschaft (wobei das Gesetz ausdrücklich nicht von Scheidung spricht und nicht den Begriff des Scheiterns verwendet[6]) treten vergleichbare Folgen wie bei einer Scheidung ein, und zwar bis hin zum Versorgungsausgleich. Trotz des weitgehenden Regelungsbereiches ist das Lebenspartnerschaftsgesetz relativ kurz. Dies liegt daran, dass weitgehend für die jeweilige Materie auf die Regelungen des Eherechts verwiesen wird. Da nach den jeweiligen Landesausführungsgesetzen verschiedene Stellen für die Beurkundung der Lebenspartnerschaften zuständig sind, werden die eingetragenen Lebenspartnerschaften statistisch nicht zuverlässig erfasst. Im Jahr 2010 ging man von einer Anzahl von bis zu 23.000 Lebenspartnerschaften aus.[7]

2. Verbleibende Unterschiede

Trotz der Angleichung bestehen weiterhin gewisse Unterschiede zur Ehe. Man kann zum einen Unterschiede feststellen, die sich auf das Institut selbst beziehen, und zum anderen solche, die auf den Schutz des Institutes durch die gesamte Rechtsordnung abstellen.

5 Die grundsätzlich vorgesehene Alternativität zwischen Ehe und Partnerschaft kommt ins Wanken, wenn ein Transsexueller, dessen Geschlechtsumwandlung noch nicht auf zweiter Stufe vollzogen ist, homosexuell ist. Nach Auffassung des BVerfG verstößt es gegen Art. 2 Abs. 1 und Abs. 2 in Verbindung mit Art. 1 Abs. 1 GG, wenn ein Transsexueller, der die Voraussetzungen des § 1 Abs. 1 Nr. 1 bis 3 Transsexuellengesetz erfüllt und aufgrund dessen personenstandsrechtlich im empfundenen und gelebten Geschlecht Anerkennung gefunden hat, zur rechtlichen Absicherung seiner gleichgeschlechtlichen Partnerschaft nur dann eine eingetragene Lebenspartnerschaft begründen kann, wenn er sich zuvor gemäß § 8 Abs. 1 Nr. 3 und 4 des Transsexuellengesetzes einem seine äußeren Geschlechtsmerkmale verändernden, operativen Eingriff unterzogen hat sowie dauernd fortpflanzungsunfähig ist, BVerfG, NJW 2011, S. 909 ff.

6 *J. Gernhuber/ D. Coester-Waltjen*, Familienrecht, 6. Aufl. 2010, § 42, Rn. 52.

7 Vgl. http://rhein-main.business-on.de/lebenspartnerschaften-jahr-lebensgemeinschaften-paare-deutschlandaf-angaben-_id16665.html – letzter Zugriff 17. 01. 2012.

a) Ausgestaltung des Instituts

Die geringfügigen Abweichungen des Institutes selbst zur Ehe sind folgende:

- Zunächst ist die rechtliche Ausgestaltung der Lebenspartnerschaft halbherzig. Die Lebenspartnerschaft ist nicht als familienrechtliches Institut in das Bürgerliche Gesetzbuch integriert worden, sondern bleibt ein eigenes Gesetz.[8]
- Es gibt im Lebenspartnerschaftsgesetz eine allgemeine Transformationsnorm (§ 11 Abs. 1 LPartG), nach der immer dann, wenn andere Rechtsnormen von Familienangehörigen sprechen, der eingetragene Lebenspartner, sofern nichts anderes bestimmt ist,[9] als Familienangehöriger und damit nicht als Ehepartner zu verstehen ist.
- Die Partnerschaft bleibt Volljährigen vorbehalten.
- Bei der Begründung der Partnerschaft wird ein Teil der Fehler, die bei der Ehe nur zum Aufhebungsanspruch führen, zu einem Nichtigkeitsgrund erklärt.[10]
- Bei den Aufhebungsgründen wird nicht zwischen Aufhebungs- und Scheidungsgründen wie bei der Ehe differenziert.

Deutliche Unterschiede bestehen bei den kindschaftsrechtlichen Wertungen. Die rechtliche Möglichkeit der Lebenspartnerschaft, Eltern zu werden, ist deutlich eingeschränkt. Ein Adoptionsrecht der Lebenspartnerschaft insgesamt kennt die Rechtsordnung nicht, allerdings existieren eine Reihe von Normen, die sich auf Kinder beziehen. Zunächst gibt es zwei Formen der „halben Adoption“. Gemäß § 9 Abs. 6 LPartG darf ein Lebenspartner mit Einwilligung des anderen allein ein Kind annehmen. Nach § 9 Abs. 7 LPartG ist eine Stiefkindadoption möglich. Danach kann ein Lebenspartner das leibliche Kind seines Partners alleine annehmen, wobei die Einwilligung des anderen Elternteils nötig ist. Dies kann dazu führen, dass im schlimmsten Fall bei Aufhebung der Lebenspartnerschaft der Lebenspartner, der nicht leiblicher Elternteil ist, das Sorgerecht erhält, § 1671 BGB.[11] Ist ein Lebenspartner allein sorgeberechtigter Elternteil, darf der andere in

8 Kritisch dazu *M. Wellenhofer*, Das neue Recht für eingetragene Lebenspartnerschaften, NJW 2005, S. 705 (709); *J. Gernhuber/ D. Coester-Waltjen*, Familienrecht, 6. Aufl. 2010, § 42, Rn. 5.

9 § 11 LPartG kann auch auf § 104a Abs. 3 AufenthG angewendet werden, auch wenn der Gesetzgeber dies nicht wollte, sofern auf diese Weise eine Schlechterstellung der Ehe verhindert werden kann – BVerfG (Kammer), NVwZ-RR 2011, S. 387 f.; s. dazu auch *H.-P. Welte*, Die Vereinbarkeit der Zurechnungsregelung des § 104a III 1 AufenthG mit höherrangigem Recht, ZAR 2011, S. 94 ff.

10 Vgl. *M. Lipp*, Examens-Repetitorium, 3. Aufl. 2009, Rn. 462.

11 *D. Schwab*, Familienrecht, 17. Aufl. 2009, Rn. 986; Die konkrete Richtervorlage zur Frage, ob durch diesen Kollisionsfall das Elternrecht des leiblichen Elternteils verfassungswidrig beeinträchtigt werde, hat das BVerfG als unzulässig abgewiesen – BVerfG, FamRZ 2009, S. 1653 f.

Angelegenheiten der täglichen Sorgen mitentscheiden (§ 9 Abs. 1 LPartG). Schließlich ist auch möglich, dass einem Kind, für das einer der Lebenspartner sorgeberechtigt ist, der Lebenspartnerschaftsname erteilt wird (§ 9 Abs. 5 LPartG).

b) Behandlung der Partnerschaft in den anderen Rechtsgebieten

Unübersichtlich ist die Frage der Parallelität der Ehe mit anderen Gesetzen, auch weil es Unterschiede zwischen den Ländern gibt.[12] Etwas pauschaliert gilt: Im Zivilrecht ist die Partnerschaft fast vollständig angeglichen, geringfügige Unterschiede bleiben wohl bei der Zwangsvollstreckung bestehen. Ebenfalls eine weitgehende Angleichung findet sich im Sozialrecht, ebenso im Ausländer- und Staatsangehörigkeitsrecht, sowie im Erbschaft- und Schenkungssteuerrecht, nicht aber im Einkommensteuerrecht.[13] Bei den berufsständischen Versorgungswerken der freien Berufe soll die Lage noch uneinheitlich sein, auch wenn die Mehrzahl der Versorgungswerke die Gleichstellung mittlerweile vorgenommen hat; noch uneinheitlicher ist das Bild im Beamtenrecht.[14] Auch das Verwaltungsverfahrensgesetz verharrt in alten Kategorien (vgl. § 20 Abs. 4 VwVfG).

IV. Gründe für die gegenwärtige Zersplitterung

Es gibt drei Gründe dafür, dass der Bundesgesetzgeber die in die Wege geleitete Gleichstellung der homosexuellen Partnerschaft mit der Ehe nicht zu Ende geführt hat.

- Der stärkste Grund ist der fehlende politische Wille der konservativen Kräfte für eine vollständige Gleichsetzung. Daher fehlte in den ersten beiden Phasen die Zustimmungsbereitschaft beim Bundesrat und deshalb ist auch der gegenwärtige Gesetzgeber nur bereit, die schlimmsten Systembrüche zu bereinigen, nicht aber die letzten Lücken zu schließen.
- Der zweite Grund für die unvollendete Institutsausgestaltung liegt in der Angst vor der eigenen Courage. Der Gesetzgeber selbst hat sich nicht getraut, die Lebenspartnerschaft der Ehe vollständig gleichzustellen, was insbesondere an deren fehlenden Einbindung in das BGB zu ersehen ist.

12 Übersichten finden sich bei *T. Hoppe*, Gleichstellung eingetragener Lebenspartnerschaften: Zu den Auswirkungen der Entscheidung des Bundesverfassungsgerichts zur Hinterbliebenenrente, 26. 11. 2009, S. 6 ff. (http://www.bundestag.de/dokumente/analysen/2009/index.html – letzter Zugriff 16. 09. 2011); bei der Aufstellung des Lesben- und Schwulenverbands in Deutschland, http://lsvd.de/423.0.html – letzter Zugriff 16. 09. 2011); sowie bei *Schausten*, jurisPK-BGB Band 4, 5. Aufl. 2010, § 11 LPartG.

13 S. dazu *W.-D. Tölle*, Die eingetragene Lebenspartnerschaft im steuerlichen Wandel, NJW 2011, S. 2165 ff.

14 Vgl. dazu *J. Tomowski*, Die eingetragene Lebenspartnerschaft im Besoldungsrecht der Beamten und Richter, LKV 2009, S. 504 ff.

– Der dritte Grund sind legislatorische Zufälligkeiten. Bemüht sich der Gesetzgeber um eine weitgehende, aber nicht vollständige Gleichstellung eines Instituts mit einem anderen, muss es notwendig zu Unstimmigkeiten und Ungereimtheiten kommen.[15]

Bewertet man die bestehenden Unterschiede, so beruhen diese mit wenigen Ausnahmen nicht auf anderen Wertsetzungen oder einer anderen inhaltlichen Ausrichtung der gleichgeschlechtlichen Lebenspartnerschaft im Vergleich zur Ehe, sondern allein darauf, dass die angestrebte Parallelität noch nicht völlig zu Ende gebracht ist. Auf diese Weise kommt es zu einer paradoxen Situation der Diskriminierung wegen unvollständiger Regelung. Der Gesetzgeber schafft ein Institut, das auf Parallelität ausgelegt ist, und bleibt dann nach drei Vierteln der Strecke stehen.

Vereinzelte Ausnahmen bestehen. So gibt es bei der bestehenden Partnerschaftsregelung durchaus geringfügige Abweichungen zum Eherecht, die auf einer anderen Wertung beruhen. Am deutlichsten ist dies bei der Altersregelung zu sehen. Die Ehe kann auch von Minderjährigen geschlossen werden, was insbesondere dem Schutz von minderjährigen Eltern dient, während bei dem Lebenspartnerschaftsgesetz die Volljährigkeit verlangt wird.

V. Die interpretatorische Fortführung

Gegenwärtig befinden wir uns in der dritten Phase der Entwicklung der Lebenspartnerschaft. Diese ist nicht durch die Rechtsfortbildung durch den Gesetzgeber gekennzeichnet, sondern durch eine Rechtsfortbildung durch die Rechtsprechung. Die oben genannte Situation der Diskriminierung wegen fehlender Vollendung führt dazu, dass die Gerichte sich bemühen, in den Situationen, in denen die Rechtsordnung noch zwischen Ehegatten und Lebenspartnern unterscheidet, im Wege der richterlichen Rechtsfortbildung eine Gleichstellung zu bewirken. Methodisch bestehen zwei unterschiedliche Ansatzpunkte: zum einen die interpretatorische Fortbildung des Rechts wegen Lückenbildung und zum anderen diejenige unter Berufung auf höherrangiges Recht.

1. Interpretatorische Lückenschließung

In ausgesprochenen Ausnahmesituationen mag es möglich sein, im Wege der Analogie oder der extensiven Interpretation einzelner Tatbestandsmerkmale die Lebenspartnerschaft partiell der Ehe gleichzustellen. Da die Analogie und die extensive Interpretation der Sache nach ein Schließen von

---

15 Kritisch *J. Gernhuber/ D. Coester-Waltjen*, Familienrecht, 6. Aufl. 2010, § 42 Rn. 8–12 mit Beispiel in § 42 Rn. 2; *M. Wellenhofer*, Das neue Recht für eingetragene Lebenspartnerschaften, NJW 2005, S. 705 ff.

Lücken im einfachen Recht ist, ist ihr Anwendungsbereich in dem hier relevanten Feld sehr klein. Der Gesetzgeber wollte keine vollständige Angleichung der Lebenspartnerschaft zur Ehe, daher besteht die Vermutung, dass bestehen gebliebene Differenzen nicht auf einer Lücke, sondern auf einer ausdrücklichen, diesbezüglich negativen Entscheidung des Gesetzgebers beruhen. Nur dann, wenn es nachvollziehbar erscheint, dass der Gesetzgeber selbst im konkreten Fall eine Angleichung gewollt hätte, wenn er also an diese gedacht hätte, kann im Wege der Lückenschließung eine Parallelität hergestellt werden.

2. Fortbildung unter Berufung auf höherrangiges Recht

Die zweite Möglichkeit besteht darin, die unvollständige Gleichsetzung als ein Gebot des höherrangigen Rechts darzustellen. Für eine Gleichstellung von Partnerschaft und Ehe lassen sich verschiedene Ansatzpunkte finden.

a) Ehebegriff

Die erste Möglichkeit bestünde darin, die Partnerschaft als eine Ehe i. S. v. Art. 6 GG zu begreifen. Wäre die Partnerschaft ebenso wie die Ehe i. S. v. Art. 6 Abs. 1 GG zu verstehen, wäre es schwer, nennenswerte Differenzierungen vorzunehmen. Es ist nicht ausgeschlossen, dass aufgrund der geänderten Wertvorstellung irgendwann die Partnerschaft als Ehe i. S. v. Art. 6 Abs. 1 GG verstanden wird. Gegenwärtig wird der Ehebegriff i. S. v. Art. 6 Abs. 1 GG historisch aber so verstanden, dass die Heterosexualität der Partner unverrückbarer Bestandteil der Ehe ist.[16] Danach gilt: Ehe ist die auf freiem Entschluss beruhende, auf der Grundlage gleichberechtigter Partnerschaft frei ausgestaltete und staatlich beurkundete Verbindung eines Mannes und einer Frau zur grundsätzlich unauflöslichen Lebensgemeinschaft.[17] Das BVerfG verwehrt daher in ständiger Rechtsprechung der eingetragenen Lebenspartnerschaft die Berufung auf die Garantie des Schutzes der Ehe in Art. 6 Abs. 1 GG.

Berücksichtigt man, in welchem Umfang sich die Frage der Nachkommen von einer bestehenden Ehe der Eltern abgelöst hat, wird man die Funktion des Ehebegriffs, einen Hort für Kinder zu geben, in geringerer Weise in die Interpretation des Art. 6 GG einbeziehen müssen als bisher.[18] Dies hat zur Folge, dass aufgrund der Normgeprägtheit des Art. 6 GG es dem Gesetzgeber nicht verwehrt ist, auf den lebenslangen Bindungswillen und die Bereitschaft abzustellen, wechselseitigen Beistand zu geben, und

16 BVerfGE 105, 313 (342 ff.); *W. Pauly*, Sperrwirkungen des verfassungsrechtlichen Ehebegriffs, NJW 1997, S. 1955.

17 BVerfGE 105, 313 (342 ff.); vgl. dazu *Uhle*, in: Epping/Hillgruber (Hrsg.), BOK-GG, Stand 01. 07. 2011, Art. 6, Rn. 2.

18 Von einem Wandel im Bereich der Elternschaft geht auch BVerfG, FamRZ 2009, S. 1653 (1654) aus.

die gleichgeschlechtliche Partnerschaft in die Ehe mit einzubeziehen und auf diese Weise unter den Schutz des Art. 6 GG zu stellen. Er muss es nicht tun, es ist ihm nur nicht untersagt. Legt man dem Art. 6 GG diese erweiternde Auslegung zugrunde, ist die Frage dann nur noch, ob er gegenwärtig die Partnerschaft schon normativ in die Ehe einbezogen hat. Formal-institutionell hat der Gesetzgeber die Partnerschaft nicht in die Ehe integriert. Er hat auch wiederholt erklärt, die Partnerschaft nicht als Ehe ausgestalten zu wollen. Er hat aber beide Institute in einer Weise ausgestaltet, dass der Unterschied mehr begrifflich als substanziell ist. Es spricht daher bei gegenwärtiger Rechtslage entgegen der Rechtsprechung und überwiegenden Ansicht mehr für als gegen die Annahme, die Partnerschaft unter Art. 6 GG zu fassen. Die Folge wäre, dass es dem Gesetzgeber gestattet ist, mehrere Ausgestaltungen von unterschiedlichen Eheformen vorzusehen. Die Frage wäre dann, ob die Ausgestaltung jeweils für sich sachgerecht ist, was man bei Einzelfragen bei der Partnerschaft durchaus wird bestreiten können.

b) Familie

Familie i. S. v. Art. 6 Abs. 1 GG ist die umfassende Gemeinschaft von Eltern und ihren Kindern.[19] Das gegenwärtige Recht sieht in unterschiedlicher Form die Möglichkeit vor, dass in einer Partnerschaft Kinder einbezogen sind. Fraglich ist, ob auch die Beziehung des Partners zu dem Kind, der nicht rechtlich Elternteil des Kindes ist, als Familienbeziehung verstanden werden kann. Sofern die Beziehung tatsächlich gelebt wird und Schutz und Fürsorge tatsächlich geleistet werden, genügt die rechtliche Beziehung zum erziehungsberechtigten Elternteil über die Partnerschaft, um auch eine Familie i. S. v. Art. 6 GG anzunehmen. Dies ist v. a. in den Fällen eindeutig, in denen das Recht eine Sorgeberechtigung für die Alltagsgeschäfte annimmt. Es ist aber auch in den anderen Fällen anzunehmen und liegt auf der Linie der bisherigen Rechtsprechung.[20] Der Begriff der Familie setzt nach zutreffender Ansicht nicht voraus, dass die Elternteile in ihrer Kombination strukturell fortpflanzungsfähig sein müssen und daher nicht gleichgeschlechtig sein dürfen.[21]

c) Allgemeines Persönlichkeitsrecht

Die sexuelle Orientierung ist Ausfluss des allgemeinen Persönlichkeitsrechts, das als ungeschriebene Grundrechtsausprägung aus Art. 2 Abs. 1, Art. 1 Abs. 1 GG folgt. Aus dem allgemeinen Persönlichkeitsrecht kann

19 BVerfGE 10, 59 (66); BVerfGE 108, 82 (112).

20 So schließt BVerfG, NJW 2011, S. 988 den Familienschutz nicht generell aus, sondern nur die Relevanz einer Maßnahme, die das Zusammenleben selbst nicht betreffen.

21 So aber etwa *Uhle*, in: Epping/Hillgruber (Hrsg.), BOK-GG, Stand 01. 07. 2011, Art. 6, Rn. 18; wie hier OLG Hamm, Beschluss vom 1. 12. 2009 – 15 Wx 236/09, NJW 2010, S. 2065 ff.

aber nicht die rechtliche Anerkennung und schon gar nicht eine bestimmte Ausprägung einer rechtlichen Anerkennung einer Lebensform verlangt werden, die dem Persönlichkeitsrecht jedes Einzelnen am besten entspricht. Dafür sind die leistungsrechtlichen Komponenten dieses Grundrechts nicht stark genug.[22] Verbindet der Gesetzgeber aber unterschiedliche Folgen an eine Partnerschaft im Vergleich zu einer Ehe, knüpft er mittelbar auch an die sexuelle Orientierung an. Die Abwehrfunktion der Grundrechte kann sich bekanntlich auch darin entfalten, dem Gesetzgeber zu untersagen, Verhaltensweisen, die vom Schutzbereich eines Freiheitsgrundrechts erfasst werden, zum Anknüpfungspunkt für Nachteile zu machen. Von hier aus ist es nur ein kleiner Schritt, um auch die Anknüpfung für die Nichtgewährung von Vorteilen in den Schutzbereich einzubeziehen. Auf diese Weise überschneiden sich die Schutzwirkungen der Freiheitsgrundrechte mit denen der Gleichheitsrechte und es ist nicht immer einfach zu entscheiden, ob der Einstieg der Prüfung bei den Freiheitsgrundrechten oder bei den Gleichheitsrechten zu wählen ist. Sofern es um die Ausgestaltung der Partnerschaft geht, greift die Rechtsprechung in der Regel auf den Gleichheitssatz und nicht auf das allgemeine Persönlichkeitsrecht zurück, was zumindest gut vertretbar erscheint und daher auch hier zugrunde gelegt werden soll.

d) Gleichheitssatz

Die zentrale Rolle bei der interpretatorischen Vollendung nimmt der Gleichheitssatz ein. Schwierig ist die Frage, ob gesetzliche Regelungen, die Begünstigungen oder Benachteiligungen an die Ehe anknüpfen und die Partnerschaft ausklammern, gegen die Gleichheitsrechte verstoßen.

aa) Wahl des Gleichheitssatzes

Das Grundgesetz kennt nur wenige Gleichheitssätze. Art. 3 Abs. 3 GG enthält sog. absolute Anknüpfungsverbote für bestimmte Gesichtspunkte wie insbesondere Geschlecht, Abstammung, Rasse, Sprache, Heimat, Herkunft, Glaube, religiöse oder politische Anschauungen. Im vorliegenden Zusammenhang ist die Frage der Ungleichbehandlung wegen der sexuellen Orientierung relevant. Dabei liegt allerdings keine unmittelbare Anknüpfung an die sexuelle Orientierung vor, da eine heterosexuelle oder eine homosexuelle Orientierung weder Voraussetzung für eine Ehe noch für eine Partnerschaft ist. Mittelbar werden bei einseitigen Begünstigungen von Ehen Menschen mit gleichgeschlechtlicher Orientierung dennoch ungleich

22 Siehe etwa BVerfG, NJW 2011, S. 988: Die Nichteintragung der Elternschaft in einem Personenstandsdokument zeitigt keine Wirkung für das allgemeine Persönlichkeitsrecht der Partnerin der erziehungsberechtigten Mutter.

behandelt, da die Ehe typischerweise von Heterosexuellen, die Partnerschaft typischerweise von Homosexuellen eingegangen wird.[23]

Die sexuelle Orientierung wird in Art. 3 Abs. 3 GG nicht aufgeführt. Sie kann nach zutreffender Auffassung weder als ein Fall des Geschlechts verstanden werden[24], noch sonst im Wege der Interpretation der Norm „hineingefügt" werden.[25] Der Normtext von Art. 3 Abs. 3 GG soll erkennbar abschließend sein und der Vorschlag, ihn im Wege der Verfassungsänderung um das Merkmal der sexuellen Orientierung zu erweitern, wurde ausdrücklich abgelehnt.[26] Insofern unterscheidet sich Art. 3 Abs. 3 GG von den europäischen Grundrechtsgarantien (Art. 21 GRCh). Relevant für die Beurteilung differenzierender Regelung ist daher der Gleichheitssatz gem. Art. 3 Abs. 1 GG.

bb) Wahl der Rechtfertigungsanforderung

Die Rechtsprechung des BVerfG stellt je nach Art der Ungleichbehandlung bekanntlich unterschiedlich strenge Anforderungen und unterscheidet begrifflich zwischen dem Willkürverbot, das einen sachlichen Grund für eine Regelung genügen lässt[27], und dem Gebot der verhältnismäßigen Gleichbehandlung, das Gründe für die Differenzierung verlangt, die im angemessenen Verhältnis zum Ausmaß der Ungleichbehandlung stehen.[28] Die Übergänge von beiden Anforderungen sind dabei durchaus fließend.

Bei der Frage, welche Rechtfertigungsanforderungen anzulegen sind, sofern zwischen Partnerschaften und Eheleuten differenziert wird, blieb die Zuordnung in der Kammerrechtsprechung des zweiten Senats des BVerfG zunächst etwas undeutlich.[29] Dagegen hat der erste Senat mit zwei Senatsbeschlüssen sehr deutlich auf das Gebot der verhältnismäßigen Gleichbehandlung verwiesen.[30] In einem Beschluss wurde die Ungleichbehandlung von Ehe und eingetragener Lebenspartnerschaft im Bereich der betrieblichen Hinterbliebenenversorgung für Arbeitnehmer des öffentlichen Dienstes, die bei der Versorgungsanstalt des Bundes und der Länder

---

23 BVerfGE 124, 199 (221); BVerfGE 126, 400 (419); BVerfG, NJW 2008, S. 209 (210 f.), bestätigt mit BVerfG, NJW 2008, S. 2325 (2325 f.).

24 BVerfG, NJW 2008, S. 209 (210); BVerfG, Beschl. v. 08. 11. 2007, 2 BvR 2334/06, juris, Rn. 15.

25 BVerfG, NJW 2008, S. 209 (210); BVerfG, Beschl. v. 08. 11. 2007, 2 BvR 2334/06, juris, Rn. 15; a. A. *S. Stüber*: Kein Familienzuschlag für Lebenspartner?, NJW 2006, S. 1774 f.

26 Vgl. Bericht der Gemeinsamen Verfassungskommission, BT-Drs. 12/6000, S. 54; vgl. dazu BVerfG, NJW 2008, S. 209 (210); BVerfG, Beschl. v. 08. 11. 2007, 2 BvR 2334/06, juris, Rn. 16.

27 BVerfGE 1, 14 (52).

28 BVerfGE 55, 72 (88).

29 Während BVerfG, NJW 2008, S. 209 (210) in Richtung Neue Formel zu verstehen ist, spricht NJW 2008, S. 209 (211) von strengen Bindungen; parallel auch BVerfG, Beschl. v. 08. 11. 2007, 2 BvR 2334/06, juris, Rn. 18 einerseits und Rn. 22 andererseits.

30 BVerfGE 124, 199 (219 ff.); BVerfGE 126, 400 (416 ff.).

zusatzversichert waren, für unvereinbar mit Art. 3 Abs. 1 GG erklärt.[31] Zwei Jahre später wurde die Ungleichbehandlung von Ehe und eingetragener Lebenspartnerschaft im Erbschaftssteuer- und Schenkungssteuergesetz für gleichheitswidrig befunden.[32] Das Besondere daran war, dass das Gericht die Gesetze aufhob und eine rückwirkende Änderung verlangte, obwohl der Gesetzgeber die Normen schon aufgehoben hatte.

Die Begründung für die Heranziehung der strengeren Rechtfertigungsanforderungen leuchtet unmittelbar ein: Die Wahl zwischen den beiden Partnerschaftsformen ist personenbezogen und nicht verhaltensbezogen motiviert. Das Merkmal der sexuellen Orientierung ist zwar nicht in Art. 3 Abs. 3 GG genannt, ist aber dennoch mit den dort genannten strukturell vergleichbar,[33] wird europarechtlich gleichgestellt[34], löste auch schon nach der bisherigen Rechtsprechung einen hohen Rechtfertigungsbedarf aus[35] und knüpft zudem an ein vom allgemeinen Persönlichkeitsrecht geschütztes Verhalten an.[36]

cc) Die rechtfertigende Kraft des Art. 6 GG

Die zentrale Schwierigkeit ist, ob der Gesetzgeber zwischen Ehe und Partnerschaft unterscheiden darf. Hier stehen sich zwei Positionen gegenüber, die beide in der insoweit uneinheitlichen Rechtsprechung vorkommen.[37]

aaa) Die klassische Sichtweise

Die klassische Position beruht auf zwei Gedanken. Der erste ist, dass die Frage der Reichweite der rechtlichen Anerkennung der gleichgeschlechtlichen Lebenspartnerschaft vom Gesetzgeber bestimmt ist und jede Besserstellung der Ehe allein schon durch den verfassungsrechtlichen Schutzanspruch der Ehe gerechtfertigt ist, sofern die Besserstellung nicht unverhältnismäßig ausfällt. So heißt es: Der verfassungsrechtliche Förderauftrag des Art. 6 Abs. 1 GG berechtige den Gesetzgeber, die Ehe als die förmlich eingegangene Lebensgemeinschaft von Frau und Mann gegenüber anderen Lebensformen herauszuheben und zu begünstigen. Die Verfassung selbst bilde mit Art. 6 Abs. 1 GG den sachlichen Differenzierungsgrund, der die hier vorliegende Ungleichbehandlung von verheirateten Beamten und den Beamten, die eine eingetragene Lebenspartnerschaft geschlossen haben, nach Art. 3 Abs. 1 GG rechtfertigt. Die Unterscheidung dürfte allerdings auch im Hinblick auf tatsächliche Lebensverhältnisse und ihre recht-

---

31 BVerfGE 124, 199 ff.

32 BVerfGE 126, 400.

33 BVerfGE 124, 199 (220); BVerfGE 124, 199 (219).

34 BVerfGE 124, 199 (220).

35 BVerfG, NJW 2008, S. 209 (211); BVerfGE 126, 400 (419); s. *K. Koch/ A. Nguyen*, Schutz vor mittelbarer Diskriminierung – Gleiches Recht für alle?, EuR 2010, S. 364 (376 f.).

36 BVerfGE 124, 199 (221).

37 Ebenso *U. Spiolek*, jurisPR-SozR 15/2010 Anm. 5.

liche Ausgestaltung nicht unverhältnismäßig sein.[38] Diese Rechtsprechung war Grundlage der bekannten Kammerentscheidungen, mit denen Benachteiligungen im Besoldungs- und Beihilferecht für Beamte verfassungsrechtlich nicht beanstandet wurden.[39]

bbb) Die jüngere Sichtweise

Dieser klassischen Sichtweise ist nun der erste Senat in den genannten Beschlüssen entgegengetreten. Danach genügt die Berufung auf Art. 6 Abs. 1 GG alleine nicht, um Begünstigungen der Ehe im Vergleich zur Partnerschaft zu rechtfertigen. So heißt es zwar auch dort, dass es wegen des verfassungsrechtlichen Schutzes der Ehe dem Gesetzgeber grundsätzlich nicht verwehrt sei, sie gegenüber anderen Lebensformen zu begünstigen. Weit reiche diese Begünstigungsberechtigung aber nicht. Gehe die Förderung der Ehe mit einer Benachteiligung anderer Lebensformen einher, rechtfertige die bloße Verweisung auf das Schutzgebot der Ehe eine solche Differenzierung allerdings dann nicht, wenn die anderen Lebensformen nach dem geregelten Lebenssachverhalt und den mit der Normierung verfolgten Zielen der Ehe vergleichbar seien.[40] Die Formel lautet:

„Geht die Privilegierung der Ehe mit einer Benachteiligung anderer Lebensformen einher, obgleich diese nach dem geregelten Lebenssachverhalt und den mit der Normierung verfolgten Zielen der Ehe vergleichbar sind, rechtfertigt der bloße Verweis auf das Schutzgebot der Ehe eine solche Differenzierung nicht. Denn aus der Befugnis, in Erfüllung und Ausgestaltung des verfassungsrechtlichen Förderauftrags die Ehe gegenüber anderen Lebensformen zu privilegieren, lässt sich kein in Art. 6 Abs. 1 GG enthaltenes Gebot herleiten, andere Lebensformen gegenüber der Ehe zu benachteiligen. Es ist verfassungsrechtlich nicht begründbar, aus dem besonderen Schutz der Ehe abzuleiten, dass andere Lebensgemeinschaften im Abstand zur Ehe auszugestalten und mit geringeren Rechten zu versehen sind. Hier bedarf es jenseits der bloßen Berufung auf Art. 6 Abs. 1 GG eines hinreichend gewichtigen Sachgrundes, der gemessen am jeweiligen Regelungsgegenstand und -ziel die Benachteiligung anderer Lebensformen rechtfertigt.“[41]

---

38 BVerfG, NJW 2008, S. 209 (211); vglb. BVerfG, Beschl. v. 08. 11. 2007, 2 BvR 2334/06, juris, Rn. 23.

39 BVerfG, NJW 2008, S. 209 ff.; BVerfG, Beschl. v. 08. 11. 2007, – 2 BvR 2334/06; BVerfG, FamRZ 2008, S. 487 ff.; BVerfG, Beschl. v. 08. 11. 2007, 2 BvR 2526/06 und BVerfG, NJW 2008, S. 2325 ff.; das BVerwG hat nur unter Rückgriff auf die RL 200/7EG geholfen – BVerwG, Urt. v. 28. 10. 2010, 2 C 10/09.

40 BVerfGE 124, 199 (226); BVerfGE 126, 400 (420 f.).

41 BVerfGE 124, 199 (226).

Diese Wendung ist zunächst unschön, weil sie eine Kontinuität mit der bisherigen Rechtsprechung vorspiegelt, die in Wirklichkeit nicht besteht. Weiter erweckt sie den Eindruck, als gäbe es zwei Fallgruppen, nämlich die Begünstigungen der Ehe mit Benachteiligungen gegenüber der Partnerschaft und die Begünstigungen der Ehe ohne Benachteiligungen der Partnerschaft. Das überzeugt nicht. Wird nur die Ehe begünstigt, ist die Partnerschaft im Regelfall benachteiligt.

Der Sache nach hebt das BVerfG die rechtfertigende Kraft von Begünstigungen der Ehe durch Art. 6 Abs. 1 GG im Verhältnis zur Partnerschaft auf und stellt die Ehe verfassungsrechtlich so, wie wenn es Art. 6 Abs. 1 GG nicht gäbe. Das BVerfG spricht offen davon, dass Art. 6 Abs. 1 GG „gänzlich unberührt“ von der Frage bleibe, inwieweit Dritte Gleichbehandlungsansprüche geltend machen könnten,[42] meint dabei der Sache nach, der Gesetzgeber stehe bei der Rechtfertigungslast (im Verhältnis zur Partnerschaft) so, wie wenn es Art. 6 Abs. 1 GG nicht gäbe. Auf diese Weise wird Art. 6 Abs. 1 GG in seiner Geltung partiell reduziert, auch wenn das Gericht versucht, dies rhetorisch zu kaschieren.[43] Wenn die Verfassung (mit Art. 6 Abs. 1 GG) aber für ein Institut eine Förderpflicht normiert und für eine andere Institution nicht, dann begründet dies einen Unterschied für die Handlungspflicht des Gesetzgebers. Da die staatlichen Ressourcen für die Förderung beschränkt sind, bewirkt dies die Förderpflicht für den einen und eine Schlechterstellung gegenüber demjenigen, der keiner Förderpflicht unterfällt. Dem Staat steht es frei, auch die Institution zu fördern, die er nicht fördern muss, er hat nur keine Pflicht dazu. Will er aber seine Förderpflicht auf das zurückführen, was ihm verfassungsrechtlich geboten ist, kann er sich dafür auf die verfassungsrechtliche Lage berufen. Das Fördern ist begrifflich eine Ungleichbehandlung im Vergleich zu anderem, das nicht gefördert wird. Schon der Begriff „besonderer“ in Art. 6 Abs. 1 GG impliziert einen Unterschied der Schutzpflicht des Staats bei der Ehe im Vergleich zur Schutzpflicht gegenüber anderen Instituten, für die nur die allgemeine Schutzpflicht greift, und begründet somit verfassungsrechtlich eine Differenzierung zwischen den Schutzpflichten. Man kann daher bei unterschiedlichen Fördertätigkeiten des Gesetzgebers den Art. 3 Abs. 1 GG nicht ohne den Art. 6 Abs. 1 GG betrachten. Die Existenz einer verfassungsrechtlichen Förderpflicht ist ein Gesichtspunkt, der eine Differenzierung rechtfertigen kann. Allerdings erlaubt die Berufung auf die Existenz einer Förderpflicht nicht grenzenlose Ungleichbehandlungen. So wie Art. 3 Abs. 1 GG nicht ohne Berücksichtigung des Art. 6 Abs. 1 GG angewendet werden kann, kann Art. 6 Abs. 1 GG nicht ohne Art. 3 Abs. 1 GG bestehen. Es ist daher durchaus möglich, dass das BVerfG auch bei überzeugenderer

42 BVerfGE 126, 400 (421).

43 Ebenso *T. von Roetteken*, jurisPR-ArbR 48/2009 Anm. 2.

dogmatischer Begründung genau zu dem gleichen Ergebnis gekommen wäre. Bei gegenwärtigem Stand liest das BVerfG durch seine Isolation auf Art. 3 Abs. 1 GG den Art. 6 Abs. 1 GG so, als wenn dort stünde, die Ehe, Familie und Partnerschaft stehen unter dem besonderen Schutz der staatlichen Ordnung. Es überzeugt nun wahrlich nicht, die Partnerschaft erst aus dem Ehebegriff herauszunehmen (was aufgegeben werden sollte, s. o.) und sie dann über Art. 3 Abs. 1 GG wieder in Art. 6 GG zu integrieren.

dd) Unzureichende Anknüpfungspunkte

Legt man die Rechtsprechung zugrunde, dann gilt: Es müssen Sachgründe vorliegen, die eine Besserstellung der heterogeschlechtlichen Partnerschaft gegenüber der gleichgeschlechtlichen rechtfertigen. Maßgeblich dafür ist die Zielsetzung der anderen Lebensform, d. h. der Partnerschaft im Vergleich zur Ehe. Da das Lebenspartnerschaftsgesetz gerade die Diskriminierung gleichgeschlechtlicher Lebenspartnerschaften gegenüber der Ehe beenden möchte, ist die Zielsetzung mit der der Ehe weitgehend identisch,[44] sodass Unterschiede sich kaum begründen lassen.

Knüpft die Besserstellung an ein Merkmal der Ehe an, das in gleicher Form bei der Partnerschaft vorkommt, darf der Gesetzgeber daran keine Unterschiede festmachen. So ist etwa die Arbeitsleistung grundsätzlich gleich zu bewerten,[45] unerheblich, ob der Arbeitnehmer verheiratet oder verpartnert ist. Knüpft eine sachliche Regelung etwa an einem allgemeinen Familienprinzip an[46] oder daran, dass der eine Partner dem anderen Unterhalt[47] oder Beistand schuldet,[48] dann darf die Regelung zwischen Ehe und Partnerschaft genauso wenig unterscheiden wie Normen, die auf den Lebensstandard der Beteiligten abstellen.[49] Gleiches gilt, sofern man auf den Umstand zurückgreift, dass ein Teil Erwerbsnachteile für die Karriere des anderen in Kauf nimmt bzw. Erwerbsunterbrechungen hat, weil er den Haushalt führt oder mittelbar das Gelingen des Arbeitsverhältnisses des anderen fördert.[50]

Nicht völlig ausgeschlossen ist, dass das BVerfG den Umstand berücksichtigt, dass die Ehegatten es mit der Organisation des Nachwuchses grundsätzlich leichter haben und damit evtl. isolierte Begünstigungen gerechtfertigt sein können.[51] So bestreitet das Gericht nicht, dass sich die

44 BVerfGE 124, 199 (221 f.).

45 BVerfGE 124, 199 (227).

46 BVerfGE 126, 400 (426).

47 BVerfGE 126, 400 (423 f.).

48 BVerfGE 124, 199 (227).

49 BVerfGE 126, 400 (421 f.).

50 BVerfGE 124, 199 (227).

51 BVerfGE 126, 400. So weist das BVerfG wiederholt darauf hin, dass die sozialrechtliche Privilegierung der Finanzierung einer künstlichen Befruchtung von Ehegatten sachlich gerechtfer-

Ehe in ihrer Eignung als Ausgangspunkt der Generationenfolge von der Lebenspartnerschaft unterscheidet, lässt aber offen, ob die bessere abstrakte Eignung der Ehe, Ausgangspunkt der Generationenfolge zu sein, Begünstigungen, wie etwa höhere Freibeträge im Erbschaftssteuerrecht rechtfertigen kann.[52] Ohne Erfolgschancen wäre dagegen der Versuch, nicht auf die Umhegung künftigen Nachwuchses, sondern auf den ggf. pauschalierten und generalisierten Nachteilsausgleich für Erziehungslasten abzustellen. Dies hat das Gericht ausdrücklich abgelehnt. Hier ist eine generelle Besserstellung der Ehe nicht mehr zulässig, da viele Ehen kinderlos sind, ca. 17 % der Partnerschaften Kinder haben und das LPartG die gemeinsame Pflege auch anerkennt.[53]

ee) Parallelität zur Rechtsprechung des EuGH

Mit dieser Rechtsprechung gelingt dem BVerfG eine wertungsmäßige Parallelität zur Rechtsprechung des EuGH zur Diskriminierungsrichtlinie.[54] Der Anwendungsbereich der Richtlinie bezieht sich auf die Entgelte wegen abhängiger Arbeit und setzt bekanntlich keinen grenzüberschreitenden Sachverhalt voraus und untersagt u. a. Unterschiede im Entgelt wegen der sexuellen Orientierung. Der EuGH unterscheidet zwischen zwei Fragen. Die eine betrifft die generelle Ausgestaltung der Lebenspartnerschaft, die andere die konkrete Differenzierung. Danach gilt, dass dann, wenn der deutsche Gesetzgeber grundsätzlich eine Gleichstellung zwischen Lebenspartnerschaft und Ehe wollte und tragende Prinzipien übernommen hat, das Zurückbleiben der Gleichstellung in Randbereichen eine Diskriminierung wegen der sexuellen Ausrichtung darstellen kann. Der Sache nach bildet diese Rechtsprechung ein Prinzip zur Systemgerechtigkeit, bei der aus der Anerkennung tragender Prinzipien die Pflicht folgt, bei strukturell vergleichbaren Fragen die schon gefundenen Wertungen weiter zu führen.[55] Es liegen zwei Fälle vor, in denen der EuGH auf Deutschland bezogen eine Verletzung der Richtlinie nahelegt. Beim ersten Fall war bei der Satzung der Versorgungsanstalt der deutschen Bühnen die eingetragene Lebenspartnerschaft nicht der Ehe gleichgestellt, mit der Folge, dass für die berufsständigen Zusatzversorgungseinrichtungen keine Rechtspflicht bestand, die erhöhten Leistungen für verheiratete Versicherte auch an Versicherte in

---

tigt ist – BVerfGE 124, 199 (225); BVerfGE 126, 400 (420 f.); s. dazu BVerfGE 117, 316 (328 f.). Ob diese auch im Verhältnis zur Partnerschaft gilt, ist allerdings nicht völlig eindeutig.

52 BVerfGE 126, 400 (427 f.).

53 BVerfGE 124, 199 (228 f.).

54 Richtlinie 2000/78/EG des Rates v. 27. 11. 2000 zur Festlegung eines allgemeinen Rahmens für die Verwirklichung der Gleichbehandlung in Beschäftigung und Beruf, ABl. EG 2000 L 303/16.

55 Siehe dazu *T. Kingreen*, Grundrechtsverbund oder Grundrechtsunion, EuR 2010, S. 338 ff.; *M. Lembke*, Sind an die Ehe anknüpfende Leistungen des Arbeitgebers auch an Lebenspartner zu gewähren?, NJW 2008, S. 1631; *M. Mahlmann*, EuZW 2008, S. 318.

der Lebenspartnerschaft auszuzahlen.[56] Jüngst ist ein paralleles Urteil zur Alters- und Hinterbliebenenversorgung in Hamburg hinzugekommen.[57] Die Rechtsprechung ist bisher auf den Anwendungsbereich der Richtlinie beschränkt. Als allgemeiner Gedanke ließe sich aber die Diskriminierung wegen fehlender Vollendung bzw. der Zwang zur Systemgerechtigkeit verallgemeinern und insofern auch unmittelbar auf Art. 21 GRCh stützen. Die Folge wäre ein wohl größerer Anwendungsbereich.

ff) Bereichsspezifische Besonderheiten

Es wäre zu stark vereinfachend, die gegenwärtige Rechtsprechung des BVerfG so zu verstehen, dass das Gericht eine uneingeschränkte Vollendung der Gleichstellung der Partnerschaft mit der Ehe von Verfassung wegen verlange. Die Rechtsprechung ist nicht so zu verstehen, dass der einfache Gesetzgeber sich durch seine bisherige Normsetzung selbst so gebunden hat, dass er im Sinne einer Systemgerechtigkeit die Gleichstellung nun wirklich auch vollständig vollenden muss. Er gerät nur für aufrechterhaltene Unterschiede unter starken Rechtfertigungsdruck. Eine pauschale Gleichstellungspflicht kann man den Entscheidungen deshalb nicht entnehmen, weil der erste Senat in beiden Fällen auf Besonderheiten des Sachverhaltes abstellt. So wird bei der Entscheidung zur betrieblichen Altersversorgung darauf hingewiesen, dass die Ausgestaltung sich an § 46 SGB VI orientiere und deren System übernehme, nur die dort vorgesehene Gleichstellung der Partnerschaft mit der Ehe bezüglich der Zusatzversorgung nicht.[58] Bei der Entscheidung zur Erbschaftssteuer wird auf den im Steuerrecht in besonderer Weise geltenden Grundsatz der Systemrichtigkeit hingewiesen.[59]

Diese bereichsspezifischen Vorbehalte dürfen allerdings nicht überbewertet werden. Sie dienen nur Übergangszwecken und haben die Aufgabe, das BVerfG vor dem Vorwurf, es würde im Verhältnis von Ehe und Partnerschaft Art. 6 GG aufheben, interimsweise zu verschonen. Auf längere Sicht ist damit zu rechnen, dass das Gericht Art. 3 Abs. 1 GG so verstehen wird, dass die gesetzliche Anerkennung und Ausgestaltung der Partnerschaft den Gesetzgeber selbst dahingehend bindet, dass er und andere öffentlich-rechtliche Normgeber grundsätzlich nicht zwischen Ehe und Partnerschaft unterscheiden dürfen. Liegt eine Differenzierung vor, müssen Sachgründe gegeben sein, die nur bei der Ehe vorliegen und nicht bei der Partnerschaft und die gewichtig genug sind, um das Ausmaß der Differen-

---

56 EuGH, Rs. C-267/06 (Maruko) Urt. v. 01. 04. 2008; NJW 2008, S. 537, anders noch VGH München, BayVGH NJW 2005, S. 3396.

57 EuGH, RsC-147/08 (Richter), BeckRS 2011, 80476.

58 BVerfGE 124, 199 (222 f.).

59 BVerfGE 124, 199 (218 ff.).

zierung zu rechtfertigen. Von dem Schutz des gemeinsamen Erzeugens von Nachwuchs abgesehen dürfte es kaum Gründe geben.

gg) Bewertung

Will man diesen Vorgang der interpretatorischen Vollendung einer Entwicklung, die der Gesetzgeber begonnen hat, bewerten und bezieht man die Rechtsprechung des EuGH mit ein, wird man sagen können:

- Im Ergebnis wird der Rechtsordnung eines Mitgliedstaates, die zu 80 % eine Angleichung zwischen gleichgeschlechtlicher Lebenspartnerschaft und Ehe vornimmt, eine Diskriminierung vorgeworfen, der Rechtsordnung, die keinerlei rechtliche Anerkennung der gleichgeschlechtlichen Partnerschaft kennt, dagegen nicht. Das Ergebnis ist, dass die Rechtsordnung, die mehr diskriminiert, leichter die Voraussetzungen der Gleichheitsgebote erfüllen kann.
- Mit der Pflicht zur vollständigen Umsetzung werden politische Entscheidungen durch richterliche Entscheidungen ersetzt und auf diese Weise ein Vorgang beschleunigt, der ohne justiziellen Anstoß längerfristig zum selben Ergebnis gekommen wäre. In einer Welt, die so vernetzt ist wie die gegenwärtige, und in der die Wirkungszusammenhänge so komplex sind, ist es nicht glücklich, wenn erkennbar politische Gestaltungsspielräume rechtlich durch Gerichte verkleinert werden.

Umgekehrt ist die Rechtsprechung aber auch insoweit verständlich, als der Gedanke der Diskriminierung erkennbar ist. Es geht bei der Diskriminierung wegen fehlender Vollendung der Sache nach nicht um einen Vergleich des einen Instituts mit dem anderen, sondern um die Frage, ob es einen sachlichen Grund dafür gibt, dass der Normgeber bei dem Normerlass auf halbem Weg stehen bleibt. Es ist auch eine Form von Diskriminierung, wenn die Begünstigten bei der Zuweisung einer Berechtigung nur einen Teil dessen erhalten, was der Ratio der Regelung zugrunde liegt. Diese Überlegung ist nur in den Fällen möglich, in denen erkennbar ist, dass der aktuelle Normzustand nur die halbe Wegstrecke der eigentlichen Regelung darstellt. Im Falle der Lebenspartnerschaft ist diese Wertung möglich, weil das Regelungsziel erkennbar darin besteht, eine Lebensform, der ein Merkmal einer anderen Lebensform fehlt, in den Rechtswirkungen der anderen Lebensform gleichzustellen.

hh) Bestehende Unterschiede bei der Eignung für die originäre Begründung von Nachwuchs

Der Vollständigkeit halber sei noch ein Gesichtspunkt erwähnt. Dem BVerfG geht es nicht mehr nur um Verfassungskonkretisierung, sondern durchaus um Rechtspolitik. Dies sieht man daran, dass es seine rechtlichen Folgerungen weiter zieht, als seine Begründung sie tragen. Entscheidend ist nach der Rechtsprechung für die Frage der Rechtfertigung, ob die mit der Ehe zu vergleichende Partnerschaft die gleiche Zielsetzung hat.[60] Ein Unterschied besteht in der rechtlichen Formulierung der Zielsetzung. Die Lebenspartnerschaft ist von Natur aus und von Rechts wegen nicht in gleicher Weise auf gemeinsamen Nachwuchs ausgerichtet wie die Ehe. Dies ist eindeutig. Der Gesetzgeber hat das gemeinsame Adoptionsrecht nicht gewollt. Diesen Umstand ignoriert das BVerfG bewusst. So vermerkt das Gericht am Rande, dass eine familienpolitische Intention mit dem Ziel, dass Kinder möglichst mit verheirateten Eltern aufwachsen und daher Anreize zur Eheschließung gegeben werden sollten, allenfalls eine Privilegierung gegenüber Paaren begründen könnte, die eine Ehe eingehen könnten, also der heterosexuellen nichtehelichen Lebensgemeinschaft, nicht aber gegenüber der gleichgeschlechtlichen eingetragenen Lebenspartnerschaft.[61] Dies ist unzutreffend. Solange der Gesetzgeber das volle Adoptionsrecht der Partnerschaft nicht zuweist, besteht keine Parallelität hinsichtlich der rechtlich umhegten „Erzeugungs- oder Begründungsgemeinschaft" von Nachwuchs. Aus dem Umstand, dass der Gesetzgeber die Stiefkindadoption zulässt und das Sorgerecht in Alltagsgeschäften kennt, kann man nicht folgern, er verhalte sich widersprüchlich, wenn er das Fremdadoptionsrecht der Partnerschaft vorenthalte.[62] Beide Fälle sind vom Fremdadoptionsrecht weit entfernt. Durch die Verweigerung der gemeinsamen Fremdadoption will der Gesetzgeber rechtlich die Ehe als bevorzugte Verbindung für den Nachwuchs schützen. Er muss dies nicht tun, aber er darf. Solange der Gesetzgeber der Partnerschaft nicht das Fremdadoptionsrecht zuweist, sind Differenzierungen bei der partnerschaftlichen Kindschaftsbegründung entgegen dem obiter dictum des ersten Senats zulässig. Mit der genannten Formel schießt das BVerfG mit seinem edukativen Impetus über das Ziel hinaus. Diese Überlegung wäre richtig, wenn der Gesetzgeber das Adoptionsrecht der Partnerschaft zuweist, bis dahin wird man aber warten müssen.[63] Es ist nicht ausgeschlossen, dass das BVerfG die fehlende Zuweisung des vollen Adoptionsrechts in wenigen Jahren ebenfalls als eine Verletzung von

---

60 BVerfGE 124, 199 (226).

61 BVerfGE 124, 199 (221 f.).

62 So aber *T. Hoppe*, Gleichstellung eingetragener Lebenspartnerschaften: gemeinschaftliche Adoption eines fremden Kindes, Ausarbeitung des wissenschaftlichen Dienstes des BT v. 15. 02. 2010, S. 8 f., abrufbar unter (http://lsvd.de/ – letzter Zugriff 16. 09. 2011); anders noch *ders.*, Gleichstellung eingetragener Lebenspartnerschaften: Zu den Auswirkungen der Entscheidung des Bundesverfassungsgerichts zur Hinterbliebenenrente, 26. 11. 2009, S. 5 (http://www.bundestag.de/dokumente/analysen/2009/index.html – letzter Zugriff 16. 09. 2011).

63 Zurecht hält das OLG Hamm das Fremdkindadoptionsverbot derzeit für verfassungsgemäß, OLG Hamm, NJW 2010, S. 2065 f.

Art. 3 Abs. 1 GG qualifizieren wird,[64] dann würde sich das Gericht aber im Feld des freien Dezisionismus und nicht mehr in dem der Verfassungskonkretisierung bewegen.[65]

64 Ebenso *J. Henkel,* Fällt nun auch das „Fremdkindadoptionsverbot“?, NJW 2011, S. 259 (264).

65 A. A. *J. Henkel*, NJW 2011, S. 259 (264), mit der Begründung, die Adoption stünde den Eheleuten auch nur von Rechts wegen zu.

Diskriminierung aufgrund der sexuellen Ausrichtung: Verfassungs- und verwaltungsrechtliche Perspektiven aus polnischer Sicht

Dr. Agnieszka Malicka, Wrocław

I. Einführende Bemerkungen

Die sexuelle Ausrichtung eines Menschen gehört zweifelsohne zu der intimsten und sehr sensiblen Privatsphäre, was bedeutet, dass der Gesetzgeber beim Erlass entsprechender Rechtsregelungen, die sich auf diese Sphäre beziehen, auf viele Probleme stoßen kann. Einen wichtigen und großen Einfluss auf den Inhalt solcher Regelungen hat auch die Einstellung der Gesellschaft und – im Fall von Polen – auch die der Kirche.[1]

Die gesellschaftliche Lage homosexueller Personen in Polen ist nicht einfach.[2] Ich würde sogar die Feststellung riskieren, dass Polen zu den intolerantesten und konservativsten Staaten unter den Mitgliedstaaten der EU gegenüber Homosexuellen gehört. Gegen die Anerkennung von homosexuellen Beziehungen kämpfen sowohl die katholische Kirche als auch rechtsgerichtete, konservative Parteien. Auch die Gesellschaft ist eher gegen homosexuelle Beziehungen und besondere Rechte für homosexuelle Personen.[3] Trotzdem existiert in fast allen Großstädten Polens eine homosexuelle Szene[4] und es werden trotz zahlreicher Proteste Veranstaltungen von Homosexuellen, wie z. B. die sog. „Paraden der Gleichheit", organisiert.[5]

---

1 Nach den Statistiken der Kirche sind 90 % der Polen katholisch. Offizielle staatliche Angaben gibt es nicht, weil das Hauptamt für Statistik während der Volkszählungen keine Fragen nach der Konfession stellt. Siehe u. a. Encyklopedia Gazety Wyborczej, Bd. 14, S. 241. Es handelt sich nicht um den direkten Einfluss der Kirche auf die Gesetzgebung sondern eher um den Einfluss der religiösen, ethischen und moralischen Ansichten der römisch–katholischen Kirche zu dem Problem der sexuellen Ausrichtung. Siehe auch *W. Słomski*, Bioetyka, Warszawa 2007, S. 101.

2 Die Agentur der Europäischen Union für Grundrechte hat dem Europäischen Parlament einen Bericht über die Lage Homosexueller in den Staaten der EU vorgelegt. Der Bericht ist abrufbar unter: www.fra.europa.eu/fraWebsite/research/publications/publications_per_year/2010/pub-lgbt-2010-update_en.htm.

3 CBOS (Zentrum für die Untersuchung der Öffentlichen Meinung) hat mehrere Umfragen durchgeführt, in denen die Einstellung der Gesellschaft gegenüber Homosexuellen in unterschiedlichen Lebenssphären untersucht worden ist. Die Umfragenergebnisse sind abrufbar unter: http://www.cbos.pl/SPISKOM.POL/2003/K_189_03.PDF.

4 Seit 2001 ist in Polen die Kampagne gegen Homophobie tätig, die auch in den meisten Großstädten ihre Ortsvertretungen hat.

5 Wie Märsche durch städtische Straßen, an denen Vertreter der gesellschaftlichen Kreise teilnehmen. Deren Hauptziel ist die Förderung der Gleichheit, Freiheit und Toleranz. Sie werden

Die Homosexualität war immer ein heikles Thema, nicht nur in der Öffentlichkeit, sondern auch in der Privatsphäre. Homosexuelle Beziehungen wurden in Polen 1932 entkriminalisiert, die homosexuelle Prostitution blieb jedoch bis 1969 strafbar. In den Zeiten der Volksrepublik Polen existierte dieses Thema im Gesellschaftsbewusstsein gar nicht und homosexuelle Kontakte wurden von der damaligen Miliz wegen Verletzung der Moral verfolgt.[6] Erste Organisationen Homosexueller wurden in Polen in der zweiten Hälfte der 80er-Jahre gegründet, konnten damals aber nicht registriert werden. Und nicht zu vergessen – die Homosexualität wurde erst 1990 (also vor 20 Jahren) von der offiziellen Liste der Krankheiten gestrichen.[7] Viele vertreten aber ständig die Meinung, dass Homosexualität eine sexuelle Abartigkeit darstellt und Homosexuelle einfach kranke Leute sind, die zwanghaft einer Therapie unterzogen werden sollten.[8] Kein Wunder also, dass das sog. *Coming-out* eine Erscheinung der letzten Jahre ist und dass es ständig zur Diskriminierung aufgrund sexueller Ausrichtung in den verschiedensten Bereichen des gesellschaftlichen Lebens kommt.

II. Die in der Republik Polen geltenden Vorschriften zum Diskriminierungsverbot – völkerrechtliche und innerstaatliche Ebene

1. Völkerrechtliche Regelungen

Im polnischen Rechtssystem gelten entsprechende Vorschriften, die das Diskriminierungsverbot auch aufgrund sexueller Ausrichtung enthalten. Es sind sowohl die für die Republik Polen verbindlichen völkerrechtlichen Regelungen, Regelungen des EU-Rechts, als auch Vorschriften des Innenrechts. In den meisten Fällen handelt es sich jedoch um ein sehr allgemein

in Warschau seit 2001 organisiert. 2004 wurde die Parade der Gleichheit in Warschau von dem damaligen Stadtpräsidenten (Oberbürgermeister) Lech Kaczyński verboten. Der Gerichtshof für Menschenrechte in Straßburg hat entschieden, dass es sich dabei um eine Verletzung der Menschenrechtskonvention handelte. Siehe auch: Informationen über die Organisation der Paraden der Gleichheit abrufbar unter: http://paradarownosci.eu/?p=393&lang=de und *A. Schuster/M. Chaimbault/G. Czarnecki/J.Lizé/F. Paloni/E. Platovas*, Zmierzając we właściwym kierunku. Przewodnik po prawach osób LGBT w Polsce i w Europie – 2011 abrufbar unter: http://www.kph.org.pl/publikacje/przewodnik_zmierzajac_we_wlasciwym_kierunku_PL.pdf.

6 Mehr über die Lage homosexueller Personen in der VRP siehe *P. Kurpios*, Poszukiwani, poszukiwane. Geje i lesbijki a rzeczywistość PRL, abrufbar unter: http://www.dk.uni.wroc.pl/texty/prl_02.pdf.

7 Mehr dazu unter: http://homoseksualizm.edu.pl/index.php/co-mowi-nauka/34-psychologia/181-dlaczego-homoseksualizm-zosta-wykrelony-z-listy-chorob-psychicznych.

8 Mehr in den Ergebnissen von Umfragen von CBOS abrufbar unter: http://www.cbos.pl/SPISKOM.POL/2003/K_189_03.PDF.

formuliertes Diskriminierungsverbot. Nur selten wird die sexuelle Ausrichtung direkt als Diskriminierungsgrund genannt.

Die sog. Nichtdiskriminierungsvorschriften sind u. a. in dem Internationalen Pakt über bürgerliche und politische Rechte der Vereinten Nationen[9] zu finden. Der sog. UNO-Pakt II garantiert die klassischen Freiheitsrechte, d. h., Rechte zur Abwehr staatlicher Übergriffe. Im UNO-Pakt II ist u. a. das Verbot der Diskriminierung aufgrund der Rasse, des Geschlechts, der Sprache, der Religion, der politischen Haltung, des Vermögens, der Geburt etc. enthalten. Art. 2.1 des Paktes besagt Folgendes:

„Jeder Vertragsstaat verpflichtet sich, die in diesem Pakt anerkannten Rechte zu achten und sie allen in seinem Gebiet befindlichen und seiner Herrschaftsgewalt unterstehenden Personen ohne Unterschied wie insbesondere der Rasse, der Hautfarbe, des Geschlechts, der Sprache, der Religion, der politischen oder sonstigen Anschauung, der nationalen oder sozialen Herkunft, des Vermögens, der Geburt oder des sonstigen Status zu gewährleisten."

Eine ähnliche Bestimmung über das Diskriminierungsverbot befindet sich auch in der Konvention zum Schutze der Menschenrechte und Grundfreiheiten[10] des Europarates vom 4. 11. 1950 und zwar im Art. 14, demnach ist

„der Genuss der in dieser Konvention anerkannten Rechte und Freiheiten ohne Diskriminierung insbesondere wegen des Geschlechts, der Rasse, der Hautfarbe, der Sprache, der Religion, der politischen oder sonstigen Anschauung, der nationalen oder sozialen Herkunft, der Zugehörigkeit zu einer nationalen Minderheit, des Vermögens, der Geburt oder eines sonstigen Status zu gewährleisten."

Von den Mitgliedstaaten wird also erwartet und verlangt, sicherzustellen, dass jeder die Rechte der Menschenrechtskonvention ohne Diskriminierung wahrnehmen kann. Aufgrund Art. 14 wird aber nur eine Diskriminierung im Hinblick auf ein bestimmtes Konventionsrecht verboten[11]. Ein allgemeines Diskriminierungsverbot enthält hingegen das 12. Protokoll zur EMRK, dieses ist aber nicht von allen Mitgliedstaaten unterzeichnet bzw. ratifiziert worden.

Bemerkenswert ist, dass die oben dargestellten völkerrechtlichen Regelungen zum Diskriminierungsverbot sehr allgemein formuliert worden sind und eine Aufzählung der Diskriminierungsgründe enthalten. Die sexu-

---

9 Am 16. 12. 1966 von der Generalversammlung der Vereinten Nationen verabschiedet. Dz.U.1977.38.167 (Dz.U. ist die polnische Abkürzung für das Gesetzblatt der Republik Polen).

10 Dz.U.1993.61.284.

11 *M. A. Nowicki*, Wokół Konwencji Europejskiej, Krótki komentarz do Europejskiej Konwencji Praw Człowieka, Kraków 2000, S. 387 ff.

elle Ausrichtung als Diskriminierungsgrundlage wird aber nicht direkt genannt.

Zuletzt muss unter den auf der Europäischen Ebene geltenden Regelungen zum Diskriminierungsverbot aufgrund sexueller Ausrichtung auch die Empfehlung des Ministerkomitees des Europarates zur Bekämpfung der Diskriminierung aufgrund der sexuellen Orientierung oder der geschlechtlichen Identität[12] vom 10. März 2010 genannt werden. Das Dokument besteht aus zwei Teilen: aus fünf Empfehlungen und einem Anhang, in dem bestimmte Grundsätze und Maßnahmen bestimmt werden. In den Empfehlungen wird insbesondere betont, dass die bereits bestehenden rechtlichen und anderen Maßnahmen ständig überprüft werden müssen. Gefordert wird auch die Annahme und Durchsetzung rechtlicher und anderer Maßnahmen zur Bekämpfung solcher Diskriminierungen, um sicherzustellen, „dass die Rechte von Lesben, Homosexuellen, Bi- und Transsexuellen respektiert werden und die Toleranz gegenüber diesen Menschen gefördert wird“. Es wird auch gefordert, dass die geltenden Maßnahmen wirksame Rechtsmittel umfassen und dass der Zugang zu diesen Rechtsmitteln vereinfacht und verbessert wird. Im Anhang werden mehrere Bereiche genannt, in denen die Mitgliedstaaten das Diskriminierungsverbot gewährleisten sollen. Es sind: das Recht auf Leben, auf Sicherheit und auf Schutz vor Gewalt („Verbrechen aus Hass“ und andere Vorfälle, „Hetzreden“), Vereinsfreiheit, Meinungsfreiheit und das Recht auf friedliche Versammlung, Schutz der Privatsphäre und des Familienlebens, Gleichstellung in den Bereichen Arbeit, Bildung, Gesundheit, Wohnung, Sport, das Recht auf Asyl, innerstaatliche Strukturen der Menschenrechte und Diskriminierung aus einer Vielzahl von Gründen.

Der Generalsekretar des Europarates Thorbjørn Jagland hat diese Empfehlung auf folgende Weise beschrieben:

„Die Empfehlung zeigt die Entschlossenheit des Europarates, die Gleichstellung und die Achtung der Würde aller Menschen zu schützen. Ich lade die Mitgliedstaaten ein, alle zur Umsetzung der Empfehlung notwendigen Maßnahmen zu treffen“.[13]

Die Empfehlung ist auch das erste Rechtsinstrument, das ausdrücklich die Diskriminierung von lesbischen, schwulen, bisexuellen und transsexuellen Menschen (LGTB) behandelt. Sie sieht keine zusätzlichen Rechtsinstrumente zur Gewährleistung dieser besonderen Rechte vor, sondern stützt

12 Der Text befindet sich auf der offiziellen Seite des Ministerkomitees des Europarates unter: https://wcd.coe.int/ViewDoc.jsp?id=1606669.

13 http://www.humanrights.ch/de/Instrumente/Nachrichten/Europarat/idart_7766-content.html.

sich auf die bereits bestehenden Normen, insbesondere auf die Menschenrechtskonvention.

2. EU-Regelungen

Eine Ausnahme im Bereich der Nichtdiskriminierung aufgrund der sexuellen Ausrichtung stellt das Recht der EU dar. Zweck der EU ist u. a., jegliche Diskriminierung zu verbieten. Es ist zu beachten, dass die Grundlage der EU v. a. die Achtung der Menschenrechte und Grundfreiheiten und im Zusammenhang damit die Bekämpfung der Diskriminierung zu einer großen Herausforderung für die Europäische Union geworden ist. Die nötige Rechtsgrundlage der EU zur Bekämpfung aller Formen der Diskriminierung aus Gründen des Geschlechts, der Rasse oder ethnischen Herkunft, der Religion oder der Weltanschauung, einer Behinderung, des Alters oder der sexuellen Ausrichtung war Art. 13 des Vertrages von Amsterdam[14], also der heutige Art. 19 I des Vertrags über die Arbeitsweise der Europäischen Union[15] mit folgendem Wortlaut:

„Unbeschadet der sonstigen Bestimmungen der Verträge kann der Rat im Rahmen der durch die Verträge auf die Union übertragenen Zuständigkeiten gemäß einem besonderen Gesetzgebungsverfahren und nach Zustimmung des Europäischen Parlaments einstimmig geeignete Vorkehrungen treffen, um Diskriminierungen aus Gründen des Geschlechts, der Rasse, der ethnischen Herkunft, der Religion oder der Weltanschauung, einer Behinderung, des Alters oder der sexuellen Ausrichtung zu bekämpfen."

Aufgrund Art. 19 wurde die Europäische Union berechtigt, entsprechende Vorschriften zum Schutz vor der Diskriminierung aufgrund der sexuellen Ausrichtung zu entwickeln.

Auf der Ebene des Unionsrechts haben wir mit zwei direkten Bestimmungen, die sich auf die Diskriminierung aufgrund der sexuellen Ausrichtung beziehen, zu tun. Es sind die Richtlinie über die Gleichbehandlung in Beschäftigung und Beruf[16] und Art. 21 der Charta der Grundrechte der Europäischen Union,[17] aufgrund dessen u. a. die Diskriminierung wegen sexueller Ausrichtung verboten wird. Während die Richtlinie über Gleichbehandlung von Polen umgesetzt werden musste, bleiben die Bestimmun-

14 Dz.U.2004.90.864.

15 Dz.U.2009.203.1569.

16 Richtlinie des Rates 2000/78/EG vom 27. November 2000 zur Festlegung eines allgemeinen Rahmens für die Verwirklichung der Gleichbehandlung in Beschäftigung und Beruf.

17 Dz.Urz.UE. 2007/C 303/01 (Dz.Urz.UE ist die polnische Abkürzung für das Amtsblatt der EU).

gen der Grundrechtecharta für die Republik Polen (und das Vereinigte Königreich) aufgrund des sog. *Opt-out-Protokolls*[18] nicht bindend[19].

Artikel 21 I der Grundrechtecharta besagt Folgendes:

„Diskriminierungen, insbesondere wegen des Geschlechts, der Rasse, der Hautfarbe, der ethnischen oder sozialen Herkunft, der genetischen Merkmale, der Sprache, der Religion oder der Weltanschauung, der politischen oder sonstigen Anschauung, der Zugehörigkeit zu einer nationalen Minderheit, des Vermögens, der Geburt, einer Behinderung, des Alters oder der sexuellen Ausrichtung, sind verboten."

Dieser Bestimmung sind vergleichende Untersuchungen der Agentur der Europäischen Union für Grundrechte zur Diskriminierung von Lesben, Schwulen, Bisexuellen, Transsexuellen und Transgender vorangegangen. Da aber die Grundrechtecharta für Polen nicht bindend ist, werde ich die dort enthaltenen Nichtdiskriminierungsbestimmungen nicht näher besprechen.

3. Innerstaatliche Regelungen

Auf der Ebene des innerstaatlichen Rechts muss an erster Stelle auf die Verfassung der Republik Polen hingewiesen werden. Zunächst auf den Wortlaut des Art. 32 der Verfassung[20]:

„(1) Alle sind vor dem Gesetz gleich. Alle haben das Recht, von der öffentlichen Gewalt gleich behandelt zu werden. (2) Niemand darf, aus welchem

---

18 Protokoll Nr. 30 über die Anwendung der Charta der Grundrechte der Europäischen Union auf Polen und das Vereinigte Königreich, Amtsblatt der EU C 306/156. *Art. 1 (1) Die Charta bewirkt keine Ausweitung der Befugnis des Gerichtshofs der Europäischen Union oder eines Gerichts Polens oder des Vereinigten Königreichs zu der Feststellung, dass die Rechts- und Verwaltungsvorschriften, die Verwaltungspraxis oder Maßnahmen Polens oder des Vereinigten Königreichs nicht mit den durch die Charta bekräftigten Grundrechten, Freiheiten und Grundsätzen im Einklang stehen. (2) Insbesondere – und um jeden Zweifel auszuräumen – werden mit Titel IV der Charta keine für Polen oder das Vereinigte Königreich geltenden einklagbaren Rechte geschaffen, soweit Polen bzw. das Vereinigte Königreich solche Rechte nicht in seinem nationalen Recht vorgesehen hat.*
Art. 2 Wird in einer Bestimmung der Charta auf das innerstaatliche Recht und die innerstaatliche Praxis Bezug genommen, so findet diese Bestimmung auf Polen und das Vereinigte Königreich nur in dem Maße Anwendung, in dem die darin enthaltenen Rechte oder Grundsätze durch das Recht oder die Praxis Polens bzw. des Vereinigten Königreichs anerkannt sind.

19 Polen erwirkte ein *Opt-out* u. a., weil man einen Verlust der Souveränität des Staates befürchtet hat. Der damalige Präsident der Republik Polen, Lech Kaczyński, hat sich insbesondere gegen das Diskriminierungsverbot gegenüber Homosexuellen ausgesprochen, weil damit Nationalstaaten sog. „Homorechte" aufgezwungen werden könnten und besondere Rechte für Homosexuelle lehnte er strikt ab.

20 Verfassung der Republik Polen vom 02. 04. 1997, Dz.U.1997. 78.483 mit späteren Änderungen.

Grund auch immer, im politischen, gesellschaftlichen oder wirtschaftlichen Leben diskriminiert werden."

Der erste Absatz regelt den allgemeinen Gleichheitsgrundsatz. Absatz 2 enthält ebenfalls ein sehr allgemein formuliertes Diskriminierungsverbot. Wie zumeist – im Fall von Verfassungsgrundsätzen – wird auch das Diskriminierungsverbot in bestimmten Gesetzen konkretisiert.[21] Im Fall des zu besprechenden Themas, also des Verbots der Diskriminierung aufgrund sexueller Ausrichtung, stößt man auf eine sehr eingeschränkte Zahl der Vorschriften, die dieses besondere Diskriminierungsverbot garantieren. Am besten wurde dieses Verbot auf der Ebene des polnischen Arbeitsrechts entwickelt, was in Verbindung mit der bereits erwähnten Richtlinie der EU steht.

Bezüglich des Diskriminierungsverbots aufgrund sexueller Ausrichtung, welches in den polnischen Vorschriften gewährleistet wird, soll betont werden, dass die meisten Regelungen sich nicht direkt auf die besondere Situation Homosexueller beziehen. Entsprechende Berechtigungen und Garantien für sie können grundsätzlich aus den allgemeinen Regelungen abgeleitet werden.

Am Anfang bespreche ich die im Arbeitsrecht enthaltenen direkten Bestimmungen über Nichtdiskriminierung aufgrund sexueller Ausrichtung, welche die Umsetzung des EU-Rechts darstellen. Auf der Ebene des Arbeitsrechts hat sich der polnische Gesetzgeber am ehesten mit diesem Problem auseinandergesetzt und entsprechende Antidiskriminierungsvorschriften in das Arbeitsgesetzbuch eingeführt.

Zweck der oben genannten Richtlinie der EU ist die Einführung eines Mindestrahmens im Bereich der Beschäftigung. Die meisten Mitgliedstaaten verbieten zwar die Diskriminierung in Beschäftigung und Beruf im Rahmen der innerstaatlichen Gesetzgebung, es bestehen aber erhebliche Unterschiede in Bezug auf den Geltungsbereich, Inhalt und Durchsetzbarkeit dieses Verbots. Die Richtlinie soll diese Vorschriften vereinheitlichen. Sie legt einen allgemeinen Rahmen für die Anwendung des Gleichbehandlungsgrundsatzes in der Europäischen Union fest, unabhängig von der Rasse, der ethnischen Herkunft, der Religion oder der Weltanschauung, einer Behinderung, des Alters oder der sexuellen Ausrichtung einer Person. Es handelt sich dabei sowohl um den Zugang zu Beschäftigung und Beruf, als auch um den beruflichen Aufstieg und Bildung, um die Beschäftigungs- und Arbeitsbedingungen und auch um die Mitgliedschaft in bestimmten Vereinigungen und Organisationen in der Arbeitswelt.

---

21 Siehe u. a. *M. Jabłoński*, klasyfikacja wolności i praw jednostki w Konstytucji RP in: M. Jabłoński (Hrsg.), Wolności i prawa jednostki w Konstytucji RP, Tom I, Idee i zasady przewodnie konstytucyjnej regulacji wolności praw i jednostki w RP, Warszawa 2010, S. 88.

Das polnische Arbeitsgesetzbuch[22] enthält also entsprechende Regelungen zum Schutz vor Diskriminierung aufgrund sexueller Ausrichtung und zwar im Art. 11^3 und im Art. 18 § 3. Art. 11^3 enthält das Diskriminierungsverbot und besagt Folgendes:

„jegliche Diskriminierung im Bereich der Beschäftigung, sowohl direkte als auch indirekte, insbesondere aufgrund des Geschlechts, Alters, der Behinderung, Rasse, Religion, Nationalität, politischen Ansichten, Gewerkschaftszugehörigkeit, ethnischen Herkunft, des Bekenntnisses, der sexuellen Ausrichtung als auch wegen der befristeten oder unbefristeten Beschäftigung oder der Vollzeit- oder Teilzeitbeschäftigung ist unzulässig."

Artikel 18 regelt die Folgen einer Diskriminierung. Nach Art. 18 § 3 sind Bestimmungen von Arbeitsverträgen und andere Akte, die Grundlage des Arbeitsverhältnisses sind und den Gleichbehandlungsgrundsatz bei Beschäftigung verletzen, ungültig. Anstelle dieser Bestimmungen finden entsprechende Vorschriften des Arbeitsrechts Anwendung. Im Falle des Fehlens solcher Vorschriften sollen diese Bestimmungen durch andere ersetzt werden, die keinen Diskriminierungscharakter haben.

Auch die Gewerkschaften in Polen sind bei der Durchsetzung der Antidiskriminierungsvorschriften tätig. Die Polnische Allianz der Gewerkschaften hat 2009 einen Beauftragten für sog. LGBT-Arbeitnehmer berufen, um auf diese Weise ihre Aufgeschlossenheit gegenüber dieser Gesellschaftsgruppe zu betonen. Ein Vorbild dafür war die Stellungnahme bezüglich des Problems der Diskriminierung von homosexuellen Personen im Ausland. Aufgabe des Beauftragten sind neben den Kontakten mit den durch Diskriminierung am Arbeitsplatz Betroffenen und ihrer Unterstützung auch die Verbesserung des Bewusstseins der Arbeitnehmer und Arbeitgeber bezüglich der Diskriminierung aufgrund sexueller Ausrichtung.[23]

Zwecks Umsetzung der Vorschriften der Europäischen Union über die Gleichbehandlung hat der polnische Gesetzgeber am 3. 12. 2010 das Gesetz über Gleichbehandlung[24] verabschiedet. In dem Gesetz wurden der Geltungsbereich, die Methoden der Bekämpfung jeglicher Ungleichbehandlung sowie die zuständigen Organe bestimmt. Gleichzeitig wurden Begriffe wie: „unmittelbare Diskriminierung", „mittelbare Diskriminierung", „sexuelle Belästigung" sowie „ungleiche Behandlung" definiert.

Der Gesetzgeber hat bei der Bestimmung des Geltungsbereichs des Gesetzes direkt auf die Ungleichbehandlung aufgrund sexueller Ausrichtung

22 Dz.U. 1974.24.141 mit späteren Änderungen.

23 Mehr über die Tätigkeit der Gewerkschaften zum Schutz von Personen anderer sexueller Ausrichtung, abrufbar unter: www.kadry.infor.pl/wiadomosci/artykuly/352562.opzz_ochrona_praw_osob_o_odmiennej_orientacji_seksualnej_wynika_z_kodeksu_pracy.html.

24 Das Gesetz über die Umsetzung von Vorschriften der Europäischen Union im Bereich der Gleichbehandlung ist am 01. 01. 2011 in Kraft getreten. Dz.U. 2010.254.1700.

hingewiesen (sonst werden wie im Fall von anderen Nichtdiskriminierungsvorschriften auch das Geschlecht, die Rasse, ethnische Herkunft, die Nationalität, Religion, Weltanschauung, Behinderung und das Alter als Ungleichbehandlungsgründe genannt).

Das Gleichbehandlungsgesetz findet Anwendung im Bereich der Berufsausbildung und Berufstätigkeit, im Bereich der Sozialversicherungen, Gesundheitsfürsorge und des Hochschulwesens sowie der Dienstleistungen. Der Gesetzgeber hat auch bestimmt, welche Bereiche von der Anwendung dieses Gesetzes ausgeschlossen werden. Das sind u. a.: die Sphäre des Privat- und Familienlebens sowie Rechtsgeschäfte, die mit dieser Sphäre verbunden sind, Inhalte in den Massenmedien oder Einschränkungen, die durch Kirchen und Bekenntnisvereinigungen beim Zugang zum Beruf festgelegt werden.

Nach Art. 8 des Gleichbehandlungsgesetzes wird eine Ungleichbehandlung von natürlichen Personen aufgrund der sexuellen Ausrichtung in folgenden Bereichen verboten:

- Aufnahme der Berufsausbildung, darunter auch Schulungen, Umschulungen und Berufspraktika,
- Bedingungen der Aufnahme und Ausübung von Wirtschaftstätigkeit oder Berufstätigkeit aufgrund eines Arbeitsverhältnisses sowie aufgrund eines zivilrechtlichen Vertrags,
- Mitgliedschaft und Tätigkeit in Gewerkschaften, Arbeitgeberverbänden und beruflichen Selbstverwaltungen, also berufsständischen Organisationen, sowie der Ausübung der den Mitgliedern dieser Organisationen zustehenden Berechtigungen,
- Zugang und Bedingungen der Inanspruchnahme der Instrumente des Arbeitsmarktes und der Dienstleistungen des Arbeitsmarktes aufgrund des Gesetzes über die Förderung der Beschäftigung.

Im Fall anderer im Gesetz genannter Anwendungsbereiche wurde die sexuelle Ausrichtung nicht berücksichtigt. Es soll also angenommen werden, dass die Ungleichbehandlung oder Diskriminierung aufgrund sexueller Ausrichtung sich nur auf die mit Beschäftigung und mit Beruf verbundenen Bereiche bezieht. Dies entspricht auch der erwähnten Richtlinie der EU.

Im Art. 13 des zu besprechenden Gesetzes wurde für einen Fall der Verletzung des Gleichbehandlungsgrundsatzes das Recht auf eine Entschädigung vorgesehen. In den Fällen der Geltendmachung einer solchen Entschädigung finden entsprechende Vorschriften des Zivilgesetzbuches, sowie der Zivilprozessordnung Anwendung. In dem Verfahren ist der Betroffene verpflichtet, die Verletzung des Gleichbehandlungsgrundsatzes glaubhaft zu machen und die Gegenpartei, der die Ungleichbehandlung vorgeworfen wurde, soll glaubhaft machen, dass es ihrerseits zu keiner Verletzung gekommen ist. In solchen Fällen beträgt die Verjährungsfrist 3 Jahre nach der Kenntnisnahme der Verletzung durch den Betroffenen, jedoch nicht länger als 5 Jahre nach dem Vorkommen der Tatsache, die die Verletzung des Gleichbehandlungsgrundsatzes darstellt.

Zum Schutz vor Verletzungen des Gleichbehandlungsgrundsatzes wurde im Gesetz auf entsprechende Organe hingewiesen. Diese Aufgaben werden durch den Bürgerrechtsbeauftragten und den Gleichstellungsbeauftragten[25] wahrgenommen.

Der Bürgerrechtsbeauftragte ist ein Verfassungsorgan und es gibt sowohl in der Verfassung als auch in den entsprechenden einfachen Gesetzen Vorschriften[26], die seine Tätigkeit detailliert regeln.[27] Bei der Feststellung der Verletzung von Menschen- oder Bürgerrechten kann der Bürgerrechtsbeauftragte aus eigener Initiative oder auf Ersuchen der Betroffenen, einer Bürgerorganisation oder eines Organs der Selbstverwaltung oder des Beauftragten für Kinderrechte tätig werden.[28] Nach der Überprüfung des Ersuchens kann er entweder selbst die Sache ermitteln oder sich an ein zuständiges Organ wenden. Er kann sich auch an den Sejm wenden, damit dieser die Oberste Kontrollkammer mit einer Kontrolle und Aufklärung der Sache beauftragt. Er kann auch die Sache an eine zuständige Stelle weiterleiten oder den Ersuchenden auf die ihm zustehenden Handlungsmittel hinweisen. Es ist auch möglich, dass der Bürgerrechtsbeauftragte nichts unternimmt, worüber er den Ersuchenden zu informieren hat.

Die Aufgaben und die Funktionsweise des Gleichstellungsbeauftragten wurden im Gleichbehandlungsgesetz formuliert. Der Gleichstellungsbeauftragte wird von dem Vorsitzenden des Ministerrates (dem Regierungschef) ernannt und abberufen und realisiert die Politik der Regierung im Bereich der Gleichbehandlung. Dabei ist er berechtigt, dem Ministerrat die erarbeiteten Dokumente zum Schutz von Ungleichbehandlung und Diskriminierung, die vom Ministerrat untersucht werden, vorzulegen. Er kann auch mit zuständigen Ministern bei der Entwicklung von Programmen zur Gleichbehandlung zusammenarbeiten. Zu den Aufgaben des Gleichstellungsbeauftragten gehören die Koordination der Tätigkeit von allen Ministerien und öffentlichen Einrichtungen zwecks Sicherstellung der Realisierung des Gleichbehandlungsgrundsatzes und die Vorbeugung der Diskriminierung. Dabei ist der Gleichstellungsbeauftragte berechtigt, Rechtsakte im Bereich der Gleichbehandlung zu entwickeln und zu begut-

---

25 In dem Gesetz bedient sich der Gesetzgeber der Bezeichnung des Regierungsbevollmächtigten für Gleichbehandlung.

26 Das Gesetz über den Bürgerrechtsbeauftragten vom 15. 07. 1987, Dz.U. 2001.14.147.

27 Über die Tätigkeit des Bürgerrechtsbeauftragten siehe u. a. in: *S. Serafin/B. Szmulik*, Organy ochrony prawnej RP, Warszawa 2007, S. 405 ff, *B. Banaszak/T. Milej*, Polnisches Staatsrecht, Warszawa 2009, S. 201 ff und *L. Garlicki*, Prawo konstytucyjne, zarys wykładu, Warszawa 2011, S. 389 ff.

28 Art. 8 und 9 des Gesetzes über den Bürgerrechtsbeauftragten.

achten, Informationen über Gleichbehandlung in der Gesellschaft zu verbreiten, sowie die Lage im Bereich der Gleichbehandlung zu beaufsichtigen. Weitere Aufgaben sind die Zusammenarbeit mit in- und ausländischen Organisationen in allen Angelegenheiten, die mit dem Gleichbehandlungsgrundsatz verbunden sind, sowie die Erarbeitung eines landesweiten Programms zur Gleichbehandlung und Vorlage eines Jahresberichts über die Realisierung dieses Programms und der Beauftragtentätigkeit beim Ministerrat.

Zu betonen ist, dass das Amt des Gleichstellungsbeauftragten bereits 2008 kraft entsprechender Verordnung des Ministerrates[29] ins Leben gerufen wurde. In der Verordnung wurden auch die durch ihn zu erfüllenden Aufgaben festgelegt. Im Gleichbehandlungsgesetz von 2010 wurden diese Bestimmungen wiederholt.

Man könnte an dieser Stelle auch die Frage nach der Pönalisierung der Diskriminierung aufgrund sexueller Ausrichtung stellen. Im polnischen Recht fehlt es an strafrechtlichen Vorschriften, die die Diskriminierung aufgrund sexueller Ausrichtung direkt verbieten. Es gibt zwar Vorschriften, die wegen eines bestimmten diskriminierenden oder durch Hass geprägten Verhaltens Geld oder Freiheitsstrafen vorsehen, aber die sexuelle Ausrichtung als Diskriminierungsgrund wird in diesen Vorschriften nicht direkt genannt. Es wird z. B. nach den Bestimmungen des Art. 256 Strafgesetzbuch[30] Hass aufgrund Nationalität, Rasse oder Bekenntnis bestraft. Bestraft wird auch aufgrund Art. 257 Beleidigung aus den oben genannten Gründen. Entwürdigung in der Öffentlichkeit (Art. 216) oder Beleidigung in Massenmedien (Art. 212) könnten eventuell unter bestimmten Umständen im Fall der sog. Hasssprache Grundlage für eine Bestrafung wegen Diskriminierung aufgrund sexueller Ausrichtung werden.

In Polen kam es in den letzten Jahren zu strafrechtlichen Verfahren, deren Grundlage die weit verstandene Verletzung der Rechte von Homosexuellen war. In solchen Fällen müssen die Richter entsprechende Normen aus dem allgemeinen Diskriminierungsverbot ableiten Da es nicht viele solcher Fälle gab, fehlt es noch immer an einer einheitlichen Praxis der Gerichte.

4. Gesetzentwürfe über homosexuelle Partnerschaften

Um die Lage homosexueller Personen in Polen zusammenzufassen und dabei auf eventuelle Diskriminierungen dieser Personen aufgrund ihrer sexuellen Ausrichtung hinzuweisen, möchte ich jetzt den Gesetzesentwurf

29 Die Verordnung des Ministerrates vom 22. 04. 2008, Dz.U. 08. 75.450. Bevor der Regierungsbevollmächtigte für Gleichbehandlung berufen wurde, gab es bereits 2001 einen Regierungsbevollmächtigten für Gleichstellung von Frau und Mann, der im Rahmen der Erfüllung der Beitrittsvoraussetzungen zur EU berufen wurde. Er war bis 2005 tätig, als die neue Regierung wegen einer Änderung der Politik das Amt abgeschafft hat.

30 Dz. U. 1997.88.553.

über gleichgeschlechtliche Partnerschaften, der bestimmte Rechte und Begünstigungen für Homosexuelle vorsieht, mit den geltenden polnischen Vorschriften vergleichen. Es handelt sich um wichtige Lebensbereiche, in denen der Gesetzgeber im Fall von heterosexuellen Ehepaaren teilweise sogar besondere Begünstigungen vorsieht.

Wie bereits in den einführenden Bemerkungen erwähnt, gehört Polen zu den konservativsten Staaten der EU bezüglich der Einstellung gegenüber Homosexuellen. Zugleich steigt in Polen, nach den Angaben des Hauptamtes für Statistik, die Zahl der Personen, die in einer Lebenspartnerschaft leben. Dabei muss betont werden, dass es sich bei diesen Statistiken um Lebenspartnerschaften handelt, unter denen Beziehungen von zwei Personen, die aus unterschiedlichen Gründen auf die Eheschließung verzichtet haben und unverheiratet zusammenleben, verstanden werden. Es gibt allerdings keine Angaben dazu, wie viele von diesen Lebenspartnerschaften von gleichgeschlechtlichen Personen gegründet worden sind.

Das Problem gleichgeschlechtlicher Lebenspartnerschaften wurde im polnischen Recht bisher nicht geregelt. Es gab zwar einige Versuche, aber ein entsprechendes Gesetz wurde noch nicht verabschiedet.

Erstmalig wurde ein Gesetzesentwurf über gleichgeschlechtliche Lebenspartnerschaften durch den Senat der Republik Polen – eigentlich von zwei Ausschüssen und zwar dem Gesetzgebungsausschuss und dem Ausschuss für Sozialpolitik[31] – im Dezember 2004[32], also kurz nach dem Beitritt Polens zur EU, beschlossen. Autorin des Projektes war Frau Prof. Maria Szyszkowska vom Bündnis der Sozialdemokratischen Linken.

Das Gesetz sollte den Abschluss von eingetragenen gleichgeschlechtlichen Lebenspartnerschaften und deren rechtliche Folgen regeln, also eine Beziehung gleichgeschlechtlicher Partner rechtlich absichern. Die Gründung einer eingetragenen Partnerschaft von zwei gleichgeschlechtlichen Partnern sollte standesamtlich eingetragen werden. Eine solche eingetragene Partnerschaft sollte der ehelichen Gütergemeinschaft und Erbfolge gleichgestellt werden. Das Gesetz sollte auch Rechte und Pflichten der Partner, die als nahe Personen (also Angehörige) bezeichnet werden, bestimmen. Als wichtigste Rechte sollte das Gesetz das Recht auf Besuch in geschlossenen Gesundheitsanstalten oder Strafvollzuganstalten, auf Entscheidungen zugunsten eines entscheidungsunfähigen Partners sowie das Recht auf Aussageverweigerung als Zeuge nach den gleichen Grundsätzen wie im Fall von Eheleuten enthalten. Zugleich sollte das Gesetz eine Adop-

31 Informationen über die Arbeiten des Senats an dem Entwurf siehe auch in: Gazeta Wyborcza vom 11. 02. 2004, www.serwisy.gazeta.pl/kraj-1,34308,1907052.htm#dalej.

32 Der Beschluss des Senats der Republik Polen vom 3. Dezember 2004 über die Einbringung beim Sejm des Entwurfes des Gesetzes über eingetragene Lebenspartnerschaften gleichgeschlechtlicher Personen. Der Text des Entwurfes ist abrufbar unter: http://www.senat.gov.pl/K5/DOK/UCH/073/548uch.htm#a1a.

tion verbieten. Das Ende der eingetragenen Partnerschaft könnte aufgrund von Willenserklärungen, die beide Partner vor einem Standesbeamten abgeben, nach Ablauf von sechs Monaten erfolgen. Im Fall, dass nur ein Partner sich trennen wollte, sollte ein Gericht eine entsprechende Entscheidung treffen. In einem solchen Fall sollte das Gericht auch die Vermögensteilung durchführen und zugunsten des durch die Trennung materiell beeinträchtigten Partners Unterhalt für die Dauer von drei Jahren gewähren.

Das durch den Senat beschlossene Gesetz über eingetragene gleichgeschlechtliche Partnerschaften wurde dem Sejmmarschall (dem Sejmvorsitzenden) vorgelegt. Im Mai 2005 hat der damalige Sejmmarschall Włodzimierz Cimoszewicz das offizielle Schreiben des Senatsmarschalls beantwortet und festgestellt, dass er in der laufenden Legislaturperiode nicht plane, den Entwurf zur ersten Lesung weiterzuleiten. Damit ist der Entwurf durchgefallen. Nach der Meinung der Autorin des Gesetzentwurfes war die damalige Regierung[33] gegen die Verabschiedung dieses Gesetzes[34].

Ein neuer Gesetzentwurf über eingetragene gleichgeschlechtliche Partnerschaften wurde wieder durch die links orientierte Partei und zwar das Bündnis der Sozialdemokratischen Linken am 19. Mai 2011 in das Parlament eingebracht[35]. Es sollte ein Gesetz über einen Vertrag einer Lebenspartnerschaft sein. Bis zum Ende der Legislaturperiode ist es aber nur zur ersten Lesung in einem Sejmsonderunterausschuss gekommen. An den Arbeiten in dem Sonderunterausschuss beteiligten sich auch Vertreter der Organisationen von Homosexuellen sowie Jusristen von der Kampagne gegen Homophobie und Vertreter vom Gesundheitsministerium, Justizministerium und vom Ministerium für Arbeit und Sozialangelegenheiten[36].

Die Mitglieder des Sonderunterausschusses vertraten die Meinung, dass das vorgeschlagene Gesetz eine notwendige Rechtsregelung in dem polnischen Rechtssystem darstellt und den gesellschaftlichen Erwartungen entspricht. Die Arbeiten des Unterausschusses sollten fortgesetzt werden und es wurden auch Experten berufen, die entsprechende Gutachten vorbereiten sollten.

Im September 2011 fand jedoch die letzte Sejmsitzung der sechsten Legislaturperiode statt und das Gesetz wurde nicht verabschiedet. Nach dem in Polen geltenden Grundsatz der Diskontinuität der Parlamentsarbei-

---

33 Minderheitsregierung von Marek Belka, abgelöst im September 2005 durch die Regierung von Kazimierz Marcinkiewicz von der Partei Recht und Gerechtigkeit.

34 Über den Entwurf des Gesetzes hat Frau Szyszkowska in ihrem Internetblog berichtet. http://szyszkowska.bloog.pl/id,3420781,title,WOKOL-USTAWY-O-REJESTROWANYCH-ZWIAZKACH-PARTNERSKICH,index.html?ticaid=6d4b7.

35 Drucksache des Sejm Nr. 4418 mit der beigelegten Begründung des Gesetzentwurfes.

36 Informationen über die Sitzungen der Sejmausschüsse der 6. Legislaturperiode abrufbar unter: http://orka2.sejm.gov.pl/InformBKS6.nsf.

ten wird er in die Arbeiten der neuen Legislaturperiode nicht übernommen. Der Entwurf müsste also erneut in das Parlament eingebracht werden.[37]

Die Rechtslage der gleichgeschlechtlichen Partner wird am Beispiel des oben erwähnten Entwurfs und der geltenden Vorschriften besprochen.

Der Entwurf orientiert sich am französischen Modell, soll also in Form eines Vertrags zwischen zwei Partnern wichtige Lebens- und Vermögensangelegenheiten, wie die Erbfolge im Todesfall, das Steuerrecht und Fragen der Staatsbürgerschaft (falls ein Partner aus einem Nicht-EU-Land stammt) regeln. Vorgesehen wurde auch die mit der Einführung einer eingetragenen Lebenspartnerschaft notwendige Änderung mehrerer Gesetze. Dieser Entwurf hat neben Befürwortern auch sehr viele Kritiker, vor allem seitens der katholischen Kirche in Polen, aber auch seitens einiger Politiker, nicht nur der politischen Opposition. Der Warschauer Erzbischof Kazimierz Nycz sagte in einem Interview „Wir appellieren an die Politiker, dem Druck einiger Gruppen nicht nachzugeben und die Ehe nicht mit anderen Verbindungen gleichzusetzen".[38] Die Politiker vertreten die Meinung, dass irgendwelche Sondervorschriften, die die Lage homosexueller Paare regeln, völlig unnötig sind, weil die bereits geltenden Vorschriften ausreichend sind.

Im letzten Teil werden einige Beispiele der im Entwurf vorgeschlagenen Regelungen bei Berücksichtigung geltender Vorschriften, die auf gleichgeschlechtliche Partnerschaften bezogen werden können, dargestellt.

Die Gründung einer gleichgeschlechtlichen Partnerschaft – ist in Polen gemäß den heute geltenden Vorschriften nicht möglich[39]. Die im Ausland, nach fremdem Recht geschlossenen sog. „Homo-Ehen" oder eingetragenen Partnerschaften werden in Polen nicht anerkannt. Für die Eheschließung durch einen polnischen Staatsbürger im Ausland sind polnische Vorschriften entscheidend.

Nach den Bestimmungen des Gesetzentwurfes kann ein Vertrag über eine Partnerschaft von zwei Personen, die tatsächlich zusammenleben, abgeschlossen werden. Aufgrund dieses Vertrages werden zwecks der Organisation des gemeinsamen Lebens gegenseitige persönliche und Vermögensverpflichtungen geregelt.

Der Vertag soll schriftlich mit notariell beurkundeten Unterschriften abgeschlossen und danach beim zuständigen Standesbeamten angemeldet

---

37 Die erste Sejmsitzung der siebten Legislaturperiode soll am 09. 11. 2011 stattfinden. In dem neuen Sejm werden auch Politiker vertreten, die sich mit dem Problem der Diskriminierung aufgrund sexueller Ausrichtung befassen, insbesondere diejenigen von der Bewegung von Palikot. Es wird geplant, dass der Entwurf sobald wie möglich erneut eingebracht wird. Siehe auch: Związki partnerskie wrócą do Sejmu, Gazeta Wyborcza vom 23. 10. 2011, S. 4.

38 Das Gespräch mit dem Erzbischof ist abrufbar unter: http://www.tokfm.pl/Tokfm/1,103085,9835199,Kard__Nycz_przeciw_zwiazkom_partnerskim___Nie_ulegajcie.html.

39 Nach Art. 18 der Verfassung und nach dem Familiengesetzbuch (Dz.U.1964.9.59) wird unter dem Begriff Ehe nur eine Verbindung zwischen Frau und Mann verstanden.

werden. Der Vertragsabschluss ändert den Personenstand der Partner nicht, aber durch die Anmeldung beim Standesamt ist die Führung des gemeinsamen Namens möglich. Das Gesetz sieht auch die Möglichkeit der Auflösung des Vertrages vor – im Fall des Todes einer Vertragspartei erlischt der Vertrag, sonst kann er gekündigt werden oder aufgrund gemeinsamer schriftlicher Erklärung über Auflösungen des Vertrags aufgelöst werden. Der Vertrag kann auch durch Heirat eines Partners enden.

Die Gütergemeinschaft – kann grundsätzlich auch im Fall von nicht verheirateten Paaren aufgrund einer notariellen Beurkundung geregelt werden. Es ist aber kaum vorstellbar, dass die Partner jeden größeren Einkauf notariell beurkunden lassen. Im Fall der Trennung gleichgeschlechtlicher Partner würde das gemeinsame Vermögen nicht wie bei ehelicher Gütergemeinschaft gerichtlich zur Hälfte geteilt; die Partner müssten nachweisen, wer was gekauft hat. Durch den Abschluss des Vertrages über eine Partnerschaft würde kraft des Gesetzes die Gütergemeinschaft der Partner entstehen, es sei denn, die Partner beschließen etwas anderes. Das Gesetz sieht auch gesamtschuldnerische Haftung für die während der Dauer des Vertrages zwecks Abdeckung laufender Bedürfnisse eingegangenen Verpflichtungen vor. Diese Bestimmung soll zugleich als eine Absicherung der Rechte und Interessen Dritter gesehen werden.

Die Erbfolge – natürlich ist es nach den geltenden Vorschriften möglich, die Erbfolge anhand eines Testaments festzulegen.[40] Man darf aber dabei nicht vergessen, dass das Rechtsbewusstsein der polnischen Gesellschaft nicht besonders gut entwickelt ist und junge Menschen denken nur selten an den plötzlichen Tod und eventuelle Berufung bestimmter Personen zum Erben. Auch wenn ein Testament vorhanden ist, kann es von der Familie des Erblassers angefochten werden. Nach geltendem Recht wird der Partner des Verstorbenen als eine fremde Person betrachtet und somit zum höchsten Erbschaftssteuersatz[41] verpflichtet. Der Gesetzentwurf ergänzt den Kreis der potenziellen Erben um den gleichgeschlechtlichen Partner des Verstorbenen, der bei der Erbfolge dem Ehepartner und den Kindern gleichgestellt werden soll. Der Entwurf enthält sehr ausführliche Regelungen zur Erbfolge. Er sieht auch entsprechende Änderungen der Vorschriften über die Erbschaft- und Schenkungssteuer vor, sodass der gleichgeschlechtliche Partner zu derselben Steuergruppe gehören soll wie der Ehepartner.

Die Übernahme einer Nichteigentumswohnung (Sozialwohnung) nach dem Tod des Partners – ist theoretisch möglich, weil nach geltendem Recht selbst eine Person, die tatsächlich mit dem Berechtigten zusammengelebt hat, dazu berechtigt ist[42]. Es gibt zwar keinerlei Bestimmungen, dass es

40 Das Zivilgesetzbuch, Art. 941 und folgende, Dz.U. 1964.16.93 mit späteren Änderungen.

41 Gesetz über Erbschafts- und Schenkungssteuer, Art. 14 Abs. 3, Dz.U.2009.93.768.

42 Das Zivilgesetzbuch, Art. 691 § 1, Art. 931 – 935[1], Dz.U. 1964.16.93 mit späteren Änderungen.

sich nur um einen heterosexuellen Partner handelt, aber polnische Gerichte vertreten meistens die Ansicht, dass dieses Recht nur auf heterosexuelle Paare, die im Konkubinat leben, beschränkt ist.[43] Der Entwurf sieht auch die Erweiterung des Kreises der berechtigten Personen um den gleichgeschlechtlichen Partner des verstorbenen Mieters vor, mit dem er durch den Vertrag über die Partnerschaft verbunden war.

Gemeinsame Besteuerung – im Fall von homosexuellen Partnern ist es jetzt nicht möglich[44], gemeinsam Steuern zu zahlen. Nach den Bestimmungen des Gesetzentwurfes sollen die Steuervorschriften entsprechend geändert werden, sodass Partner, die eine Erklärung vor dem Finanzamt abgelegt haben, gemeinsam besteuert werden können.

Familienrente, Rente nach dem Tod des Partners (Witwenrente) – im Fall von homosexuellen Partnern, die zusammengelebt haben, ist es nicht möglich, dass dem hinterbliebenen Partner eine Rente gewährt wird[45]. Zur Familienrente sollen nach dem Gesetzentwurf nicht nur der gleichgeschlechtliche Partner berechtigt sein, sondern auch dessen Kinder. Im Fall der Witwenrente sollen Vorschriften, die sich auf die verwitwete Person beziehen, auch in Bezug auf den Partner des Verstorbenen Anwendung finden.

Die Gesundheitsfürsorge – im Fall der Gesundheitsversicherung ist es nach den geltenden Vorschriften nicht vorgesehen, dass Partner mitversichert werden. Nach dem Gesetzentwurf sollen sowohl der gleichgeschlechtliche Partner als auch dessen Kinder[46] mitversichert sein. Im Bereich des Transplantationsrechts[47] sowie im Bereich der Rechte eines Patienten sieht der Entwurf die Erweiterung des Kreises der nahen Per-

---

43 Polen hat sogar einen solchen Fall wegen der Verletzung des sich aus der Menschenrechtskonvention ergebenden Diskriminierungsverbots vor dem Gerichtshof für Menschenrechte in Straßburg verloren – die Sache Kozak gegen Polen, Urteil vom 2. März 2010. Vor Kurzem wurde durch einen Richter des Amtsgerichts in Warszawa das Recht des hinterbliebenen gleichgeschlechtlichen Partners auf die Wohnungsmiete mit der Begründung abgelehnt, dass das Recht auf Übernahme der Wohnung ausschließlich einem heterosexuellen Partner zusteht. Dabei berief sich der Richter auf die Auslegung des Art. 691 des Zivilgesetzbuches durch das Oberste Gericht, nach der „gemeinsames Zusammenleben" ein eheähnliches Zusammenleben bedeutet und eine Ehe nach polnischem Recht nur zwischen einer Frau und einem Mann möglich ist. Die oben erwähnte Entscheidung des Gerichtshofes in Straßburg hat der Richter überhaupt nicht berücksichtigt. Siehe mehr in: Gazeta Wyborcza vom 18. 10. 2011, Sąd w Warszawie: konkubinaty homoseksualne gorsze niż heteroseksualne, S. 3.

44 Das Gesetz über die Einkommensteuer, Art. 6, Art. 32, Art. 34, Dz.U.2010.51.307 mit späteren Änderungen.

45 Die geltenden Vorschriften des Gesetzes über Altersrenten und Renten von dem Sozialversicherungsfonds bestimmen genau, wer zur Rente nach dem Verstorbenen berechtigt ist. Dz.U. 2009.153.1227 und Dz.U.2010.40.224.

46 Es handelt sich um die Kinder eines der beiden Partner und nicht um gemeinsame Kinder.

47 Das Gesetz über die Entnahme, Aufbewahrung und Transplantation von Zellen, Gewebe und Organen, Art. 12.1, Art. 13.1, Dz.U.2005.169.1411.

sonen um den gleichgeschlechtlichen Partner vor. Heute ist es möglich, dass der Partner über den Gesundheitszustand des anderen Partners informiert wird, wenn der andere Partner ihn ausdrücklich als zur Information Berechtigten nennt[48]. Im Fall, dass der Patient nicht imstande ist, die zur Information berechtigte Person zu nennen, weil er z. B. bewusstlos ist, wird der Partner durch den Arzt als fremde Person betrachtet und deshalb auch über den Gesundheitszustand nicht informiert. Auch beim Zugang zur medizinischen Dokumentation eines Patienten werden die Rechte eines gleichgeschlechtlichen Partners im Vergleich zu einem heterosexuellen Ehepartner beschränkt. Nach den Bestimmungen des Gesetzentwurfes soll der Kreis der zur Information und Entscheidung berechtigten Familienmitglieder um gleichgeschlechtliche Partner erweitert werden.

Das Recht auf Aussageverweigerung – die geltenden Vorschriften der Strafverfahrensordnung[49] enthalten das Recht auf Aussageverweigerung im Fall einer nahen Person. Zum Kreis der nahen Personen gehören auch Personen, mit denen der Betroffene auch in einer nicht formellen Beziehung zusammenlebt. Somit wird das Recht auf Aussageverweigerung im Bereich des Strafrechts auch für gleichgeschlechtliche Partner gewährleistet. Solches Recht soll nach dem Gesetzentwurf auch in die Vorschriften der Zivil-, und Verwaltungsprozessordnung eingeführt werden. Das Recht soll sich auch auf den Fall erstrecken, dass die Partnerschaft mittlerweile beendet ist.

Das Recht auf Leichenbestattung – ist gemäß den geltenden Vorschriften[50] nur dann möglich, wenn niemand von der Familie an der Bestattung interessiert ist. In der Praxis kommt es sehr oft vor, dass Krankenhäuser dem homosexuellen Partner die Leichenherausgabe verweigern.

III. Schlussbemerkungen

Wie dem Gesetzentwurf zu entnehmen ist, verlangt die Einführung der gleichgeschlechtlichen Partnerschaften in das polnische Rechtssystem viele Änderungen des geltenden Rechts. Da es aber keine einheitliche Einstellung der Politiker gegenüber dem Problem der Nichtdiskriminierung aufgrund sexueller Ausrichtung gibt, und das Problem gesellschaftlich auch nicht völlig akzeptiert wird, ist zu erwarten, dass parlamentarische Arbeiten nach der erneuten Einbringung des Gesetzes über gleichgeschlechtliche Partnerschaften noch sehr lange dauern werden.

---

48 Art. 31.2 des Gesetzes über den Beruf eines Arztes, Dz.U.1997. 28.152 mit späteren Änderungen.

49 Art. 115 § 11, Dz.U. 1997.89.555 mit späteren Änderungen.

50 Das Gesetz über Friedhöfe und Leichenbestattung, Art. 10, Dz.U.2000.23.295 mit späteren Änderungen.

Die meisten heute geltenden Vorschriften, die sich auf das Zusammenleben zweier gleichgeschlechtlicher Personen zwar nicht direkt beziehen, aber bei der Regelung der Rechtslage solcher Personen Anwendung finden, betrachten homosexuelle Partner als fremde Personen. Zahlreiche Beispiele aus der Praxis des Bürgerrechtsbeauftragten[51] und des Gleichstellungsbeauftragten[52] veranschaulichen deutlich, dass die Diskriminierung aufgrund sexueller Ausrichtung in Polen, trotz einiger positiver Vorkehrungen des Gesetzgebers, als ein immer noch ungelöstes Problem betrachtet werden muss.

51 Informationen über die Tätigkeit des Bürgerrechtsbeauftragten in Fällen der Verletzung des Diskriminierungsverbots aufgrund sexueller Ausrichtung sind auf der offiziellen Internetseite des Bürgerrechtsbeauftragten abzurufen: http://bip.brpo.gov.pl/index.php?md=9027.

52 Informationen über Interventionen des Gleichbehandlungsbeauftragten wegen der Verletzung des Diskriminierungsverbots aufgrund sexueller Ausrichtung sind auf der offiziellen Internetseite des Beauftragten zu finden: http://www.rownetraktowanie.gov.pl/interwencje.

Teilnehmerverzeichnis

Prof. Dr. Ewa Bagińska, Toruń
Prof. Dr. Andrzej Bałaban, Szczecin
Prof. Dr. Stanisław Biernat, Kraków
Dr. Ziemowit Cieślik, Warszawa
Prof. Dr. Wolfram Cremer, Bochum
Prof. Dr. Władysław Czapliński, Warszawa
Dr. Dorota Dąbek, Kraków
Prof. Dr. Bogdan Dolnicki, Katowice
Prof. Dr. Wilfried Erbguth, Rostock-Warnemünde
Prof. Dr. Michael Fehling, LL.M. (Berkeley), Hamburg
Prof. Dr. Marek Górski, Łódź
Prof. Dr. Peter Huber, München
Prof. Dr. Jens Kersten, München
Prof. Dr. Uwe Kischel, LL.M. (Yale), Greifswald
Prof. Dr. Stefan Korioth, München
Prof. Dr. Irena Lipowicz, Warszawa
Dr. Piotr Lissoń, Poznań
Prof. Dr. Siegfried Magiera, Speyer
Dr. Agnieszka Malicka, Wrocław
Prof. Dr. Johannes Masing, Freiburg
Prof. Dr. Hartmut Maurer, Konstanz
Prof. Dr. Claus Meissner, Mannheim
Dr. Dawid Miąsik, Warszawa
Dr. Tomasz Milej, Köln
Prof. Dr. Martin Morlok, Düsseldorf
Prof. Dr. Eugeniusz Ochendowski, Toruń
Prof. Dr. Bożena Popowska, Poznań
Prof. Dr. Matthias Ruffert, Jena
Prof. Dr. Sabine Schlacke, Bremen
Prof. Dr. Dres. h. c. Eberhard Schmidt-Aßmann, Heidelberg
Prof. Dr. Friedrich Schoch, Freiburg
Prof. Dr. Tadeusz Skoczny, Warszawa
Dr. Dorota Sylwestrzak, Toruń
Prof. Dr. Hinnerk Wißmann, Bayreuth
Prof. Dr. Heinrich Amadeus Wolff, Frankfurt (Oder)
Prof. Dr. Andrzej Wróbel, Warszawa
Prof. Dr. Sławomira Wronkowska-Jaśkiewicz, Poznań
Prof. Dr. Mirosław Wyrzykowski, Warszawa
Prof. Dr. Krystian Ziemski, Poznań